主编◎林木西

"十二五"国家重点图书、400种精品项目
国家"211工程"三期重点学科建设项目标志性成果
东北老工业基地全面振兴系列丛书

东北老工业基地区域一体化研究

DONGBEI LAOGONGYE JIDI
QUYU YITIHUA YANJIU

崔万田 等著

经济科学出版社
Economic Science Press

图书在版编目（CIP）数据

东北老工业基地区域一体化研究/崔万田等著.
—北京：经济科学出版社，2011.12
（东北老工业基地全面振兴系列丛书）
ISBN 978-7-5141-1591-8

Ⅰ.①东… Ⅱ.①崔… Ⅲ.①老工业基地-区域经济发展-研究-东北地区 Ⅳ.①F427.3

中国版本图书馆 CIP 数据核字（2012）第 026980 号

责任编辑：柳　敏　宋　涛
责任校对：王凡娥
版式设计：代小卫
技术编辑：邱　天

东北老工业基地区域一体化研究
崔万田　等著
经济科学出版社出版、发行　新华书店经销
社址：北京市海淀区阜成路甲 28 号　邮编：100142
总编部电话：88191217　发行部电话：88191540
网址：www.esp.com.cn
电子邮件：esp@esp.com.cn
北京汉德鼎印刷厂印刷
三河市华玉装订厂装订
710×1000　16 开　14 印张　250000 字
2011 年 12 月第 1 版　2011 年 12 月第 1 次印刷
ISBN 978-7-5141-1591-8　定价：25.00 元
（图书出现印装问题，本社负责调换）
（版权所有　翻印必究）

序

《东北老工业基地全面振兴系列丛书》（共 10 本）终于和广大读者见面了。这套丛书是辽宁大学"211 工程"三期重点学科项目的标志性成果，也是我校围绕老工业基地调整改造和全面振兴进行长期研究所取得的又一重要进展。有一种说法认为，老工业基地振兴"全国看东北、东北看辽宁"。辽宁大学作为全国"211 工程"重点建设大学、辽宁唯一一所综合性大学，多年来围绕这一问题进行了认真研究和不断探索："八五"期间承担了国家社科基金重点研究课题"老工业基地调整与改造研究"并获国家教委人文社科优秀成果一等奖；"九五"期间，由程伟教授主持国家社科基金重点项目"振兴辽宁老工业基地研究"并出版了系列丛书（共 8 本），在全国引起了较大反响；2004 年，以程伟教授为首席专家主持了国家教育部哲学社会科学研究重大课题攻关项目"东北老工业基地改造与振兴研究"结题评审获得"优秀"，并获"中华优秀出版物"提名，入选首批"教育部哲学社会科学重大课题攻关项目文库"；2009 年，由我撰写的《东北老工业基地制度创新》先后获辽宁省第十届哲学社会科学成果（省政府奖）一等奖、全国高校人文社会科学研究优秀成果三等奖（人文社会科学）；2011 年，以我为首席专家获得了教育部哲学社会科学研究重大课题攻关项目"东北亚区域合作与我国东北地区对外开放研究"。长期以来，我校的研究人员围绕上述问题不断产生新的研究成果。

作为辽宁大学"九五""211 工程"重点学科"国民经济与城市群发展"和"十五""211 工程"重点学科"辽宁城市经济"研究的直接延续，"东北老工业基地改造与振兴研究"既与以往研究成果一脉相承，又与以往研究有所不同：（1）研究视野不断拓宽。"九五"

"211工程"侧重研究了东北振兴的一个"点",即辽宁中部城市群(现沈阳经济区);"十五""211工程"侧重研究东北振兴的一条"线",即辽宁区域经济;本项目扩展开来研究一个"面",即把整个东北地区老工业基地作为一个新的增长区域进行全面深入的研究。(2)研究的问题更加深入。当下,东北老工业基地调整改造的任务已基本完成,现已进入全面振兴的新阶段。按照我们的观点,2010~2015年为东北老工业基地全面振兴的攻坚阶段,2016~2020年为东北老工业基地全面振兴的实现阶段,这一划分的主要依据是2007年8月2日国务院正式批复的《东北地区振兴规划》关于东北老工业基地全面振兴需要"经过10年到15年的努力"的基本判断。(3)对建设目标和任务提出了更高的要求。

总体说来,《东北老工业基地全面振兴系列丛书》的编写目标是适应国家实施东北地区等老工业基地全面振兴的重大战略、教育部门对本学科建设和人才培养的重大需求以及服务地方经济社会发展的需要,为此力争从改革、发展和开放的角度在以下三个大的方面实施重点突破:

1. 东北老工业基地创新体系研究

东北老工业基地全面振兴重在创新,关键在于制度创新。从一定意义上说,制度创新和技术创新是东北振兴的"鸟之两翼、车之两轮"。而要实现制度和技术创新,不能囿于现有的政策,必须实现区域经济政策体系的创新。因此,这方面的研究主要包括以下三部著作:

□《东北老工业基地制度创新体系研究》(张桂文等著)

主要从制度创新的相关理论、非均衡制度变迁对东北经济发展的影响出发,设计东北的制度创新体系:一是正式制度创新,包括产权制度创新、企业制度创新、市场制度创新和地方政府管理制度创新;二是非正式制度创新,主要从价值观念、道德伦理、风俗习惯出发,研究东北市场文化氛围的形成、自主创新精神的培育和诚信体系的建设等问题。

□《东北老工业基地技术创新体系研究》（武萍等著）

主要分析三方面的内容：一是技术创新的基础理论，包括国内外技术创新的模式与借鉴、技术创新评价体系的建立；二是东北老工业基地的技术创新体系，包括企业技术创新体系、中介服务体系、人才体系和环境支持体系；三是东北老工业基地技术创新绩效评价。

□《东北老工业基地经济政策创新体系研究》（马树才等著）

主要内容包括：一是区域经济政策创新的基础理论；二是东北老工业基地经济政策创新体系，包括区域产业政策创新、区域财政政策创新、区域货币政策创新和区域对外经济政策创新；三是区域经济政策协调配合创新体系研究。

2. 东北老工业基地经济发展与和谐东北构建

促进经济发展、构建和谐东北既是东北老工业基地全面振兴的内在要求，又是实现区域发展总体战略的重要组成部分。这方面的研究主要包括五部著作：

□《东北老工业基地新型产业基地建设研究》（林木西等著）

主要分析：一是新型产业基地建设的基础理论；二是东北地区新型产业基地的建设，包括先进装备制造业基地、高加工度原材料工业基地、高新技术产业基地、新型能源基地、现代服务业基地和现代农业基地；三是新型产业基地建设政策支持体系。

□《东北老工业基地产业结构调整优化研究》（黄继忠等著）

主要分析：一是产业结构优化的内涵及其借鉴，主要是国内外产业结构的高度化、合理化、高效化、生态化和产业结构优化效应；二是东北老工业基地产业结构的历史演进和产业结构优化的方向及路径；三是实现产业结构优化的新理念和战略选择。

□《东北老工业基地经济与社会可持续发展研究》（张虹等著）

主要分析：一是区域可持续发展的基本理论；二是东北老工业基地经济与社会可持续发展的评价指标体系及综合评价；三是东北老工业基地区域经济协调、资源型城市转型与可持续发展；四是东北老工业基地能源资源、生态环境与可持续发展；五是东北老工业基地和谐社会建设与可持续发展。

□《东北老工业基地劳动力就业研究》（穆怀中等著）

主要分析：一是东北振兴过程中面临的"三个转变"，即经济转轨过程中的失业人口和就业、二元经济转换过程中的剩余劳动力就业、人口转变过程中的未来人口结构和就业；二是"两个互动"所引发的问题，即改革和城市化所形成的原有的就业和"新就业"问题。

□《东北老工业基地统筹城乡社会保障制度研究》（柳清瑞等著）

主要分析：一是统筹城乡社会保障的相关理论和东北老工业基地统筹城乡社会保障的基本框架；二是东北老工业基地统筹城乡养老保险、医疗保险、最低生活保障制度、社会福利与救助制度；三是东北老工业基地统筹城乡社会保障制度的关键问题和实现路径。

3. 东北区域一体化与东北亚区域合作研究

东北老工业基地全面振兴必须扩大开放：一是扩大对内开放，在东北区域一体化的基础上谋求实现与国内其他地区在更大范围内的合作；二是扩大对外开放，主要是加强东北亚区域合作，促进东北亚区域一体化目标的实现。这方面主要包括两部著作：

□《东北老工业基地区域一体化研究》（崔万田等著）

主要分析：一是区域一体化的相关理论及国内外区域一体化模式的比较与借鉴；二是东北老工业基地区域一体化的目标及路径分析；三是东北老工业基地的基础设施一体化、市场一体化、资源环境治理一体化、产业结构一体化、"东北大城市群"建设和行政体制一体化。

□《东北老工业基地振兴与东北亚区域经济合作研究》（崔日明等著）

主要分析：一是东北地区扩大开放与加强东北亚经济合作的理论与现实基础；二是东北老工业基地振兴与东北亚区域合作互动的态势、优势与障碍；三是东北老工业基地振兴与东北亚区域合作互动的路径选择。

从整体上看，编写这套系列丛书的目的有两个：一方面是谋求建立一个比较完整、内容互补的理论分析体系，这10本书之间的关系不是单摆浮搁而是内在联系、互相统一的；另一方面，并不求"全"而是强调突出重点、面对现实问题和力求为解决实际问题提供思路和政策咨询。从实际效果看，这一目标初步得到了实现。

令人欣慰的是，这套系列丛书的出版得到了经济科学出版社的大力支持，特别是得到了国家有关部门的高度重视：2011年4月13日，国家新闻出版总署公布了"'十二五'时期国家重点图书、音像、电子出版物规划"，《东北老工业基地全面振兴系列丛书》名列其中；9月20日，新闻出版总署又公布了"关于做好2011年'十二五'规划400种精品项目出版工作的通知"，本系列丛书被确定为155种社科与人文科学精品项目之一。所有这些，都使我们深受鼓舞，倍感责任重大。

在《东北老工业基地全面振兴系列丛书》出版之际，对各级领导、国内外学者及诸多朋友对本丛书出版给予的支持，表示衷心感谢。

书中的不足之处，恳请各位读者不吝赐教。

林木西

2011年12月于沈阳

目 录

绪论 ·· 1

第一章　区域一体化相关理论 ·· 6
　　第一节　区域一体化内涵、目标及动力机制 ·················· 6
　　第二节　区域一体化的相关基础理论 ····························· 11
　　第三节　国外区域一体化模式与案例 ····························· 14
　　第四节　中国区域一体化的发展 ···································· 27

第二章　国内外区域一体化比较借鉴 ································ 39
　　第一节　国外著名经济区一体化分析 ····························· 39
　　第二节　国内三大经济区一体化分析 ····························· 43
　　第三节　国内外经验对东北区域一体化的借鉴作用 ······· 53

第三章　基础设施一体化 ··· 62
　　第一节　基础设施一体化与区域一体化联系 ·················· 62
　　第二节　东北地区基础设施一体化现状及趋势 ·············· 66
　　第三节　对基础设施一体化的保障措施 ························· 73
　　第四节　城市化进程与区域一体化 ································ 78

第四章　东北老工业基地区域市场一体化问题研究 ········· 83
　　第一节　商品市场一体化 ··· 85
　　第二节　要素市场一体化 ··· 88

第五章　资源环境治理一体化 ··· 95
　　第一节　东北地区资源环境治理一体化现状 ·················· 95

第二节　资源环境治理一体化模式与机制 …………………… 102
　　第三节　东北振兴与资源环境治理一体化 …………………… 115

第六章　城市群一体化 …………………………………………… 120
　　第一节　城市群一体化产生与发展的区域基础 ……………… 120
　　第二节　城市群一体化相关理论 ……………………………… 127
　　第三节　东北地区主要城市群一体化发展历程 ……………… 133
　　第四节　城市群一体化与东北老工业基地振兴 ……………… 143

第七章　产业结构一体化 ………………………………………… 148
　　第一节　东北地区产业一体化发展现状 ……………………… 148
　　第二节　产业一体化发展的模式与特征 ……………………… 159
　　第三节　国外城市圈一体化的经验总结 ……………………… 171
　　第四节　东北地区产业结构一体化发展的路径与保障 ……… 173

第八章　东北地区区域行政一体化研究 ………………………… 177
　　第一节　区域行政一体化的研究综述 ………………………… 177
　　第二节　东北老工业基地区域一体化中地方行政一体化概况 … 182
　　第三节　东北老工业基地区域一体化中地方行政一体化问题及
　　　　　　原因分析 ……………………………………………… 189
　　第四节　东北老工业基地行政一体化的相关博弈分析 ……… 194
　　第五节　区域政府合作领域、机制设计与制度创新 ………… 199

参考文献 …………………………………………………………… 208
后记 ………………………………………………………………… 213

绪　　论

一、研究的背景与意义

（一）研究背景

新中国成立初期，东北地区凭借其丰富的资源和良好的区位条件，曾经是我国经济实力最雄厚、技术水平最先进的工业基地，为国家的经济建设和社会发展做出了巨大的贡献。改革开放之初，东北地区制造业占全国的20%，一度是我国经济发展的"领头羊"。但是，1980年以来，东北地区由于重工业比例大、国有企业比重高，产业内部矛盾突出，很快便在市场经济的改革大潮中落伍。近20多年来，东北地区经济发展缓慢，低于全国发展的平均速度。

党的十六大以后，提出了一系列振兴东北老工业基地的战略举措。2002年11月，党的十六大报告中明确指出，支持东北地区等老工业基地加快调整和改造，支持以资源开采为主的城市和地区发展接续产业。2003年9月10日，国务院总理温家宝在北京主持召开国务院常务会议，研究实施东北地区等老工业基地振兴战略问题，会议明确提出，努力将东北地区等老工业基地调整、改造、发展成为结构合理、功能完善、特色明显、竞争力强的新型产业基地，逐步成为国民经济新的重要增长区域。这标志着"振兴东北地区等老工业基地"已正式上升为"战略决策"。2003年10月底，中共中央、国务院出台了《关于实施东北地区等老工业基地振兴战略的若干意见》，拟采取进一步措施，促进东北等老工业基地的发展。2003年11月，东北三省根据中央文件精神，各自制定并通过了具体振兴纲要。

伴随着东北地区经济体制和结构改革的不断深入，地区之间的经济发展已经不再是独立的封闭行为，而是通过各种网络形成愈加紧密的联系，由此区域合作意识逐步建立，同时一体化的发展趋势成为区域经济发展的必然选择。东北地区的多样性与共同性，决定了只有通过区域一体化这个途径，才能够实现区域间的协调发展，省市的资源重组与合作，通过区内产业的互补、资源的共享、市场的共建和政策的对接来提升东北地区整体的竞争实力。

(二) 研究意义

从东北所处的经济区位与战略地位看，由于世界经济的重心已逐渐向亚太地区转移，国内的生产力也已经开始北移，这些发展机遇都为东北区域的能量聚集和跨越式发展提供了可能。再加上东北地区独特的区位优势、雄厚的工业基础和经济实力，使其成为我国最具经济发展潜力的区域之一。所以对于东北地区一体化发展的深入研究和发展路径的选择具有重要的意义。另外，以全面了解和探索实现区域一体化的基础条件和现实条件、区域一体化的运作模式和一体化规划为前提，研究东北一体化的条件和实现途径，使一体化的东北成为北方经济区域内增长极，对于东北地区未来的发展具有重大的现实意义和可操作性。

二、研究方法

本书将当前区域一体化发展的前沿理论，与东北地区区域经济发展的现状相结合，着力对东北地区在一体化进程中，产业、市场、城市群等具体方面自身发展与一体化关系深入的探讨，主要采用分类研究和实证研究的方法。

三、文献综述

(一) 国外研究综述

自 20 世纪 20 年代以来，世界经济整体开始朝着一体化的方向迈进，地区之间的经济联系愈加紧密，但是关于一体化的研究，直到 20 世纪 50 年代才逐步形成。大多数国内外的学者认为，一体化的理论研究始于伊纳 (Viner) 在 1950 年发表的《关税同盟问题》一文。他在文中强调了在多边参与的区域范围内，通过消除地区间的贸易壁垒来实现生产要素在区域间的自由流动。之后，1965 年，丁伯根 (Tinbergen) 出版了《国际经济一体化》一书。书中他主张减少进口限制、统一间接税、自由兑换货币等政策。同时，他也对经济一体化进行了描述，认为经济一体化就是将有关阻碍经济有效运行的人为因素加以消除，通过相互协作与统一，创造最适宜的国际经济组织。弗里茨·马克鲁普 (Fritz Machlupl) 对于经济一体化的范围作了新的界定，已经不仅仅局限在国家之间，在一个国家各个地区之间也有一体化发生，另外国家之间发生的一体化又分为区域性的和次区域性的。对经济一体化概念的界定最权威的是贝拉·巴拉萨（Bella Balassa）。他于1962年指出："在日常生活中，一体化被定义为把各个部分结成为一个整体。一方面，两个独立的国民经济之间，如果存在贸易关系就可以认为是经济一体化；另一方面，经济一体化又指各国经济之间的完全联合，产品和生产要素的流动不受政府的任何限制"。1969年，约翰·平德（J. Pinder）参照《简明牛津辞典》为"经济一体化"和"经济联盟"下了一个可行的定义：一体化是将各个部分合并成为一个整体，而联盟是指各个部分或成员联合起来而形成一个整体。因此，一体化是达到一种联盟状态的过程。迈克尔·波特（Michael E. Porter）认为一个国家的竞争优势是由生产要素、需求因素、支持性产业和相关产业、企业战略、结构与竞争等因素所决定的，由此建立了区域竞争优势理论。1977年，约瑟夫·奈（Joseph S. Nye）和罗伯特·基欧汉（Robert Keohane）合著的《权力与相互依存》阐述了区域一体化的主要动因来自区域内外两个方面，外部的主要刺激因素可能来自对整个组织的威胁，内部的主要刺激因素可能出自对共同利益的期望，也可能出自某一成员国采取的高压手段。1984年，罗伯森（Robson. P）对自由贸易区的福利进行了分析，认为关税同盟与自由贸易区相比是次优的，原因在于即便是制定原产地规则也无法阻止间接贸易偏转。莫里斯·希夫（Maurice Schiff）和艾伦·温斯特（L. Alan Winsters）在其著作《区域一体化与发展》中论述了政策一体化的经济效应，并指出通过减少边境手续和摩擦性交易成本、摧毁市场进入壁垒、对政府利用国内管理政策保护国内企业给予一定限制以及外部性"内部化"来实现一体化发展。克鲁格曼（Krugman）在20世纪90年代，吸收了一体化新经济学的观点，并将运输成本及其他一些地理因素考虑在内，考察了产业集聚现象。2001年，尼古拉斯·克拉夫特（Nicholas Craft）和安东尼·维纳布尔斯（Anthory J. Venables）利用新经济地理学理论，探讨地理集聚对经济绩效、规模和区位的重要作用。

（二）国内文献综述

我国关于区域一体化的研究始于20世纪80年代，最初的研究主要集中在城市群及其一体化发展方面。1983年，于洪俊、宁越敏在《城市地理概论》一文中首次引入西方的一体化思想，即戈德曼大都市圈思想。1997年，庞效民首先从我国一体化发展的经验出发，对区域一体化的概念做出界定，认为区域经济一体化是伙伴国家之间市场一体化的过程，从产品市场、生产要素市场向经济政策的统一逐步深化。2002年，陆大道在其书《中国区域发展的理论与实践》中总结了我国区域发展的规模、结构和一体化进程,并对国土开发和区域发展一系列重大理论和实践问题做了系统的概括。王子昌在《一体化的条件与东盟的发展》一文中阐述了强烈的收益预期和解除安全之忧是区域一体化的两个必要条件。他还指出,这两点只要具备一点,就可以在一定程度上,解除一个国家对自身安全的担心,与强烈的合作收益预期一起启动区域一体化。但要深入一体化,则需这两个条件都具备。2006年,张兆安在《大都市圈与区域经济一体化——兼论长江三角洲区域经济一体化》一书中认为,区域经济一体化也就意味着区域经济的良性循环与协调发展,从而使得区域经济发展的整体取得最大效益、最佳效率和最优结果。

四、主要内容和结构

本书共分为八章,分别从理论基础、国内外一体化经验、基础设施、市场、资源环境、城市群、产业和行政体制八个方面对东北地区区域一体化做了全面的分析,具体结构如下:

第一章是区域一体化相关理论。首先阐述了区域一体化的内涵、目标及动力机制;其次对关于区域一体化的相关理论做了综述,主要包括:新区域主义理论、区域发展理论、区域分工与协作理论、空间一体化理论、自组织理论;最后,分别对国内外一些典型的区域一体化发展经验进行总结和归纳。

第二章是国内外区域一体化比较借鉴。本章分为三个节:第一节,总结欧、美、日的区域一体化发展现状和进程,阐明国外一体化发展经历的主要阶段及特点;第二节,对我国三大经济区(长三角、珠三角、京津唐)的一体化发展现状进行归纳分析;第三节,通过对国内外区域一体化发展的比较分析和经验总结,最后阐明东北区域一体化对国外区域一体化发展经验的借鉴。

第三章是基础设施一体化。本章分为四节:第一节阐述的是基础设施一体化与区域一体化联系;第二节对东北地区基础设施一体化现状进行了总结和叙述;第三节从五个方面阐述了对基础设施一体化的保障作用;第四节分析了城市化进程和区域一体化的关系。

第四章是东北老工业基地区域市场一体化问题研究。本章分别从商品市场和要素市场对东北老工业基地市场一体化的现状和进程进行了深入的探讨,并在此基础上分别针对商品市场和要素市场不同特点提出相应的一体化发展策略。

第五章是资源环境治理一体化。本章首先介绍了东北老工业基地资源环境治理一体化的现状,并指出东北老工业基地资源环境治理一体化过程中所存在的主要问题。在此基础上提出促进资源环境治理一体化的对策和方法。

第六章是城市群一体化。本章首先阐述了城市群的产生、发展及其在区域经济发展中的职能；其次分别对东北地区的三大城市群（沈阳经济区城市群、吉林中部城市群、哈大齐城市群）的发展情况和发展历程进行了详细的介绍；最后，在阐述了一体化重要理论——中心边缘理论的基础上，对东北地区城市群一体化发展提出具有现实意义的建议。

第七章是产业结构一体化。本章首先对东北三省产业发展现状进行了总结和概括；其次对我国两大经济区（长三角、珠三角）的产业一体化模式与特征进行分析；最后明确东北地区产业一体化发展现状、路径及一体化进程中的障碍，并就此论证了东北地区产业一体化的保障措施。

第八章是东北地区区域行政一体化研究。本章首先对行政一体化相关理论做了综述；其次阐述了东北地区行政一体化中地方行政一体化概况；最后对东北老工业基地区域一体化中地方行政一体化问题及原因进行了深入的分析并提出了相应的政策建议。

第一章

区域一体化相关理论

第一节 区域一体化内涵、目标及动力机制

"区域一体化"的使用是近年出现的。在1950年，经济学家开始将其定义为将单独的经济整合为较大的经济的一种状态或过程。也有人将一体化描述为一种多国经济区域的形成，在这个多国经济区域内，贸易壁垒被削弱或消除，生产要素趋于自由流动。所谓"区域"是指一个能够进行多边经济合作的地理范围，这一范围往往大于一个主权国家的地理范围。根据经济地理的观点，世界可以分为许多地带，并由各个具有不同经济特色的地区组成。但这些经济地区同国家地区并非总是同一区域。为了调和两种地区之间的关系，主张同一地区同其他地区不同的特殊条件，消除国境造成的经济交往中的障碍，就出现了区域经济一体化的设想。经济的一体化是一体化组织的基础，一体化组织则是在契约上和组织上把一体化的成就固定下来。

一、区域一体化内涵

对于区域一体化的概念要从区域和一体化的概念分别入手。首先，区域是用某个指标或某几个特定指标的结合在地球表面中划分出具有一定范围的连续而不分离的空间单位。区域是地理学最常用的基本概念之一，也是地理学研究的对象之一。不同的学者对区域概念的理解不同，因而划分区域的指标和方法也有所不同。一般认为，区域是主要由其内部的均质性和内聚性决定的。在区域经济学中，一般按照区域各组成部分在特性上存在的相关性，把区域划分为均质区、结节区和计划区。

一体化是指多个原来相互独立的主权实体通过某种方式逐步结合成为一个单

一实体的过程。一体化过程既涉及国家间经济，也涉及政治、法律和文化，或整个社会的融合，是政治、经济、法律、社会、文化的一种全面互动过程。由于它涉及的主权实体间的相互融合，并最终成为一个在世界上具有主体资格的单一实体，因而它不同于一般意义上的国家间合作，涉及的也不仅仅是一般的国家间政治或经济关系。

基于以上阐释，区域一体化是以区域内经济活动的高度密切联系为基础的，在相邻或相近的有限空间范围内，由经济动力驱使区域内部消除各种壁垒，促成区域空间的拓展和整合、区域产业的集散和分工以及区域市场的打造与共享，把具有共同属性和特点或互补关系密切的地区联结为一个更大的地域空间。区域内的经济要素整合是区域一体化的实质性内容。

二、区域一体化发展目标

区域的第一个性质被称作整体性，这种一致性是由于区域内部单元强烈的联系造成的。按对地理过程的响应特征，空间上可以识别出不同的区域。区域的整体性有时表现得非常强烈，以致形成一个控制系统，当对区域的某一局部实行某一干扰时，会出现整个区域的变化。第二个基本性质是区域的结构特性，可称为区域的结构性或差异性。从自然地理角度、经济地理角度、文化地理角度观察，区域的空间结构是不一样的，但有其共同的规律。区域结构特征的一个重要表现是区域的层次性。自组织性是区域的第三种特性。区域自组织性的一种强烈表现形式是区域的状态稳定性，区域的这种稳定性特征起因于全球系统，在物质能量稳定输入的情况下，全球系统——地球表层系统也将是稳定的。局部单元——区域对稳定性的偏离必然引起全球性的调整，全球稳定状态不变，则区域的稳定状态也不会变。区域的稳定性如此突出，以至于有些学者建议，将区域的稳定性独立地提出。

（一）经济层面的区域一体化

在国际经济的研究中，"区域一体化"是用来描述在国家之间建立区域化、集团化的合作关系的最基本的理论概念，另外还有很多相似的词语，如区域经济合作、区域集团化、跨国次区域经济合作等。国际上的区域经济一体化理论多是以欧洲国家的集团化发展实践为主要实证基础的。一体化被定义为伙伴国家之间逐步加强经济合作联系、结合成为范围更大的区域经济实体的过程。国际上区域经济一体化的研究基础是在一国之内是一体化的经济。随着市场经济体制的建立,地区的独立性不断加强,国家内部地区之间的一体化显得尤为重要。

在这个前提下,所谓区域经济一体化,是指在市场经济条件下,毗连的城市或地区,充分发挥经济发展方向的同一性、产业结构互补性的特点,促进生产要素自由流动,加速产业的整合与重组,实行地区经济联合与协作,从而以整体优势参与对外竞争(牛桂敏,1999)。一般来讲,"一体化"要解决的主要问题是:实现区域贸易自由化,跨界资源的联合开发,以及经济社会发展政策上的合作与协调等。在区域经济一体化思想的指导下,政府应把重点放在提供良好的投资环境和基础设施上,鼓励企业组成跨行政区企业集团或企业联合体,推动资源、生产要素在地区间自由流动与优化配置,削减地区间、行业间、所有制间经贸发展和企业联合的障碍。

(二) 制度层面区域一体化

无论是在全球层面还是区域层面,人们已经认可了在国际社会通过规则、条约和协议所构成的制度框架来产生联系。约瑟夫·A·凯米来里与吉米·福尔克将目前的国际社会描述为:空间和时间对人类相互关系的限制已经被彻底压缩,形成一张相互关联、相互依赖的网,这张网以前所未有的有效方式将世界整合在一起。在日益组织化的国际社会里,国家的角色和职能也在发生着变化。实际上,当前的区域一体化与传统经济学中的概念相比,国家间、地区间建立集团联盟的动机变得越来越复杂,而且在区域一体化过程中政府的政治意愿和企业的目标出现了背离,出现了由政府和跨国公司主导的两种不同性质的区域一体化,陈斌称之为"制度性一体化"和"功能性一体化",也有人称之为"行政一体化"和"经济一体化"。无论用什么名称,问题的核心是把区域一体化的两个重要方面,即组织制度建设与区域经济合作的实质进行区分,避免将区域合作的组织制度建设等同于区域经济一体化。

目前,制度性区域一体化 (institutionalization) 概念已逐渐被广泛采用,用以描述在区域集团化方面的政府行为,指合作伙伴之间出于发展合作关系的政治意愿建立一定形式的组织和制度。制度性区域一体化具有以下主要特征和功能:第一,对开展合作(或一体化)的重要意义达成共识;第二,高效、及时地获得和相互传递信息;第三,开辟进行实质性政策协调(如对外政策)的可能途径。

三、区域一体化动力机制

区域一体化发展的动力机制可分为产业集聚的驱动、产业扩散的驱动、区域网络化组织发展的驱动、企业区位选择行为的驱动、政府宏观调控行为的驱动、城市功能集聚与扩散的驱动6种。但是，不同的国家、不同的政治、经济、管理体制、不同的发展阶段，区域一体化发展的动力机制各不相同，区域一体化往往是几种动力机制共同作用的结果；同一机制在不同的区域、不同的发展阶段也有不同的外在表现。

（一）产业集聚和扩散效应的诱导

产业集群是借助专业化分工获取报酬递增的经济空间表现形式，专业化分工是产业集群形成的重要机制。集群企业为了建立有效的专业化分工合作机制，主要是从以下几个方面推进区域一体化：首先，招商机制。目前地方政府在主导建设"工业园"、"产业园"的过程中，出现园中有企业而无产业问题，进而无法实现真正的产权集群。所以，地方政府在招商引资中要不断地创新招商引资的方式，确立专业化招商、以商招商、集群化发展的思路。其次，培育产业集群的主体，通过发展龙头企业带动相关的中小企业发展，进而推动产业集群的形成与发展。因为龙头企业对上下游关联产业形成巨大的需求，有助于众多关联配套产业的快速发展，使得产业集群从原始的产品制造转向产品设计、生产、销售、服务的全过程。受产业集聚的推动，在该区域内形成城镇密集区，区内城镇之间在区域经济发展的过程中通过产业关联或其他方式逐渐建立了密切的联系并形成了合理的劳动地域分工体系，最终形成一体化的区域经济。

（二）区域网络化组织发展的牵动

区域内的网络化组织包括由交通运输、通信、电力等物质性线路组成的物质性网络和由市场中各种要素资源流动形成的非物质性网络两种。在工业化发展的初期和中期，在一些交通运输业发达的港口城市，凭借其发达的交通运输网络发展如石油、化工、钢铁工业等相应的传统产业，大量的不同规模的产业包括其配套产业、前后相关联产业和服务产业受集聚效应的作用而在某一区域集聚，导致了区域大批城镇的迅速发展，这些城镇之间存在着紧密的联系而最终形成高度融合的一体化区域。

另外，城市是区域的商业中心，反过来，要素资源市场的发展又促进了城市的形成和进一步发展，这样，依托要素资源市场可以形成众多不同等级规模的城市。市场中各种要素资源的流动形成了复杂的非物质性网络，借助复杂的市场网络将区域内密集分布、紧密联系、分工合作的城市相联结而形成城市群落经济。

（三）企业区位选择行为的驱使

区域产业结构、产业布局是在市场机制的自发作用，以及政府有计划、分步骤推动下逐渐形成的。在市场经济条件下，企业的市场行为选择对城市人口分布和城市空间布局的发展具有重要作用。大量企业向某一区域集聚，在集聚效应和扩散效应的作用下，提升城镇之间经济联系程度，推动区域经济快速发展，促使大批城镇在这一区域形成、发展、集聚，最终导致了区域经济的形成和发展。政府宏观调控的引导，主要是通过相关政策、基础设施、人才培养等投资软硬环境的完善，对区位环境和城市发展施加影响；通过产业政策及其配套政策引导企业区位选择，共同制定相应的协调机制以协调城市之间的产业布局、城市布局、城市交通运输、电力、通信等网络建设活动，促使相邻城市在核心城市周边集结，进而促进区域经济的形成。

（四）政府宏观调控行为的导引

在推进区域一体化的过程中，市场机制和政府干预的作用有所不同。市场机制主要通过反映资源稀缺程度的价格和优胜劣汰的竞争机制，激励企业采取先进工艺技术和科学管理方式，提高生产经营效率。政府通过实施一系列有效的产业政策、财税政策，把节约资源、合理利用资源与企业的经济利益紧密联系起来，调动企业节约资源、合理利用资源的积极性和主动性，从而推动区域一体化进程的加速。此外，由于市场机制在资源配置方面具有滞后性和盲目性，政府可以通过其资源和信息等优势进行及时"补位"。

（五）城市功能集聚与扩散的转化

产业和人口的集聚与扩散，区域内城市的互为开放与关联，是城市群内经济一体化发展的基本特征和运行规律。随着科技进步的加快和规模经济的发展，包括信息、技术、资本、人才等生产要素以空前的规模和速度向大城市流动和聚集，同时向大城市的周边城市扩散。在集聚经济的作用下，不同等级规模的生产相同或类似产品的企业在区域内大量集聚，逐渐形成城镇密集区，城市之间通过产业关联或其他方式建立密切联系，形成合理分工。随着区域规模的不断膨胀，从而不可避免的产生许多区域问题和社会问题，在扩散效应作用下，区域内的人口和产业开始向区域外围扩散，逐渐形成以大城市为核心的产业关联密切的区域经济圈。

第二节　区域一体化的相关基础理论

一、新区域主义理论

20世纪末期，经济全球化和区域一体化已成为世界经济发展的两大趋势。新区域主义是伴随世界区域一体化而产生的思潮，以不同层次的区域为研究对象，旨在通过区域中各种主体联合的制度建设，共同协商、合作解决区域发展中出现的问题，达到提升区域竞争力的目的，它已经成为西方学者分析、解决当前区域问题的重要框架。

新区域主义与旧区域主义最大的不同则是提倡开放，强调区域组织在注重区域内部合作的同时，还应加强与其他区域的横向联系与交往，鼓励并允许各国在参加本区域经济活动的同时，积极参与区域外的其他国际经贸合作，认为这种对外联系和开放不仅不会削弱区域内部的合作，反而会使区域合作得到增强并给区域内各国带来更多的机会。

此外，新区域主义体现了更多的对国家内部事务的介入。这种介入体现在两种形式的实践上：一种是北约和欧盟，它们打着"人权"和"民主自由"的旗号向东扩展，将东欧前社会主义国家吸纳进西方阵营，使它们接受由北约和欧盟制定的、较少受主权约束的地区行为规则。另一种是东盟等发展中国家的区域组织，为了应对现在和未来可能产生的危机，也开始突破旧区域主义时代囿于主权的原则，采取一些干预成员国内部事务的政策。

二、区域创新理论

广义的区域创新包括区域创新政策、创新环境、技术创新、创新网络、高技术的重组等方面。而区域创新理论则是在国家创新体系、产业群和区域经济理论的基础上发展而来，其中国家创新理论是区域创新理论产生的最为重要理论基础。而区域创新与国家创新却有许多不同的地方，如创新的主体、具体的产业政策、创新作用的范围和效果等方面。区域创新的核心在于地方政府能够为企业的发展和创新活动提供一个有利的环境，进而促进区域内有创新潜力的企业能够持续的、有效率的实现创新，从而推动本地区整体创新能力的提升和结构的升级，最终实现区域竞争力的提升。

从系统论的角度来看，区域创新系统有7种创新模式：企业、大学、科研院所合作创新，企业与大学合作创新，企业与科研院合作创新，大学与科研院所合作创新，企业与企业合作创新，大学与大学合作创新，科研院所与科研院所合作创新。影响区域创新系统的主要环境因素有制度、政策、市场、教育、法律、社会文化、国际环境等。区域创新系统具有三大功能：推动区域产业结构升级、形成区域竞争优势、促进区域经济跨越式发展。

区域创新是设立国家综合配套改革试验区的重要目标。通过国家综合配套改革试验区的技术创新、制度创新，建立以国家综合配套改革试验区为核心的区域创新体系，推动区域经济的可持续发展。

三、空间相互作用理论

空间相互作用是指区域之间通过交通通信等手段所发生的人口、货物、服务、信息、技术、金融等的相互传输过程。它对区域之间经济联系的建立与发展具有很大的影响：一方面能够使相关区域加强联系，互通有无，拓展发展的空间，获得更多的发展机会；另一方面，又会引起区域之间对资源、要素、发展机会等的竞争，并有可能对有的区域造成伤害。空间相互作用的结果是导致区域分工，分工的组织产生组合效应。

乌尔曼（1956）从经济地理学的角度分析出空间中的各个要素相互作用的前提是互补性、可达性和中间机会三个条件的满足。其中互补性是区域间产生相互作用的前提，不同的区域之间只有存在对商品、技术、信息等方面的需求，进而发生相互关系，而这种相互作用的大小与互补性成正比关系。区域之间的空间作用可以借助这种商品、人口、信息的流动量来表示，也可以借助物理学的万有引力定律来测度社会经济现象的空间作用。

国家综合配套改革试验区通过技术扩散、产业转移和制度创新扩散等机制与周边地区相互作用，实现区域经济的协调发展。

四、空间结构一体化理论

空间结构是一种空间集聚程度和集聚状态，其中的集聚是通过社会经济行为主体在某一空间区域中相互作用形成的。组成空间结构的因子包括流、通道、网络、节点和等级五个方面。而空间结构理论就是研究区域空间的结构中的各个要素在地域上的组合与演变规律，该理论的研究问题基本不单是着眼于单个经济社会现象的区位选择，而是将重点集聚在不同客体在空间中的相互作用及关系，以及考察这种关系在空间上的集聚规模和程度①。这一理论的基本观点如下：

第一，区域的发展是一个从点到线，进而扩展面的动态过程，而区域发展战略的制定也通常依据区域的空间结构特点。空间结构理论认为区域间的差异是无法避免和消除的，因为任何一个区域总是从区域的某一点最先发展，然后沿着一定的轴线进一步延伸，这种延伸是通过区域中的不同点的相互作用并形成一定的经济联系而连成的轴线，而不同的轴线的相互交叉最终形成一个经济网络。如果区域整体发展水平较低时，只有集中经济增长于几个点，才能获得最大的经济效益，增长的核心产生的极化效应必然大于扩散效应，从而核心区域发达、外围地区落后。

第二，区域发展的阶段性使得空间结构的形成也具有阶段性。一般来讲，区域经济在不同的发展阶段具有不同的空间结构。在区域发展处于离散均衡的时期，应该充分结合增长极模式与地域一体化模式，通过在农村地区形成一定的发展力量，增加资本投入，实施"中心化"战略，一旦选定了最佳区位，通过促成最佳区域增长极的发展进而带动更大范围的发展。同样，对于处于单核极化的区域，应该采取点轴开发模式，促使区域内的产业带、产业群的形成，继而采取点轴延伸与逐步积累的方式，实现区域发展"单核—双核—多核"的阶段化发展。

第三，区域空间结构的演变一般包括均衡封闭式空间结构、单核极化型空间结构、多核扩散型空间结构和均衡网络化空间结构四大阶段。分析不同阶段的空间结构特征与功能、空间网络与行为、产业集聚程度与集聚效益、空间相互作用与城市空间组合格局等内容，可以更好地把握区域空间结构的发展方向。

设立国家综合配套改革试验区，既是中国区域经济发展的现实需求，又是现有区域空间结构发展演变的客观需要。

五、区域"中心—外围"理论

中心—外围理论又称核心—边缘理论。美国区域发展与区域规划专家弗里德曼（Friedmann）通过对委内瑞拉区域发展演变特征的研究，并结合缪尔达尔（K. G Myrdal）与赫希曼（A. O. Hischman）等人的有关区域经济增长和相互传递

---

① 陆大道：《区域发展与空间结构》，科学出版社1995年版。

理论，于1966年提出了核心—边缘发展理论，它是解释经济空间结构演变模式的一种理论。

中心—外围理论指出了在经济发展的不同阶段，空间的结构形态会呈现不同的表现形式。在前工业化阶段，以农业为主的经济活动的空间结构呈现离散状态，这种空间结构状态下的区域经济发展水平差异较小，区域内的不同点之间联系松散，彼此呈独立的中心状态；在工业化的初期阶段，城镇的发展较快并成为经济发展的核心区域，不断地吸引边缘地区的生产要素向核心区域流动，产生了极化效应。结果就是核心区域与边缘的地区的经济发展不平衡逐渐加大；在进入工业化的成熟阶段，核心区的极化效应对周围地区的支配和控制作用还在继续，导致在边缘地区内产生了次核心区域，其发展的状况取决核心区的作用力大小，但是依然存在对核心区域的依赖。工业化的进一步发展使得区域空间进入相对平衡的阶段，核心区域对边缘地区的极化效应逐渐减弱，相反扩散效应逐渐占主导地位，边缘区域产生的次核心区域在这一过程中逐渐发展成新的区域核心，形成新的核心区域与边缘区域。

弗里德曼划分为四个区域：一是核心区域，是经济发达地区，创新活动基地，新技术与新产品的发源地；二是上过渡区域，是经济持续增长型区域，资金、劳动力等要素流入大于外流的地区；三是下过渡区域，经济停滞或衰落型区域，劳动生产力和土地生产力很低，青壮年劳动力移出的地区；四是资源前沿区域，经济发展有较大潜力，孕育者新的经济增长中心，能与核心区域亲密合作，但最终面临资源枯竭和经济衰退的地区。

国家综合配套改革试验区是区域经济发展的一种新形态，运用国家赋予的现行先试权，能够在短期内形成社会经济发展的核心区域，并带动周边地区发展，与周边地区构成了中心—外围的区域格局。

第三节　国外区域一体化模式与案例

一般来说，区域一体化包含许多发展形态或发展模式。在不同时期、不同范围和不同进程，区域一体化的发展模式是不同的。就国际区域经济一体化来说，巴拉萨将其总结并划分为五种模式，即自由贸易区、关税同盟、共同市场、经济同盟、完全经济同盟。

从全球角度来看，国际区域经济一体化的实践范例很多，有跨洲际界线的，也有跨国家界线的，几乎每一个洲或每一个重要的国际区域，都存在着国际区域经济一体化的有益探索和成功经验。在这些实践范例中，欧盟、北美自由贸易区和亚太经合组织具有一定的代表性。

一、国际间一体化模式案例

（一）欧盟的一体化

1. 欧盟一体化进程的演进

联合自强、共谋发展，实现经济和社会的共同进步是欧洲各国积极推进一体化的主旨所在。纵观欧盟一体化的历史进程，从 1951 年 4 月，法国、联邦德国、意大利、荷兰、比利时和卢森堡 6 国政府在巴黎签订了有效期为 50 年的《建立欧洲煤钢共同体条约》起，经过 50 余年的整合发展，到 2004 年年底，欧盟成员国已经由最初的 6 个扩大到了 25 个。在这个发展演变过程中，欧盟的成员国不仅得到了成倍的扩大，而且一体化的内涵也得到了不断深化。

在欧盟 50 余年的发展历程中，经历了发端于西欧，逐渐向北、向南、向东的共 5 次一体化规模的扩大，就是在这样的发展中，欧盟一体化也在不断深化。最初，欧洲联合的开拓者就将经济联合作为政治联合的基础工程，建立了共同的一体化组织（超越国家的权力机构）来对一体化区域进行管理，其组织机构的基本框架是由部长理事会、执行委员会、欧洲议会、欧洲法院和其他相关委员会构成。这种跨越国界的共同体大大促进了成员国之间的经济联系，加强了各国间资本的相互渗透。从《巴黎条约》的经济部门的一体化到《罗马条约》区域内贸易自由化，再发展到欧洲统一市场的建立，欧盟成员国之间在行政、技术、边界等"经济边界"，逐一被消除，从而形成了统一的拥有 3.4 亿人口、237 万平方公里面积的欧共体的大市场。

2. 欧盟一体化模式的特点

（1）有力的法律制度为基础。欧盟作为区域一体化的典范，其成功主要原因之一就是依据法律法规一体化实现区域整合与共同治理。欧盟作为一个经济和政治实体，其独特性主要来自于在经济一体化的发展过程中形成了独特的法律制度模式。法律制度为维系各成员国之间的合作关系，以及欧洲联盟各机构的活动提供了可靠的机制保障。目前欧盟已先后针对商品、劳务、人员和资本的自由流动问题制定出了多项立法，而且其中大约 80% 已经转化为各国国内法。各国经济甚至政治、社会行为必须在多国共同确立的某种协定的规则或准则的约束下进行。正是这种有力的法律制度的安排，使欧盟的一体化成为一种完全不同于其他形式的国家加合作。

（2）具有发展性的体制构架为依托。欧盟是在"共享"、"法制"、"分权与制衡"的原则上建立的一个超国家组织。主要机构包括欧洲理事会、欧盟理事会、欧盟委员会、欧洲议会、欧洲法院、欧洲审计院等。各机构均围绕欧洲理事会和欧盟理事会的决策开展工作，欧洲议会部分地参与决策，欧盟委员会是执行机构，法院履行司法仲裁功能，各机构间形成良性的相互制约机制。欧盟这个超国家组织就是在对其自身各部门进行合理分工并建立相应的制约机制的基础上，在不改变民族国家主权的条件下，利用欧盟一体化结构内形成的由成员国集体行使部分原来国家权力的体制，来发挥超国家的职能与权力的。

（3）超前的整合治理理念。1952年建立的欧洲煤钢共同体可以说是欧盟的奠基石，欧共体把一体化从一个行业领域拓展到了经济的各个层面，乃至于政治层面。在欧盟签订的类似准宪法的基本条约中，都明确规定了要以欧洲联盟的共同利益为目标，要共同去创建没有内部边界的区域，并以此促进长期的经济社会进步。为了实现目标，基本条约中还为欧盟建立了三权分立、权力制衡、相互协调配合的带有超国家性的机构体制。超国家机构在行使其职权时是站在欧盟整体利益的高度上，因此不受成员国政府的约束，欧盟的集体决策对成员国乃至于每一个公民都具有法律约束力。与此同时，"部长理事会"、"欧洲议会"等机构，又使得各国政府、各地区行为主体以及每个公民直接或间接参与决策成为可能。

欧盟经济一体化的实质是区域整合共同治理，目标是和平、稳定、社会经济均衡发展，原则是多元一体、主权共享。以保证追求均衡、讲求平衡、注重协调为前提，遵循共同法规和共同机制，通过构建相应的政治体制和切实可行的运行机制及有效的政策措施来实行国家和区域两个层面相互协调、双向互动的区域共治。

（二）北自由贸易区一体化

国际区域经济一体化和经济全球化发展迅猛，在这种趋势下，1994年，美国、加拿大和墨西哥三国联合签订了《北美自由贸易协定》（NAFTA），北美自由贸易区的框架由此形成。发展事实证明，该协定大大减少了在北美商业贸易中的众多障碍，使得整个北美大陆区域内的人员和其他社会经济资源的流动开始顺畅起来。美国首选的贸易伙伴一直是北方邻居加拿大，它的第三大市场（仅次于全球排名第二的日本之后）是南部邻居墨西哥。同时，加拿大和墨西哥也各有不少收获。应该看到，尽管这种国际区域经济一体化的趋势在欧洲已经很明显了，但表明北美洲也开始了国际区域经济一体化。

1. 北美自由贸易区的特点

（1）在垂直分工中获取经济利益"南"与"北"共存。欧盟是由经济发展水平相对接近的国家组成的，而北美自由贸易区中美国和加拿大属于经济水平发达的国家，墨西哥则属于发展中国家。

（2）以经济关系作为联系纽带的一国主导。北美自由贸易区是一个区域经济一体化组织，它以超大经济强国——美国为核心。这主要是由美、加、墨之间总体发展水平和经济实力对比的特定条件决定的。

（3）在劳务贸易、投资、金融服务等多领域深度的经济互补。不管各成员的经济实力存在多大差异，也不管由此带来多少利益上的不协调甚至冲突与矛盾，成员国在经济上的互补性以及由此产生的互利互惠性，始终都是地区性贸易安排得以建立的现实基础。北美自由贸易区亦不例外。美、加、墨的经济互补关系在三国的经济运行中随处可见。

2. 运行机制

（1）健全的协商制度。在《北美自由贸易协定》中以法律形式规范了三国的经贸关系，具有很强的约束力。每个成员均以务实的态度调整自身，按照统一的制度安排对国内经济结构进行调整，尽可能使之符合成员国共同利益。

（2）较高的机制化程度。北美自由贸易区没有像欧盟那样准政府式的组织，为了使经贸合作能够顺利展开也设立了这样的工作机构，它以自由贸易委员会为核心，自由贸易委员会主要负责执行和实施《北美自由贸易协定》，其下设置工作委员会和工作小组式负责日常工作，处理重要专题；另外在三个成员内常设的秘书处，负责解决三国间的分歧和贸易争端；还有仲裁法庭和保护仲裁法庭程序特别委员会负责协商、解决三国贸易冲突和争端。为了分别从多方位多层次协调、监督各种协定的顺利运行，还设有劳工合作委员会、环境合作委员会和北美发展银行、边境环境合作委员会、咨询机构等。

（三）亚太经合组织

亚太经济合作组织（APEC），是亚洲和环太平洋部分国家和地区为促进本区域经济合作与发展于1989年11月成立的区域经济一体化组织。它的宗旨是：实现区域内贸易和投资自由化，加强成员间的经济技术合作，推动亚太地区经济的共同发展。迄今为止，APEC成员已达21个，在推动亚太地区贸易与投资自由化及各成员的共同发展等方面已取得了很大的进展。

1. 亚太经合组织的特点

（1）形式上的松散与开放、渐进性。与欧盟、北美自由贸易区相比在形式上

APEC 是不严密的、松散的。因为它与其他区域经济一体化组织如欧盟、北美自由贸易区等相比，不是通过签订条约、协定等成立的，成立后也没有明确的各成员共同遵守的具有法律性质的制度等。

它在国际经济合作领域里率先打破了区域一体化的传统，开创了地跨亚洲、大洋洲、美洲范围广大、成员分散的区域经济合作组织，成员既有发达国家（地区）也有发展中国家（地区），既有社会主义国家（地区）也有资本主义国家（地区），既有东方文化背景的国家（地区）也有西方文化背景的国家（地区）。因此可以说，亚太经合组织打破了传统的地域封闭性的区域一体化模式，是具有开放性的区域一体化组织。

（2）以灵活、务实、自愿、协商、互利为合作原则。亚太经合组织没有超国家（地区）决策、不进行讨价还价的谈判，从成员各自发展需求出发遵循务实、自愿原则，通过协商展开互利的经济合作。尊重合作主体间的差异，充分体现了合作中的平等关系。

2. 运行机制

与传统的区域经济一体化组织相比，APEC 不是通过各成员签署条约和一系列协议而成立并以此进行运作的一体化组织。成员间的一系列会议有高官会议、部长级会议和政府首脑非正式会议等，在自主自愿的基础上进行协商，以声明、宣言的形式作出承诺，推动合作的。APEC 只是成员间协调和协商的机构，它提出的是不具备任何法律意义的各种建议、行动议程或一般原则，仅供成员执行时参考。APEC 运行机制主要是协商、承诺、自愿等以单边主义＋集体行动＋评审机制构成"协调单边主义"机制。其中，非约束性的、协商和单边自愿的新模式是在国际经济合作组织的运作方式上的首创。

二、国家内区域一体化模式案例

国外区域一体化发展模式的形成有特定的政治、经济、文化、社会、制度背景。本研究将通过对欧美、日本区域一体化发展模式进行梳理，分析并总结了其先进的管理理念和成功经验（如政府角色的转变、通过地方分权为区域管理创造新的空间、新的公共机构的设置、新制度安排带来的空间组织优化等），为加快中国区域一体化发展进程提供了具有参考价值的建议。

（一）日本区域一体化模式

日本的区域发展、都市圈建设、广域行政、市町村合并都是不同层次上的区域一体化表现。日本政府在推动本国区域一体化进程中适时进行不同形式的行政改革以及特殊政策法规的制定，这为区域一体化经济发展进程注入了十分重要的动力。1956~1973年是日本经济发展的黄金时期，在全国范围内设立了7个新产业城市、6个工业发展特别区域，构架了以点带面的经济发展格局。1956年、1963年又相继出台了《大都市圈整备法》，在1969~1976年的《第二次全综合开发规划》中提出了大规模产业区域开发构想，将全国分为7个大的区域，之后就形成了7个中心城市人口达百万以上的大都市圈。总之，第二次世界大战后日本国内经济发展与区域统筹开发与其政府在战后出台的一系列国土开发政策法规以及中央、地方政府的行政体制改革、各种法律法规的确立等措施是密不可分的。这些为我国区域一体化发展提供了有价值的经验。

1. 以全国范围为对象的系统性、渐进性的区域统筹规划与发展政策

日本政府非常注重制定并落实区域规划与政策。为了提供市场经济条件下的一种公共服务，政府规划阐述了政府的战略意图、引导了市场主体行为。编制并落实好区域规划，对于促进统一规划、分工协作、联合建设、促进区域经济共同发展具有重要的指导意义。日本政府在制定与实施区域经济政策的过程中，成立了国土厅等专门机构，负责对政策作出权威解释，根据有关措施分配经济和社会资源，协调与其他政策的关系。战后，日本政府就制定了《国土开发规划纲要》，并根据不同时期的经济发展目标和任务，先后6次颁布了《全国综合开发规划》，明确全国国土整治与地区开发的总体方向和方针，使之成为国民了解政府施政方略、引导企业和地方资金投向的重要途径。

2. 法律先行的行政体制改革

20世纪90年代以来，日本政府自上而下发动了影响深远的以分权为中心的行政体制改革，日本是一个单一制中央集权国家，其地方政府体制是由中央政府创立的。1995年，日本政府成立了分权推进委员会，负责向内阁和国会提供分权改革建议方案；1998年5月，内阁在建议的基础上，正式颁布了"分权推进计划"，次年又相应修改了相关法律。

（1）中央与地方关系的改革。根据宪法上作出的明确规定，日本一直实行地方自治制度。但长期以来中央政府对地方的控制很严。中央的控制手段，首先是"机关委任事务制度"，即中央政府各省厅委任地方政府办理的事务，中央政府各省厅有权进行指挥、控制或监督。在都道府县一级，"机关委任事务"占到全部事务的70%~80%。其次是地方交付税制度，即转移支付制度。此前，国税约占全部税收的2/3，地方税占1/3，而国税的50%左右要通过"地方交付税"的形式返还地方，但返还时不是等比例返还，而是根据地方的实际情况由中央决定返还多少。最后是在人事方面，从中央派遣或转职的地方官员很多。同时，大多数的都道府县长官也出身于中央省厅。原自治省是中央与地方的联结点，所有中央资金都通过自治省一个渠道下到地方，权力很大。中央与地方名义上是对等的行政实体，实际上是上下级关系。因此，20世纪80年代以来，改革中央集权制、扩大地方分权的呼声一直很高。

在地方分权改革中，日本对中央与地方关系进行了大幅度的改革和调整，基本思路是：强化地方自治，实行权力下放，把一些原来上下级关系变成真正的对等关系，真正由当地居民自己决定本地事务。主要措施有：一是明确划分中央与地方的权限，废除"机关委任事务"；二是下放权力，把一些原来由中央审批、许可的事项下放到地方；三是对税收返还和国库补助金制度进行改革，扩大地方财权；四是改革中央省厅，将地方政府的主管部门自治省与总理府总务厅、邮政省合并，成立总务省。经过改革，一部分机关委任事务改由中央直辖或废除，其余部分有大约60%~70%改为自治事务，30%~40%改为法定委托事务。进入21世纪，在地方自治的新时代，总务省官员表示日本要继续推进地方政府改革，在地方公共财政改革、行政评价制度、信息公开、地方公共团体组织合理化、合并市町村等方面采取新的举措，并在2005年颁布《合并特例法》。

(2) 地方政府行政体制的改革。

①广域联合体制度。1994年，日本政府为了应对国民跨区域行政需求、提高行政管理效率、节约管理成本，在修改《地方自治法》时建立了广域联合体制度，其实质是在行政管理层面进行的跨区域整合。广域联合可以作为地方公共团体组合的一种类型存在，也就是地方政府之间的联合。也是在法律的支撑下进行的一种地方政府间的通过联合体的形式与相关制度进行跨区域行政协调的制度的创新。其发展演变历程大致如下。

第一阶段：跨区域行政协调制度的多样化格局构架。在1947年实施的《地方自治法》中对政府跨区域行政事务处理做了一些规定。比如：政府可以事务委托、设立部分事务组合、设立协议会、共同设立相关机构等形式来处理跨区域行政事务。事务委托在日本所发生的跨区域行政事务处理中所占的比例较大。它是指地方政府可以与另一地方政府签订协议，将一部分事务委托给另一个地方政府处理。这时，委托方须将所需资金转移至受托方，责任和权限也同时被转移。事务委托大多数发生于同一都道府县内，也有少部分是跨都道府县的。

第二阶段：跨区域行政协调制度的完善与扩充。20世纪60年代以后，人们对政府跨区域行政的需求越来越多，政府因此也通过修改法律和制定新的法律在制度创新上做一些尝试。

第三阶段：跨区域政府间的联合。1994年再次修改《地方自治法》，跨区域行政协调制度进一步发展为政府之间的联合，即"广域联合"。1995年和1999年日本分别制定了《地方分权推进法》和《地方分权一揽子法》，地方政府被赋予更大的权限，地方政府得以有权建立跨区域的政府协调制度。

大部分广域联合的设立目的是为了提高跨区域事务管理的效率。由于很多跨区域行政事务的实施单靠一个地方政府是难以进行的，而且随着经济社会的发展使人们日常生活圈不断扩大，人们对行政的需求也呈现出多样化的趋势和效率化的要求，再加上地方财政紧张、地方人口发展不平衡等因素使得地方政府认识到了合作的必要性与紧迫性，因此为了应付跨区域的行政需求、为了提高资金使用效率、为了充分发挥合作的效应，采取了跨区域政府联合的方式。

②市町村合并。大部分广域联合的设立目的是为了提高跨区域事务管理的效率。因为很多跨区域行政事务的实施单靠一个地方政府很难进行，并且人们日常生活圈随着经济社会的发展不断扩大，所以人们对行政的需求也呈现出多样化的趋势和效率化的要求，再加上地方财政紧张、地方人口发展不平衡等因素使得地方政府认识到了合作的必要性与紧迫性，因此为了提高资金使用效率、为了应付跨区域的行政需求、为了充分发挥合作的效应，采取了跨区域政府联合的方式。

③结构改革。20世纪80年代中期以后，经济全球化的不断深化为战后日本经济发展带来奇迹般的高速增长，但是经济体制、经济结构和经济制度对新形势发展的需要表现出了明显的不适，这些都阻碍了日本的经济社会发展，使日本陷入"制度疲劳"。为了解决这个问题，让日本从低迷中走出来，小泉内阁提出了要在经济、财政、行政、社会、政治等领域进行"没有禁区的改革"，即"结构改革"。在这个方针中明确了结构改革三条线和七项计划。第一条主线为提高经济社会的活力。包括两项计划：一是民营化、规制改革计划；二是支援挑战者计划——发挥个人、企业的潜在能力。第二条主线为丰富生活和充实安全网，包括三项计划：一是强化保险功能计划；二是知识资产倍增计划；三是生活维新。第三条主线是强化政府功能，包括两项计划：一是地方自立、提高地方活力计划；二是财政改革计划。

在结构改革中特区制度以及三位一体改革、地方政府的行政改革对于市町村基层的区域整合、地方政府与民间各界的合作、基层地方政府职能的转变，都起到了推动作用。建立特区并实施改革的主要目标可以归纳为两个大方面：第一，整顿企业外部政策环境，引导企业在新领域进行再投资发展，以增强地方活力。通过特区政策的优惠支持企业发展。主要是放宽或废除限制性规定。比如，在大学的建设领域中鼓励股份公司的参与，原来国有的公共通信系统向民间企业开放等。第二，对地方行政体制机制的改革，目的在于提高地方行政的服务水平、推动地方行政的社会化。通过地方行政自我改革型，以实现地方政府行政业务的灵活性、独立性和高效率，降低成本、提高服务质量；另外通过规制改革促进地方行政服务民营化，鼓励民间机构积极参与地方行政事务，可以采用事务委托等方式将部分行政服务性质事务转让给民间机构，以降低地方政府的行政活动成本，提高服务水平。政府购买服务岗位。

（二）法国区域一体化模式

1. 地方分权政策和对"双重区域"特征的解决

第二次世界大战后，法国政府曾采取了一系列措施强化中央权力，但因此也造成了地区之间的条块分割，对区域经济的协调发展产生了不利的影响。20世纪40~50年代，法国政府在实施经济和社会发展中、长期计划和国土整治过中，意识到成立独立的经济大区的必要性。也就是以经济发展为联系纽带的区域统筹的必要性。

20世纪80年代后，法国政府进一步下放权力，扩大地方的自主权。为了调动地方的积极性，各地区可按本地区的特点和需要制定发展规划。大区作为经济实体在经历了很长的发展过程之后才于80年代进行的地方行政体制与地方管理制度改革中，正式成为地方行政区划的一个层级。在区域经济发展的资源整合问题上，通过设立相应的中央机构以协调各地各级政府部门之间的资源配置。通过行政大区协调地方发展。在法国的行政系统中，3个层级，中央之下分为各个大区，大区管辖若干省，大区在协调各省经济发展中起主要作用。大巴黎地区目前为止共22个大区。

为此，法国政府在1949年就提出了"城市交通服务区"（PTU）概念，规定如果单个市镇独立组织自己的城市公交，PTU就是其市域行政边界；如果若干个市镇共同组织建设城市公交网络，PTU就是这些市镇行政辖区的总和。随着区域经济的快速融合，这种局限于小范围的公交体系逐渐无法适应整个区域的发展，所以在1973年政府对这一法令进行了修改，"城市交通服务区"不再参照各市镇的行政边界划定，而是根据其服务的范围和地域来制定税收范围。这样就使法国巴黎大区的公交网络建设发展彻底摆脱了行政边界的束缚和行政管辖的影响，使城市公共交通得以按照网络发展的自身规律和需要进行建设。

2. 政企分开与财政支持

在20世纪60~70年代，法国政府对国有企业的干预程度较高，导致国家财政负担沉重，企业效益下降，企业在区域经济发展中无法依照市场法则行事。为扭转这种状况，法国政府逐步改革了对国有企业的管理方针，扩大了企业的自主权，并将"管理自治"作为指导国有企业经营的基本原则。于是，国家同国有企业的关系逐步成为股东与企业的关系，除确定和审批企业重大战略决策和经营方针外，国家一般不对企业下达行政命令，不干预企业的日常经营。这种对市场机制的自觉运用客观上推动了经济要素的合理流动，有利于区域经济的一体化进程。在减少对企业干预的同时，政府也制定了有利于加快企业发展、缩小地区间发展差距的财政奖励制度，先后设立了经济和社会发展基金、地区开发奖金、手工业企业装备奖金、农村开发与国土整治基金、工业现代化基金等，这些措施有利于外迁企业和机构的重新融合，对这些企业和机构的重新发展提供了有效的"财政支持"。法国政府后来又把所有的津贴等改称为"国土整治奖金"，并对资助手段作出了重大改革，对参与区域发展的企业，政府还根据地区和就业人数予以不同程度的税收减免。这就使税收和财政制度对区域经济内企业的调整和重组起到了巨大的推动作用。

（三）美国区域一体化模式

大都市区的产生是城市化发展的结果之一，也是城市与其周边地区区域一体化的一种类型。美国是大都市区出现较早的国家，洛杉矶、芝加哥都是典型的大都市区。美国的绝大多数大都市区，长期处在地方政府的分治状态中。洛杉矶大都市区就是由81个不同的地方政府组成，这些地方政府在法律上均享有同等地位，各自独立（黄丽，2003）。这无疑也导致了整个区域中的行政分割的局面。

在1854年的费城、1898年的纽约、1957年的迈阿密等大都市区，都经历过以减少地方政府的数量，构建符合公共服务规模效益的集权政府运动，但是由于自由派美国学者和政府界的反对，最终未能实现集权改革。后来，在威尔逊的"权力的平衡和相互作用的协调"的主张下，一种由联邦制衡的，州、地方政府和公众社会各自相互独立，并共同介入的权力制衡机制逐步被倡导并建立起来（黄丽，2003）。到20世纪90年代，克林顿政府时期，合力制衡体制以及相关法规才被建立起来，作为对大都市区的治理模式。

三、经验借鉴与规律总结

（一）构建科学的区域管理组织与区域协调机制

从欧盟等跨国界的一体化以及日本、法国等国内跨行政区界限的区域一体化发展中，无论是灵活、松散的，还是正规、程序化的，具有权威性的组织与适当的协调机制对于区域一体化的发展是十分重要的。而且在区域一体化发展的不同阶段，组织与机制也是不断发展的。由于各国各地区的经济社会发展水平不同，另外也存在文化方面的差异，因此各国各地区在处理区域发展中的一体化问题时，形成了不同的一体化组织形式与协调机制以及管理模式。

1. 一体化组织形式大致可以分为3类模式

（1）欧洲模式。以权威、统一为特点的欧盟组织。欧盟是在"共享"、"法制"、"分权与制衡"的原则上建立起来的超国家组织，该组织运用超前的整合治理理念实现了跨越国界的经济联合与政治合作。值得注意的是欧盟实现经济政治两个层面的一体化是以有力的法律制度为基础，以发展性的体制构架为依托的。适合这种组织的成员具有经济社会发展水平相近，文化背景相近的特征。

（2）美洲模式。以超大经济强国为核心的北美自由贸易组织。目标是追求多领域多层面经济关系的互补。《北美自由贸易协定》中以法律形式规范了三国的经贸关系，具有很强的约束力。自由贸易委员会作为核心的工作机构，主要负责协定的执行和实施。其下设置工作委员会和工作小组负责日常工作，处理重要专题；还有在三个成员国国内常设的秘书处，负责解决三国间的分歧和贸易争端；另外仲裁法庭和保护仲裁法庭程序特别委员会负责协商、解决三国贸易冲突和争端。除此之外还设有劳工合作委员会、环境合作委员会和北美发展银行、边境环境合作委员会、咨询机构等从多方位多层次协调、监督各种协定的顺利运行。在这个组织中成员为了追求共同的利益而遵循统一的制度安排。

（3）亚洲模式。以松散、柔性为特点的亚太经合组织。亚太经合组织是成员的协商和协调机构。它提出的各种建议、行动议程或一般原则是不具备任何法律意义的，仅供成员执行时参考。该组织不进行超国家决策，即尊重合作主体的差异，对于各成员内部经济发展决策采取不干预原则，通过协商展开互利的经济合作。主要通过成员间的一系列会议，如高官会议、部长级会议和政府首脑非正式会议等，在自主自愿的基础上协商一致，以声明、宣言的形式做出承诺，推动合作。这种组织对差异性具有很宽的容忍度，其成员在经济、社会、文化、民族乃至国家（地区）体制等方面存在较大的差异性。

以上3种模式虽然都是跨国界的区域一体化组织，但是在一个国家（地区）内部的区域一体化组织发展中是可以借鉴的。比如：欧洲模式的法国大区。法国大区在20世纪50年代成立时，作为跨行政区界限的区域，主要目的是以经济发展为联系纽带，实现区域统筹发展。政府对具有权威性的民间团体采取了积极的态度，不仅从政策上对大区建立给予支持，还颁布了相关的法令，在中央向地方分权的改革中逐步完善了大区的协调机构，使大区逐步规范化、制度化。大区在80年代进行的地方行政体制与地方管理制度改革中，经历了30余年的风雨验证，正式成为地方行政区划的一个层级。日本的市町村合并、广域行政制度、广域联合、亚洲模式的"泛珠三角"，以灵活、松散且富有柔性的协调组织，通过高端会议、论坛等方式协调区域内成员的利益从而达到共同发展。

2. 协调机制可以分为3种类型

（1）准政府形式、依据法律进行协调（欧盟）。欧盟作为一个经济和政治实体，其独特性主要来自于在经济一体化的发展过程中形成了独特的法律制度模式。法律制度为维系各成员国之间的合作关系，以及欧洲联盟各机构的活动提供了可靠的机制保障。目前欧盟已制定的约300项立法已经转化为各国国内法。各国经济甚至政治、社会行为必须在多国共同确立的某种协定的规则或准则的约束下进行。欧盟理事会是由各成员国部长组成的，既履行欧盟的立法职责同时又要作为各国政府代表维护本国利益，具有超国家性和政府组织的双重性质。在欧盟签订的类似准宪法的基本条约中，都明确规定了要以欧洲联盟的共同利益为目标，要共同去创建没有内部边界的区域，并以此促进长期的社会经济进步。

（2）具有较强约束性的协商机制（北美）。在《北美自由贸易协定》中以法律形式规范了三国的经贸关系，具有很强的约束力。虽然北美自由贸易区没有像欧盟那样准政府式的组织，但是为了使经贸合作能够顺利展开也设立了以自由贸易委员会为核心的工作机构，还有在三个成员国内常设的秘书处，仲裁法庭和保护仲裁法庭程序特别委员会负责协商、解决三国贸易冲突和争端。此外还设有相关机构分别从多方位多层次协调、监督各种协定的顺利运行。

（3）非约束性、协商单边主义（亚太）。亚太经合组织是通过成员的一系列会议，如高官会议、部长级会议和政府首脑正式会议等方式，在自主自愿的基础上进行协商，以声明、宣言的形式作出承诺，推动区域合作。该组织只是成员间协调和协商的机构，它提出的各种建议、行动议程或一般原则是不具备任何法律意义的，仅供成员执行时参考。

（二）完善法律制度保障、不断推行行政体制改革

如果缺乏法律来作为强有力的支持，区域一体化的更深层次的发展便遥不可及。为了促进不同层次的区域一体化进程，在日本先后颁布了《关于市、町、村合并特例的法律》，并且在《地方自治法》中补充有关广域联合体制度的内容。为配合实施全国性的区域规划的法律法规，在20世纪60年代就颁布了《大都市圈整备法》等，从而支持并监督规划的实施，实现区域协调发展。在以法律制

度为基础的区域一体化中,欧盟更是典范。

除了法律保障的不断强化外,国家中央与地方的关系、地方政府间的关系、中央与地方的行政管理方式的变革也在很多区域一体化进程中出现。为了实现增强地方政府的自治权力的目的,一些原来具有中央集权传统的国家逐步实行权力下放和地方分权,如法国和日本。协同趋势的出现,来自于各国的地方制度不断经历着变革,分权化已成为一种世界性现象。这种现象在欧洲表现得特别强烈,欧盟成员国的地方制度在一体化进程中表现出某种共同的发展趋势。强化地方自治、实行地方分权、鼓励多样性、非官僚化、服务提供的变化、对民众的负责性、公民参与、减少调控和强调中央与地方的合作等都是其共同发展趋势的表现。

(三) 统一规划特殊政策

我们从日本的几次全国综合规划以及其结构改革中可以看出,在区域一体化初期,起到特殊贡献的便是以区域为对象的统筹规划以及相应的特殊政策、相关法律的制定与实施。

第二次世界大战结束后,以战后复兴为目标,日本实施了第一次全国性的综合规划,明确制定了针对 21 个特定地区的综合开发。与此同时日本颁布了国土综合开发法、离岛振兴法、北海道开发法。在法律与政策的推动下,日本对国内跨府县的水力与电力资源进行了开发,并实现了粮食增产目标。以缩小区域差距、防止城市过大化为目标,开展了第二次全国综合规划,从而制定了都市圈整备法以保证其正常实施。为了便于整治和开发,日本对于全国进行了区块划分,有过密区域、整治区域和开发区域 3 种类型,在此基础上,有 6 个工业特别开发区、5 个新型产业城市。通过划分区块,还取得了一定程度上解决区域人口过于集中以及因此产生的负面作用的效果。通过制定法律和政策促进规划有效实施的方法在高度经济增长期之后的几次全国规划中得以延续。

(四) 行政管理体制改革与区划改革同步推进

广一域联合体制度的建立,在日本调整中央与地方关系、市町村基层行政区的合并等渐进的行政管理改革与区划调整的过程中显示了突出作用。从而使得在行政管理层面的跨行政区域的资源整合得以实现。人们对行政的多样化、效率化需求,地方政府的财政困境的问题的解决,都是在从 1947 年开始的跨区域行政协调制度的多样化格局构架,到 1994 年之后,跨区域政府间的联合的不同阶段的区域一体化进程中实现的。从某种意义上说,日本区域经济社会、区域一体化的发展，就是来自于日本渐进的行政制度的改革以及中央对地方权力的下放、地方政府间广—域联合制度的建立，以及市町村合并基层行政区划的调整。在其中的改革过程中，值得大家借鉴的成功经验有很多。比如，对巴黎大区这样具有"双重区域"特征的区域进行的地方政府之间的协调，在适当的时候通过调整区划促进大巴黎地区的经济融合，突破行政边界对经济资源进行的有效配置。

第四节 中国区域一体化的发展

一、中国区域一体化发展的现状

（一）"泛珠三角"的区域一体化

"泛珠三角"（简称9+2）包括广东、福建、江西、广西、海南、湖南、四川、云南、贵州等9个省（区），再加上香港和澳门两个特别行政区，从而形成了目前中国最大的经济一体化区域。在经济全球化的背景中，我国区域经济一体化的发展，由起初的广东省中南部珠江下游以及入海口的"珠三角"地区，到中国"入世"后以广东、香港、澳门三个支点构筑而成的"大珠三角"，直至今天的"泛珠三角"构成。展现在世人面前的是一个有着崭新的形象和独特的魅力，充满活力与竞争力的区域。

"平等"、"和平"、"竞争"、"互补"、"互利"、"可持续发展"是"泛珠三角"一体化区域自形成以来在诸多领域开展合作的原则，合作领域包括基础设施、贸易、农业、旅游、就业服务、环境保护等方面。"泛珠三角"区域的综合竞争力变化体现在这些新一轮的合作与重组中，体现在区域内成员在产业上的互补、资源上的共享、市场的共建和政策的对接。区域一体化使区域经济发展的有效途径从"三角"成功的发展中体现出来。

1. "泛珠三角"区域一体化的特点

（1）非同质性区域一体化。新中国成立以来规模最大、范围最广的区域合作："泛珠三角（9+2）"。存在着很大地域差异的东、中、西部在该区域中得以连接。其存在的客观基础是：东中西部经济发展阶段的差别和资源禀赋的差异。中国内地珠江流域的9个省区（含珠江流域以外的四川、福建两省）和香港、澳门2个特别行政区都包含在"泛珠三角"区域合作中，横跨地域之广、人口之多，以及地理环境、资源禀赋、产业结构、劳动力素质、收入水平、制度效能等方面的差异是非常巨大的，也是史无前例的。

"泛珠三角（9+2）"包括了在一个国家的前提下，实行社会主义制度的内地9个省区和实行资本主义制度的香港、澳门2个特别行政区，包括不同社会制度的3个独立关税区在内的真正意义上的"一国两制"区域合作。

（2）多层次、多领域、全方位的区域一体化。"泛珠三角"区域合作形成了宽领域、多形式、全方位的区域合作新局面，并以产业合作为核心。其合作领域已经拓宽到各行各业，包括经贸、产业、投资到环保、社会等，涉及行业包括渔业、印刷业、医药业、交通运输业、电子信息产业、服务业、金融业、社会保障和公共管理等17个领域。其也极力推动合作主体的推广，由政府、部分逐步扩展到社会团体、学术机构和企业。而且我们也不难发现，除了领域的开阔，"泛珠三角"在区域合作平台上，区域内政府和组织开展了多层次、全方位的合作。合作层次上，除了以9+2或内地省九省区为主体进行外，省区间的双向合作迅速发展。

2. "泛珠三角"的运行机制

（1）松散、柔软的组织机构。"泛珠三角"区域一体化的两大组织平台是论坛及合作洽谈会，通过高层联席会议制度、日常办公制度、部门衔接落实制度来开展区域一体化工作，这种组织机构具有松散性特点。并且在执行协议时，多以自愿性为原则，对执行是否到位没有考核机制，违反协议的行为成本也因为没有形成强制性制裁而很低。联席会议秘书处只负责执行决定、处理日常运行中发生问题的信息通报，没有具体的行政权力。从深化发展的目的出发，随着区域产业合作的进一步的深化，对于组织机构的严格正规化的要求必将提高。

（2）市场运作、政府推动。"泛珠三角"区域合作首先由广东省提出并宣布，得到云桂湘等省区的积极响应，并与其达成多项协议。后来，中国香港和中国澳门地区也对这一提议产生了浓厚的兴趣，积极与广东进行了沟通和磋商。一般情况下，政府在区域合作初期是处于主导地位，扮演主角的。之后发展到市场主导型和政府市场共同主导型。

3. "泛珠三角"区域一体化发展中的主要问题

（1）法制基础和投入机制欠缺。目前国内还没有专门针对区域一体化发展的法律基础以及投入机制，只是一味泛泛模仿国外运作模式，但缺少法律基础及投入机制的配合，"泛珠三角"区域一体化发展不可避免地走弯路，在此可借鉴国外区域合作的成功经验，英、美、日等国在对一些问题区域的发展干预中，除政策、规划外，相应的立法机关制定法律法规也配套运作，使区域发展走向规范化和法制化。有一些很成功的案例，英国对老工业区的开发、美国对西部的开发和日本对北海道的开发等都是在法制的框架下去实施的。

（2）政府行为的协调与选择。"泛珠三角"区域合作采用政府推动、市场运作的发展模式。但是，这其中起推动作用的政府包括"泛珠三角（9+2）"各地方和特区政府以及中央政府，合作与发展涉及两种制度和两级多个政府，政府行为的协调就显得尤为重要。且因为在特色的中国政府和地方政府的事权划分和财税体制下，各级政府都为各自的利益主体争取利益，因此，区域合作中的利益协调是政府行为协调的主要内容。当前各地政府在经济发展中都极力追求本地区利益最大化，如在跨区域合作中，对己有利的就积极参与，不利的就消极对待甚至阻挠、拖延。在招商引资、主导产业的选择上，地方政府之间也存在激烈的相互竞争，这时中央政府和有关地方政府进行大量的协调工作就显得很重要。

（3）行政区划的障碍。"泛珠三角"内存在三种类型的行政区域：一是一般的行政区域，即内地除海南外的八省；二是特区，即海南、深圳、珠海、汕头、厦门；三是特别行政区，即香港和澳门，还有民族自治区，即广西。划分的多样性使"泛珠三角"区域合作机制构建背景复杂。"泛珠三角"区域经济合作主要表现为地方政府间的合作方式，地方政府难以摆脱因政绩考核而驱动的地方利益，利益的不协调将导致地方保护主义，不利于资源的优化配置。如何摆脱行政区划的障碍，从而协调各地区的既得权益，达到即实现平等又能发挥某些具有优势地区的特殊作用，是构建合作机制必须要思考和解决的问题。

（4）组织机制的乏力。目前"泛珠三角"区域合作模式组织机构柔性、协商性、松散的合作方式对"泛珠三角"区域一体化的深化发展极为不利，因为现有组织力度不能形成有力的约束和激励，使得在"泛珠三角"协议框架下形成的政策难以贯彻落实。

（5）经济实力的差异。"泛珠三角"区域内部经济的互补性和差距构成了双方或多方产生合作意愿的基础，同时也对区域合作会产生阻碍作用。从构建合作机制看，经济发展水平的差距导致双方在诸多经济领域的权利和义务的不平衡和两地对外辐射和影响力的不同，使双方对经济成长空间评估产生差异最终对合作的关注存在不同。从而会对区域合作机制的建立产生一定的影响。例如，2001年，广东的 GDP 是广西的 4.8 倍、是贵州的 9.8 倍、是云南的 5.1 倍。经济实力的差距可能造成权利和义务难以对等，比如资金流向不对等、技术投入不平衡等。同时，各地政府根据各自发展情况采取不同开放程度、产业趋向、发展战略等，也会对构建"泛珠三角"区域一体化机制造成不利影响。

（二）"长三角"的区域一体化

"长三角"区域自古就有鱼米之乡、丝绸之府的美誉，是中国经济发达、文化昌盛的典范，且人口、产业、城市、财政也最密集。改革开放以来，浦东开发开放成绩斐然，上海加速产业调整，经济发展提速，进一步带动了该区域的经济发展，由"长三角"到江浙沪区域，已经跃过了经济发展的起飞阶段。以前短缺经济条件下可以依靠地区独立的经济体系与优势推动经济发展的模式已无法起到有效作用，区域作为整体将更有利于各地区利益与竞争优势的获取。在这样的背景下，"长三角"区域进入了以区域一体化整合为目标的进程，在产业、市场建设、城市发展、现代化基础设施和生态环境等方面朝一体化发展。

"入世"后，"长三角"区域一体化进入了一个新的发展阶段，各省市在遵循"优势互补、密切合作、互利互惠、共同发展"原则的基础上，通过增加合作项目、扩大合作领域，打破地方保护主义与行政分割，重新构建了社会主义市场经济条件下的新型地区经济关系。区域内各级政府职能部门在相关领域的合作也不断深化，做到科学的区域规划和采取积极的区域政策，鼓励资金、技术、人才等要素在区域内自由流动，使城市之间、企业之间市场日益融合、经济联系日趋紧密，异地之间的各种招商引资、商贸洽谈、产权交易、企业并购、技术合作等活动普遍化。一体化市场的构建已初见成效。城际重大基础设施建设的新进展，有力地促进了"长三角"三小时交通圈和区域广域交通网络体系的形成。

1. "长三角"区域一体化的特点

（1）地理位置的接近与自然禀赋、文化背景相似。"长三角"内成员地区的地理位置高度接近性，自然禀赋以及文化背景相似，使得产业集群在"长三角"的形成成为可能，为"长三角"的一体化奠定了良好的基础，也有一定的弊端，比如温州模式、苏南模式，虽实现了各自的经济增长，但造成了重复建设、产业结构趋同的问题，一定程度造成区域经济进一步发展的"瓶颈"。另外我们也可以从不同的角度看待这个问题，因为"长三角"的经济发展在导致重复建设、恶性竞争的同时，也使得一批优秀企业在优胜劣汰之下脱颖而出成为佼佼者；因此如果能够以"长三角"区域整体为对象，通过产业集群的建立，确定主导产业、建立产业内部组织的关系网络，支持内资发展等途径对业已形成的产业结构趋同加以利用，相信可以使之转变成为有利于区域经济发展的因素。

（2）以交通为先导的基础设施一体化拉开了新阶段区域一体化的帷幕。"长三角"区域一体化规划中在诸如金融、旅游、环保、人才、科研、信息等多个领域已建立了正式或非正式的框架合作，具体如上海已经实现了与无锡、苏州公交卡的无缝对接、CA证书的异地互认。并且在交通网络规划中建设了纵横交错的3小时圈状交通网络，主要是大小洋山深水港、高速路等重大基础设施为先导开始进行区域整合发展，保证了运输及交通的便捷。可以说"长三角"内部已经开始呈现出了良好的区域一体化发展趋势。

（3）"长三角"区域的内部结构的特殊性。在空间形态上呈现出多中心的格局，存在着各成系统、规模不同的都市圈（上海都市圈和南京都市圈）。各地方政府由于受到行政区经济、政绩考核、增长联盟等众多因素的影响，导致了对区域市场环境秩序建设的无力与无奈，阻碍了区域一体化的发展。

2. "长三角"的运行机制

（1）具有层次性的松散的组织机构。省市层面的定期会晤机制：沪苏浙经济合作与发展座谈会于2001年开始，由三地城市轮流主持，每年举办1次。座谈会重点就发展区域交通、旅游合作、环境治理、信息资源共享等方面进行研讨。并对对应职能部门建立了工作组。地级市层面的协调机构与平台：

"长三角"城市经济协调会、南京都市圈发展论坛，均为自发建立的机构与平台，协调会每两年召开一次市长会议、一次工作会议。自成立以来，作为兑现由政府管理形式的补充，通过协商和谈判的方式解决了一些既有制度所不能解决的问题。

成立县市层面的以解决具体问题为任务的协商机构：江阴—靖江工业园区的联动管理机构。

（2）多层面、多主体组织联动。以上三个层面的合作机构是由政府、企业、民间团体共同构成的。而且，其中政府的主导作用是十分明显的。三个层面的相互作用，促进了"长三角"区域以上三个层面的合作机构是由政府、企业、民间团体共同构成的。而且，其中政府的主导作用是十分明显的。三个层面的相互作用，促进了"长三角"区域一体化的进程。比如，沪苏浙三地交通负责人于2003年签署了《"长三角"交通运输合作一体化协议》，这不仅为"长三角"以后的交通运输合作奠定了基础，而且促成了"长三角"交通运输协调委员会制度的建立，迈出了长期性的合作与合作的制度化的坚实步伐。另外，江阴—靖江联动共建共管工业园，使跨界发展与合作成为了现实，体现了松散组织的弹性。为跨界一体化中的合作积累了经验。

3. 长江三角洲区域经济协调发展中存在的问题

（1）低水平重复建设导致整体效益难以体现。"长三角"区域内部自然禀赋相似，改革开放后，区域内各地方均采取了通过快速发展以工业为主体的第二产业的途径来促进各自经济增长，在发展初期，这个途径确实为各地区的经济增长带来了一定效益。但是，随着经济发展的客观需求，重复布局导致了无序竞争，阻碍了"长三角"进一步的发展。因此消除地方各自为政、打破行政壁垒为区域建立统一市场，有机地整合区域基础设施，调整交错重叠的产业布局以促进产业转移地区经济合作是必然趋势。

（2）地方政府干预资本流向，以区域长远利益换取行政业绩。改革开放以来，外资已成为地方经济发展资本来源的重要渠道，各个地方为了吸引外资从税收、土地价格等多方面纷纷出台各种特殊优惠政策，扰乱了正常的土地价格市场、置国家利益于不顾，导致了在资本市场中的恶性竞争。究其原因，是长期以来对于地方政府的业绩考核是以 GDP 和财政收入增长为主要衡量指标，因此各地方在外资引进中的"自我中心"行为，实际上是地方政府为了保障自身的行政业绩，而没有顾及区域内外产业布局的和理性与产业结构互补性。这种以区域整体的长远利益换取行政业绩的方式误导了"长三角"的发展，形成低层次无序混战的恶性竞争格局。

（3）重大基础设施建设缺乏统一规划、整体布局，资源浪费严重。基础设施本身就是一个具有系统性特征的有机体，这个有机体要求其中各要素通过相互衔接与配合来实现其功能。但是，"长三角"中的一些地区缺乏整体观念和协作精神，没有能够充分认识到依托区域整体优势对壮大自己的作用。因此在港口、机场等重大基础设施的建设中，表现出了强烈的地方化倾向，导致了"港口大战"、"机场大战"，重复建设、恶性竞争导致了有限资源的浪费，从某个角度讲实际上是阻碍了该区域的经济社会发展。

（4）区域内生态环境恶化。在促进经济发展的同时，"长三角"地方政府对环境污染等外部性问题关注不够，由此引发的许多矛盾冲突，威胁到了区域的可持续发展。"长三角"地区人口多，工业化和城市化的发展速度快。环境污染、资源的不合理开发、人为破坏等生态压力超出了生态系统的承载能力，生态系统主要服务功能严重退化或丧失，短期内无法恢复。陆源排污、过度捕捞、滩涂围垦、河口航道整治等活动均使"长三角"的环境污染和生态安全问题日趋严重。

（5）外资依赖性严重。发展初期的外资无疑给区域经济发展注入了活力，通过外资的利用使得"长三角"在地方经济增长方面有所获得的同时，也使该区域成为了制造业密集的地区。但是，目前"长三角"的制造业密集只是在空间形态上的表象的集结，而内部组织关系却处于一种"离散"状态，因此并不是通常所说的产业集群，也就无法发挥产业集群的作用。

（6）现行区域规划编制与实施的不足。目前，在区域的规划编制与实施的过程中，普遍存在对区域规划相关的问题认识不足，严重干扰了区域规划的编制，具体来讲，现行的区域规划工作存在以下几个方面的问题：首先，规划编制方法存在缺陷，整体上区域对编制理论与方法研究较少。当前，国内外的其他领域的专项规划基本都是运用计算机技术与地理信息、遥感技术、动态仿真等高科技手段相结合，而区域的相关区域规划较少使用这类高科技手段。其次，规划编制的内容可操作性欠缺。实际上，区域的区域规划同现阶段全国范围的规划都存在一个共同的问题，都是规划的内容，都力图面面俱到，缺乏应对市场环境环境变化的灵活机制，并且规划的内容往往只重视规划方案本身的完美性，而轻视方案的实际实施，结果导致规划内容与实际的执行相脱节（鲍超、方创琳，2006）。最后，就是规划编制后的实施过程中普遍存在体制不顺。区域规划一般都是发改委组织编制，但是，随着城市群发展的兴起，建设厅等部门都参与到城市群的区域规划，造成了规划的主体不明确，进而影响了规划的科学性、实用性和权威性。

二、中国区域一体化进程中面临的主要问题分析

区域经济一体化是经济发展的必然结果，要实现区域一体化，形成统一的市场（包括要素市场、产品市场和服务市场），使区域产业分工能够合理、区域空间组织能够优化（包括基础设施建设、环境资源开发和保护），就必须对现在运行的阻碍了区域一体化进程的体制机制进行改革，建立健全促进区域一体化发展的相关体制与机制。

新中国经济的高速发展是在改革开放以后，也就是以经济体制转型为背景进行的。区域的经济一体化受到转型中经济体制、政治体制、社会体制的影响和制约，导致了区域经济一体化的进程速度的缓慢。而且随着改革的不断深入，各种矛盾与冲突也越来越明了化，特别是地方政府的管理体制与区域一体化存在着明显的不适应性，成为严重地阻碍了区域一体化向纵深发展的重要制度"瓶颈"因素。概括起来具体表现在以下几个方面。

（一）现行的体制结构导致的市场分割

区域市场主要包括要素市场、服务市场和消费市场。在现行经济体制与政府管理体制下，在区域经济发展中地方政府对要素市场直接与间接的干预影响了资本、劳动力等生产要素在空间的合理流动。表面上看是地方政府通过各自为政争取地方利益，实际上地方保护对经济资源的自由流动和跨地区的经济合作的阻碍是以损失区域整体利益以及各地区的长远利益为代价的短期利益的获得。目前，包括"长三角"、"珠三角"在内的中国区域一体化前沿地带存在的最大的问题也仍然是地方市场分割和地方保护主义。尽管经济发展水平和市场发育水平在不断提高，国家立法和执法环境也在不断完善，但是地方市场分割和地方保护主义的内容和表现形式也在发生变化，追究造成这种现象的根本原因，可以看出主要是由于转型过程中的经济体制、政治体制、社会体制改革没有能够有机整合所造

成的。

1. 资本市场的分割

从各国的经济发展过程来看，在一个国家或地区经济发展的初期，资本积累起着至关重要的影响。中国区域经济发展的差异在很大程度上也是资本形成、积累数量和效率的差异。对于中国的经济发展而言，统一的金融市场体系的建立是维持经济发展的重要保障，但在实际中这个统一市场的建立与地方利益之间产生了冲突与矛盾。对于区域内的各个地方政府而言，政府推进本地经济发展的举措主要是阻止本地资本流向外地，吸引外国资本或外地资本进入本地。

积极推进资本市场一体化有利于扩大区域范围内的各个城市的融资范围和渠道，促进资本要素在城市空间的合理流动和有效配置，以市场手段促进资金由发达城市流向欠发达城市，一定程度解决落后城市发展资金不足的难题。区域资本市场一体化具有可以通过大力发展跨区域的票据抵押贷款等业务和同行业拆借市场，实现金融、信息、中介服务等企业的区域间互动。此外，还可以尝试共建区域合作基金，进一步细化区域共同市场的操作流程。

2. 劳动力市场的分割

作为经济发展过程中重要的生产要素劳动力，在市场经济条件下，一个完善的劳动力市场是维持整个市场经济正常运转的必要条件。但是在中国建立市场经济体系的过程中，严重的劳动力市场分割已经影响到了区域经济的发展。主要就户籍管理制度，包括常住、暂住、出生、死亡、迁出、迁入、变更等7项人口登记制度。这是个以法律形式严格限制城市与农村之间、区域之间人口自由流动的制度。改革开放后，从户籍管理方式上有所放宽，但并没根本的改变。另外，地方政府还会利用政策手段（限制外来劳动力所从事行业等规定）和经济手段（提高外来劳动力的生存成本等方式）限制外来劳动力进入本地劳动力市场。由此，许多非市场化因素限制了劳动力在区域间的自由流动以及合理配置。

3. 产品市场的分割

本来产品的市场空间是由产品本身的特性，诸如生产成本、交易费用、保存方式等因素，以及运输条件、地区性的消费习惯、生产经营商的营销能力来决定的，可是地方政府却要通过行政手段强制性地封闭市场就是为了限制外地产品的流入以及本地产品的流出，形成了地区间的贸易壁垒。使得产品根据自身的特性流动于行政边界内外变得困难。

究其原因，改革开放后，中央向地方分权，地方政府对地方的行政管理、经济管理、社会管理权力扩大，同时没有明确关于限制地方垄断的监督措施与惩罚措施，使得地方政府堂而皇之地对产品市场进行垄断。有些地方政府部门借助于下发"红头文件"或办公会议纪要等形式，在地方可以垄断的领域强制性地禁止或限制产品进入与外流；而更多的则借用技术标准、规划、费率控制等名义类似于非关税壁垒的办法，采取隐蔽形式进行对产品市场的干预。

（二）多元利益主体的博弈与产业布局

利益主体包括个人和组织，目前从中国区域经济一体化的发展角度来看，利益主体可以包括以中央政府与地方政府为主的不同级别的政府以及以企业为主的不同类型的组织。但凡利益主体，其本能是追逐利益最大化，财富、权力、地位、声誉等对利益主体有益的一切社会资源都是它们要追逐的利益。因此它们会通过物质产品和精神产品的生产及政治活动等改造世界的实践活动去达到目的。

在计划经济体制条件下，中央政府作为超级的利益主体维持国家经济的运转，地方政府只是执行中央政府的决策，没有实现自身利益的手段和途径。改革开放以来，中央政府向地方放权，地方政府也从一个传统的中央政府政策的执行机构转变一个推动地方经济发展的决策机构。地方政府在通过中央放权扩大自身财权、事权的同时，还通过对国有企业的改革使地方政府转换成为地方国有企业的面对面的管理者。另外，由于现有体制下，非国有经济的发展也取决于地方政府的政策手段和调控能力，因此非国有企业也直接或间接地受到了地方政府的影响。因此，在改革开放以来出现的"行政区经济"现象，相邻省市乡镇之间趋同的产业结构，基础设施、生产设施低水平的重复建设等与区域经济发展客观规律相背离的种种现象，就不难解释了。

（三）基础设施供给问题

1. 基础设施供给过度与不足

区域的基础设施具有公共性、系统性特征，同时又是拉动区域经济增长的有效途径。中国区域的基础设施建设来看，受行政区划和条块分割的体制障碍，使支持区域经济增长的主要动力和生产要素被固化在不同条块的隶属关系中，而不能按照提高生产要素的效率原则实现资源的优化重组和配置，行政区域经济利益的经济决策体制使得影响区域发展的大项目、大型设施不能按照市场经济的效率原则合理配置。尤其是支持区域经济增长的重大基础设施（如港口与机场）对于某一地区未来的发展具有极强正的外部性，对于完善该地区功能、提升核心竞争力具有非常重要的意义时，区域内的多个地区从完善自身功能、提高自身竞争力的角度出发，加快该类基础设施建设，造成了区域内重大基础设施遍地开花、供给过度，使得一定区域内基础设施建设严重超过了区域经济发展的需求。

实际上，在我国"长三角"的港口建设竞争、"珠三角"的机场建设竞争、环渤海的港口建设竞争也都是重大基础设施供给过剩的典型的例子。与此同时，区域内每个理性的地方政府为了自身利益的最大化，必然会选择对自身有利的基础设施建设而尽可能地减少或放弃对其他地方有力的基础设施建设，特别是体现在地区边缘的道路建设方面，很多行政区界线边缘的断头路以及杂乱无序的道路就是很现实的说明。这又会使区域的基础设施供给出现不足。另外，已建成的基础设施已经不能够充分满足利用者便利、经济、安全、高效的新需求。因此从这个角度上讲，有利于区域经济发展的基础设施还存在严重不足。

2. 重大基础设施布局不合理

在中国转型期间出现的由于地方利益驱动人为地扰乱了（破坏）基础设施的系统性安排，造成了在一个地理位置相连（相接、相近）的区域内，不同行政区之间按照自身需求各自进行基础设施的建设，使得区域内的基础设施的系统性缺损。建成的基础设施布局不合理。同时，地区之间对于重大基础设施的建设缺乏统筹规划，在地方利益驱动下竞相争取大项目，导致机场大战、港口大战。这样做不但使建成的基础设施难以发挥应有的作用（各地建设标准及规划的不统一），而且不能够满足区域经济社会发展的客观需求。另外对于处于转型期间的中国来说是一种巨大的浪费，而且作为先导性的重大基础设施，其非理性的建设将会对区域未来的长远发展带来灾难性的影响。

（四）区域空间的组织问题

1. 区域内空间组织的碎片化

区域经济活动地理空间组织是指在因地制宜、集中与分散相结合、地区专门化与综合发展相结合、统筹兼顾与综合平衡相结合等基本原理的指导下，通过操作与调控区域经济活动及其活动系统在地理空间中的位置、强度和关系，使区位条件在数量、质量和与其他要素空间关系等多方面能够满足区域经济活动持续、高效地开展而对其提出的要求，即在供需平衡的基础上，实现经济活动与地理环境相结合而形成相宜和谐与稳定的自然社会经济地域综合系统的过程。

目前，"长三角"区域虽然是我国区域一体化发展较快的区域之一，"长三角"区域空间组织仍存在诸多不合理的产业结构、用地结构，以及有待优化的经济活动之间的联系与经济子系统之间的空间关系,因此导致了不合理的空间组合,使得整体的区域空间区域碎片化,不能发挥为区域经济活动持续、高效地开展提供空间支持的作用。"长三角"区域中心城市上海,与区域内其他地区、城市在空间组织上的碎片化表现,主要是因为没有能够加强积极联系而导致的。积极联系的加强是通过缩短经济活动间的联系距离和时间,改善联系渠道,疏通信息流、人流、物流来实现。也就是通过基础设施的建设和完善来促进相互具有依存关系的经济活动要素在空间的联系。作为"长三角"城市经济区的中心城市,城市规划一直是从上海市自身的角度来进行的,对整个"长三角"区域整体布局和规划考虑欠缺。

区域空间组织的碎片化还会导致区域产业结构难以优化。经济活动子系统之间的联系还可以表现在产业结构、产业的关联度方面。目前,"长三角"已经发展到了产业结构优化的中期阶段,具体表现为第二产业占主导地位,区域优势产业已经形成,且具有相当的增长势头。在这个阶段的产业结构优化主要是从巩固优势产业、增强产品竞争优势;加强优势产业前向、后向、横向关联产业的发展,提高产品附加价值;重视发展第三产业这三个方面来进行。可是碎片化的空间组织难以实现提高产业优势所必需的产业关联,反而导致了各子系统在相关产业发展中各自为政,在内耗中与产业集群能够带来的技术创新、节约成本,发挥规模效应失之交臂。

2. 区域内空间规划的各自为政

区域的一体化还体现在区域空间的合理组织与布局。其中,包括土地利用与保护、产业布局规划、基础设施规划、城镇体系规划、环境规划。既然是区域的规划首先就应该以区域整体为对象,也就是以淡化行政区之间界限的统筹空间为规划对象。

在改革开放以来,特别是东部沿海地区随着经济的高速发展,各地方为了加快自身的发展在很多面进行了制度创新。"乡镇企业"的快速发展以及为社会经济注入的发展和活力就是制度创新的成效之一。但是,由于在乡镇经济快速发展以及城市化进程的不断加快中,各自为政的发展规划与发展战略导致了土地资源的浪费与环境污染的加剧,以及产业布局的混乱。

"珠三角"在乡镇经济快速发展的过程中,各市县均不同程度出现盲目圈地、超前征地、征而不用、用而不当、非法转让土地等问题,使耕地急剧减少,成为全国滥占耕地情况相当突出的地区。"长三角"在城市化进程的加快以及乡镇经济突起的发展中,工业发展过度占用耕地的现象也普遍存在。另外,各地方在产业布局方面都还存在"小而全"的同构、无序竞争的问题。由于地方利益驱动，加上没有统一规划与统筹发展战略，而导致无法实现合理分工。在没有合理分工的情况下，区域的规模经济效益难以实现。一个区域或地区的发展是在发挥劳动分工与区域优势的基础上，通过主导产业的带动，形成具有区域特性的产业结构，由企业的分工集聚效应、产业的规模经济效应来推动区域整体发展的。

第二章

国内外区域一体化比较借鉴

第一节 国外著名经济区一体化分析

一、欧、美、日等地区一体化发展历程

　　欧洲是世界城市化历史最为悠久的地区，也是最先出现都市经济圈的地区。伦敦1800年就形成了由中心城市和城市郊区所组成的都市经济圈，圈域半径约13公里，总面积约200平方公里，总人口达260万人。到1971年，形成了由内伦敦、大伦敦、标准大城市劳务区和伦敦大都市经济圈四个圈层构成的圈域半径约65公里，总面积1.1万平方公里，总人口1200多万的都市经济圈是英国的经济核心地区。到1990年，巴黎都市经济圈面积扩展到942平方公里，人口832万。如果把巴黎市和7个郊县看作巴黎大都市经济圈，则巴黎大都市经济圈占法国国土面积的2.18%，容纳了法国全国人口的18.8%，聚集了法国国内生产总值的28%，就业人口的21.6%和对外贸易额的25%。

　　美国是继欧洲工业革命开始后迅速推进工业化和城市化的国家，形成了以纽约、洛杉矶、芝加哥为代表的三大都市经济圈。纽约大都市经济圈是以曼哈顿岛为中心，覆盖1万多平方公里，囊括1800多万人口的大都会地区，是美国甚至世界的经济中心之一。1990年，洛杉矶大都市经济圈覆盖范围内人口达到1300多万，中心城市——美国第二大城市洛杉矶人口达到310万，是美国重要的军工基地和文化娱乐中心。到1990年，美国第三大城市芝加哥拥有市区人口298万，芝加哥大都市经济圈人口810多万，是美国内地重要的金融、贸易、文化和重化工基地。

　　日本明治维新以后加速了工业化和城市化进程，形成了以东京、大阪、名古

屋为代表的三大都市经济圈。东京大都市经济圈是由内核区、中层区、外层区组成的半径100多公里、面积3.7万平方公里的城市化地区。2000年聚集了4130万人，占日本全国人口的32%左右，是日本金融、贸易、制造业最集中的地区。大阪大都市经济圈圈域面积2.7万平方公里，占日本国土面积的7.2%，人口2000多万，占日本总人口的16.5%，是日本第二大工业基地和西日本经济中心。名古屋大都市经济圈是以名古屋市为中心，包括岐阜市、丰田市以及四日市等环状城市带共同构成为一体的半径达50～70公里的城市化地区。

欧、美、日尽管国情不同，但在经济发展和城市化过程中都出现了都市经济圈这种空间经济形态表现出某种规律性的东西。都市经济圈发展具有明显的阶段性。综观欧、美、日等地区和国家的都市经济圈发展历程，可以将其归纳为以下几个发展阶段：

第一阶段是"强核"阶段。都市经济圈都经历了一个（核心城市）由小到大、由弱到强的发展过程。核心城市的人口规模，小的一般在200万～300万人，多的可以达到700万～800万人。都市经济圈的战略地位和经济影响力与核心城市的人口规模和经济影响力密切相关。比如，纽约、伦敦、巴黎、东京等具有世界影响力的城市都形成了具有全球影响的都市经济圈。当然，并非所有中心城市都催生了都市经济圈，只有那些发展条件优越，而且善于抢抓发展机遇的中心城市最终成为都市经济圈的强大核心。"强核"阶段的发展动力是工业化和城市化。在这个阶段，欧洲国家用了200年左右的时间，美国用了100多年时间，日本用了80～90年时间，表现出明显的赶超发展的态势。

第二阶段是"外溢"阶段。核心城市规模太大产生了一系列规模不经济的现象，诸如交通拥挤、地价飞涨、环境污染、人居环境恶化等，由此内生了一股"外溢"的力量，其动力是产业结构升级和城市郊区化。这个阶段产生于20世纪二三十年代，强化于四五十年代。科技进步，特别是汽车步入家庭，是这个阶段的明显标志。政府的引导，比如规划建设"绿带"和"卫星城"或"新城"也起到了有力的推动作用。

第三阶段是"布网"阶段。城市功能的"外溢"和城市人口的"郊迁"使城市建设的理念发生了根本性的转变。大都市郊区不再是中心城市的附属，而是大都市经济圈不可缺少的重要功能区。建设城郊一体化的基础设施网络，包括轨道交通、高速公路、航空枢纽、海港枢纽、能源供应、水资源供应、污水处理、垃圾处理等，是这个阶段的重要任务。欧、美、日等地区和国家在20世纪六七十年代就基本上高质量地完成了"布网"阶段。

第四阶段是"整合"阶段。20世纪七八十年代以来，环境保护主义在全球盛行，实现可持续发展和增强大都市经济圈的全球竞争力成了国外主要都市经济圈发展的战略任务。要实现这两个目标，必须有效地整合大都市经济圈的功能，包括资源整合、产业整合、功能整合、管理整合等。欧、美、日等地区和国家的情况不同，采取的整合手段不同，发展模式也不同。一般地说，欧美国家十分重视发挥非政府组织的作用。而日本则十分重视发挥政府的规划和引导作用。

第五阶段是"耦合"阶段。都市经济圈经济发展和规模扩大促使若干都市经济圈相互重叠、渗透、融合，形成了规模更大的都市经济带。在欧洲地区，著名的都市经济带有伦敦—伯明翰—曼彻斯特都市经济带和巴黎—鹿特丹—鲁尔都市经济带。在美国，著名的都市经济带有波士顿—纽约都市经济带和芝加哥—底特律都市经济带。在日本，著名的都市经济带有东京—横滨都市经济带和大阪—神户都市经济带。这标志着都市经济圈的发展已经进入了更高级和更成熟的阶段。

二、国外一体化发展的特征与规律

比较欧、美、日等地区和国家以及我国的都市经济圈发展，可以发现其具有规律性的特点：第一，都市经济圈多分布在大的平原地区。平原地区开发历史较早，适合人居和大规模的产业布局，城市建设的成本较低，是都市经济圈滋生和发育的主要地区，比如：伦敦都市经济圈发育在伦敦平原，芝加哥都市经济圈发育在北美五大湖沿岸平原地区，东京都市经济圈发育在东京湾平原地区等。而我国的长三角、珠三角、京津冀三大都市经济圈也都在平原地区。第二，都市经济圈的发展有大的经济中心城市的驱动。可以说，大的经济中心城市是都市经济圈发展的心脏驱动了整个都市经济圈的运行。有时驱动都市经济圈运行的可能有多个经济中心城市，如：东京都市经济圈的东京和横滨、大阪都市经济圈的大阪和神户、珠三角都市经济圈的香港和广州、京津冀都市经济圈的北京和天津等。第三，都市经济圈一般都有大的港口，是都市经济圈发展的门户。世界上主要的都市经济圈都有大的港口。比如，伦敦都市经济圈的伦敦港，是泰晤士河的出海口；巴黎都市经济圈的巴黎港塞纳河上的港口；纽约都市经济圈的纽约港；东京都市经济圈的东京港和横滨港；我国的长三角都市经济圈的上海港和京津冀都市经济圈的天津港等。第四，都市经济圈内部有严密的组织和分工协作关系，都市经济圈的经济建立在内部严密的组织和分工协作基础之上，从而构成了一个完整的地域分工协作网络，其标志是城市基础设施完善、交通联系便捷、专业化功能区遍布、生态环境良好、分工协作有序、空间管制得力和经济运行高效。第五，都市经济圈一般是跨越行政区的经济区，都市经济圈的发展往往突破了行政区的界限，成了跨越行政区的经济区。因而存在着大量的跨越行政区的协调任务，欧、美、日等地区和国家与我国的行政区划体制不同，都市经济圈内部行政市的数量比我国同样规模都市经济圈内部行政市的数量要多，跨行政区协调的任务更为繁重。总之，欧、美、日等地区和国家大的都市经济圈都已经进入成熟发展阶段，而我国的都市经济圈尚处于发展阶段，有待通过整合实现协同发展。

三、启示和借鉴

欧、美、日等地区和国家是城市化先进国家，尽管国情与我国不同，但所走过的城市化道路与都市经济圈的发展经验对一体化建设具有一定的借鉴意义。

第一，重视规划的引导作用。都市经济圈在聚集经济和人口、创造物质财富和精神财富等方面做出了巨大贡献。但是，过度聚集产生的负面效应，如交通拥挤、地价飞涨、生态环境恶化等也不容忽视。为了弥补市场经济缺陷，欧、美、日等地区和国家都十分重视规划的引导作用。20世纪40年代，为了防止伦敦城无限制膨胀，英国议会制定了"绿带法"，并在其外围规划布置了9座新城，促进了城市人口的向外扩散，不仅推动了伦敦大都市经济圈的发展，而且促进了伦敦、伯明翰大都市经济带的形成。1994年，大巴黎地区制定了总体规划，将保护生态环境放在首要目标，将区域划分为建成空间、农业空间和自然空间三种空间，提出三种空间应彼此兼顾、相互协调和共同发展。东京大都市经济圈在发展过程中也存在着中心城区的"摊大饼"扩展。1959年，第一次首都圈规划就参照伦敦模式在建成区周围设置宽度为5～10公里的"绿带"，并在其外围布置卫星城。1976年提出分散东京中枢管理职能，建立区域多中心城市复合体的设想，规划了筑波、多摩、港北、千叶4个新城。近几年，中国发改委组织专家分别编制珠三角、长三角、京津冀三大都市经济圈发展规划，标志着三大都市经济圈的发展规划已经上升到国家战略高度。

第二，重视组织的协调作用。都市经济圈发展规划是典型的跨行政区区域规划，靠各行政主体自觉自愿、不折不扣地执行规划是不现实的，靠上级政府强制推行也是有难度的。欧、美、日等地区和国家在实施机制上进行了创新。日本为了强化规划的权威性，往往把规划上升为地方法律，极大地强化了规划实施的力度。欧美，特别是美国则十分重视跨行政区的协调组织或者都市区政府的作用。纽约大都市经济圈在城市郊区化过程中存在着郊区无序开发、缺乏公共服务中心休闲和绿色空间被侵占等问题。为了城乡协调发展，涌现出了大量区域协调组织，既有政府支持的组织，也有民间成立的非赢利组织。比如1898年成立的大纽约市政府、1929年成立的区域规划协会、20世纪60年代成立的纽约大都市区委员会等。它们积极倡导区域规划和区域合作，在区域规划和区域发展协调机制形等方面发挥了重要作用。值得说明的是，这些跨行政区的协调组织或者都市区政府的存在，并没有剥夺地方政府的权力，而是对传统行政管理体制的必要补充。它的存在极大地强化了规划的科学性、民主性和权威性，并使区域经济协调发展成为可能。

第三，重视自觉运用经济手段进行宏观调控。都市经济圈的发展离不开上级政府的宏观调控作用，特别是尊重市场经济规律，自觉运用经济手段进行的宏观调控。在这方面，欧美国家，特别是美国积累了丰富的经验值得我们借鉴。在洛杉矶大都市经济圈，联邦政府的宏观经济调控手段很有特色。在联邦政府和州政府授权下成立的南海岸大气质量管理区，主要负责管理区域的大气质量规划，包括交通拥挤控制规划和土地利用规划。1970年的联邦清洁空气法提出了不同污染物的联邦标准，达不到这些标准的城市将受到惩罚，如联邦资助的减少，这就极大地强化了南海岸大气质量管理区的权威地位，并间接促进了地方政府在环保领域内的区域合作。在华盛顿都市经济圈，华盛顿大都市政府委员会（都市区政府）的作用有目共睹。长久以来，美国联邦法律要求交通、住房和环境拨款通过区域组织予以分配，那些不参加这些组织的地方政府没有资格获得联邦拨款。这就极大地调动了都市经济圈内地方政府参加大都市政府委员会的积极性，并间接促进了都市经济圈内的区域合作。

第二节　国内三大经济区一体化分析

一、长江三角洲经济区一体化分析

长江三角洲是我国目前经济发展速度最快、经济总量规模最大、最具有发展潜力的经济板块，包含"两省一市"（江苏、浙江、上海）共有18个城市，是一个庞大的都市圈。随着经济全球化进一步加速和我国加入世贸组织，在知识经济迅速兴起的背景下，世界正进行新一轮的产业结构调整。经济的发展和联系的加强，客观上需要有一个使经济要素自由、合理流动的统一的市场体系存在，即要求整体区域的市场体系一体化，要求以市场一体化为核心来推动长江三角洲经济一体化发展。同时，长三角的一体化还应该包括公共管理层面的一体化。只有做到了公共管理层面上的一体化，才能使经济的一体化得到保障。

（一）长江三角洲区域经济发展现状

长江三角洲都市圈，是指在长江入海而形成的扇形冲积平原上，以上海为龙头，由浙江的嘉兴、杭州、绍兴、宁波、舟山和江苏的苏州、无锡、常州、镇江、南京及盐城、连云港等18个城市所组成的城市带。

长三角是一个具有两重意义的概念：

地理概念：长江入海的地方，由于河水所含的泥沙不断淤积而形成的低平的大致成三角形的陆地。万里长江由西向东奔向大海，江水滔滔直下，所携带的泥沙在入海口不断淤积，沧海桑田，历经千万年，终于形成坦荡、宽阔的三角形的陆地。

工业经济概念：以上海为龙头的苏中南、浙东北工业经济带。这里是我国目前经济发展速度最快、经济总量规模最大、最具有发展潜力的经济板块。

作为中国经济版图上一道独特的风景线，"长三角"正在吸引全球越来越多的眼光。2001年，在这块占全国2.2%陆地面积、10.4%人口的地方，创造出了占全国22.1%的国内生产总值、24.5%的财政收入和28.5%的进出口总额。

正在长江三角洲快速积聚的国际资本和民间资本，不仅规模越来越大，而且以其特有的活力，强有力地推动着这一地区的经济快速发展。据统计资料，2003年1~9月，苏州、杭州、无锡、宁波4市的国据初步统计，2008年长江三角洲地区16个城市实现地区生产总值突破5万亿元，达到53956亿元，比2007年增加了7284亿元，长三角GDP占全国的比重达到17.9%。16个城市增速均值达到11.7%。

在这片不到10万平方公里的土地上，充满活力的大型城市群正在不断崛起："超级巨人"上海，年国内生产总值已超10000亿元，位列全国第一；"重量级巨人"苏州、杭州、无锡、宁波、南京，年国内生产总值在2000亿~5000亿元；"小巨人"绍兴、南通、常州、台州、嘉兴，年国内生产总值在1000亿元以上。为"长三角"都市圈带来丰富性和层次感的县域经济，极具竞争力。2005年11月揭晓的全国百强县市竞争力排名中，有7个"长三角"的县市（区）进入前十位。县域经济的崛起，使"长三角"城市连片化、都市化成为可能。

这一经济巨人群，更直接吸引了众多世界级经济巨人的目光。目前，世界500强企业已有400多家在这一地区落户，其中，在上海设立地区总部和中国总部的就有逾200家，仅在苏州投资的有81家，投资项目达188个。据不完全统计，这一地区合同利用外资累计已近1500亿美元，长江三角洲已变成一个吸引国际资本与技术的强大磁场。

在"长三角"这个都市圈里，作为经济发展主力军的企业独领风骚。这里集中了近半数的全国经济百强县，聚集着近100个年工业产值超过100亿元的产业园区，还有包括万向集团、金山石化、扬子乙烯、大众汽车、上海贝尔、东方通信等在内的数千家巨人型企业。这些企业大多规模大、实力强、产品市场占有率在行业中名列全国前茅，并在国际市场上占有一席之地。

上海是国际经济、金融、贸易和航运中心之一，带动着"长三角"地区和整个长江流域的发展。2010年世博会花落上海，从各方面给上海带来了良机，上海正努力成为"世界城市"。上海强大的辐射力及其周边"近水楼台"城市的飞速发展，已经使苏、浙两省的所有城市都意识到了区域合作的重要性，其他城市无不同样在努力寻找自身的城市定位，在资金、信息、人才、商品的流动中找到城市崛起的机遇。

"长三角"一体化是"入世"后中国经济全球化的一个缩影。大量外企的存在，使得"长三角"地区的经济国际化程度大幅度提升，整个"长三角"正在成为"世界工厂"，"中国制造"的产品源源不断地从这里走向世界。

(二) 长三角地区区域一体化分析

20世纪80年代起，长三角地区内的各省市一直试图建立起一种协同合作机制，所推行的一系列政府合作行为，实质性地推动了区域政府合作机制的建立，从而加速了长江三角洲地区区域经济一体化的进程。从整体上说，这种新兴的合作机制还处于起步阶段，存在着大量的问题和面临着制度上的困境。目前长江三角洲一体化的路径范式属于整合式一体化，这一范式隐含着政府失灵的风险。

长三角地区各城市间的协作自改革开放以来就一直在探索，区域协作的历程大致可分为三个阶段：

第一阶段，20世纪80年代初，作为打破行政条块最早的尝试，长三角成立了"上海经济区规划办公室"，直接参与者包括长三角14市。但由于该机构仅有协调职责，而无决策的权限，致使合作流于形式，规划"纸上谈兵"。

第二阶段，1990年上海浦东开发区正式向世界开放后，江浙两省确立了"协同"观念，分别把宁波和南京的发展放在了重要的位置上。尽管江浙两省谋求加强联合，以利用浦东开发的便利，但总体上看依然是在走各地独立发展的道路。

第三个阶段，1996年国家提出要"以上海为龙头带动长三角及长江流域的发展"后，长三角有关政府部门和企业共建并参与了四个区域性合作组织：长江沿岸中心城市经济协调会、长江三角洲城市经济协调会、长江流域发展研究院及长江开发沪港促进会。这些机构就区域内涉及的经济、旅游、基础设施等重大战略问题展开了讨论与研究，在一定程度上推进了各城市的合作。但由于这些合作组织缺乏制度保障，并没有真正改变地方割据、区域断接的现状。

目前，长三角城市群区域内部协调机制主要包括三个层次：一是"江浙沪省（市）长座谈会"，自2001年起每两年由三省（市）省（市）长参加；二是由"长三角"各市的常务副市长参加的"经济协调会"，也是每两年召开1次；三是"协作办主任会议"，其职责是落实前两个会议形成的决策和方针。

二、珠江三角洲经济区一体化分析

（一）珠江三角洲区域经济发展现状

第一，经济实现持续快速增长。截止到2008年底珠三角GDP总值达29745.58亿元，占全国10%。到2012年，珠江三角洲地区率先建成全面小康社会，人均地区生产总值达到80000元；到2020年，率先基本实现现代化，人均地区生产总值达到135000元。

第二，外向型经济总体水平较高。珠江三角洲地区充分发挥毗邻港澳的地缘优势和侨胞遍及世界各地的有利条件，以国际市场为导向，以国内市场为依托，推动外向型经济高水平、快速度发展。在广东率先提出"珠三角地区"的1994年，珠三角地区的外贸进出口值为857.8亿美元，1997年突破1000亿美元，我国"入世"后珠三角外贸增长明显提速，2002年珠三角地区就完成了从1000亿美元到2000亿美元的跨越，之后用两年时间从2000亿美元跃至3000亿美元，之后基本上是每年上一个千亿美元台阶，2008年，珠三角外贸进出口总值已达到6584.5亿美元，是广东首次提出"珠三角地区"当年1994年的7.7倍，其中2008年出口值为3886.8亿美元，是1994年的8.7倍。2008年，珠三角外贸进出口总值占当年广东和全国外贸进出口值的比重分别达到96.4%和25.7%，成为广东乃至全国外贸进出口的中坚力量。

第三，产业结构优化合理。珠江三角洲地区已经完成了从传统的农业经济向重要的制造业中心的转变，并成功实现了第二、第三产业双重主导的经济社会全面联动发展。珠江三角洲地区第一、第二、第三产业占国内生产总值的比重，从1980年的25.8∶45.5∶28.9发展为2007年的2.5∶51.4∶46.1。总体上看，珠江三角洲地区的产业结构已经基本实现了从传统农业到工业化，再到产业多元化发展的转变。

第四，农业产业化格局基本形成。改革开放以来，随着农村城镇化进程的加快，该地区农业的市场化、社会化、集约化生产经营格局很快形成。在生产经营活动中，形成了以国内外市场为导向、以经济效益为中心、以资源开发为基础、以种养业为支柱，农工技贸一体化、产加销一条龙的专业化生产、社会化服务、企业化管理的农业产业化发展模式。

第五，城乡协调均衡发展。改革开放以来，随着农村工业化的发展，珠江三角洲地区加速城镇化。20 世纪 70 年代末只有几十个城镇，80 年代中期增加到 200 个，1992 年达到 406 个，1994 年达到 597 个。15 年增长近 10 倍。中山、东莞两市，只辖建制镇，而没有县和乡的建制。2006 年，珠三角外来人口达到 2400 万人，成为我国城镇密度最大、经济要素聚集度最高的地区之一，将现代城镇的服务功能优势与现代乡村的田园风情优势相互补充、结合，推动了城乡协调均衡发展，形成了富有特色的融合区。

第六，社会流动走向健康有序。珠江三角洲地区是全国最大的外来工聚集地。现在，在该地区就业的外来务工者有数百万，形成了规模庞大、富有特色的外来务工人员流动群。这种社会流动符合现代市场经济的逻辑，是人力资源优化配置的自然体现。经过多年的探索和努力，政府有关部门和劳务机构对外来务工者的管理，已经基本上实现了依法管理，使社会流动从无序走向了有序。

（二）珠江三角洲经济区一体化分析

改革开放以来，随着珠三角地区经济的快速增长与城市化进程的加速演绎，城市与城市之间的矛盾日益加剧。为此，广东省建委于 1995 年组织编制了《珠江三角洲经济区城市群规划——协调与可持续发展（1995~2010）》。该规划将珠江三角洲经济区作为一个地域整体，对各项要素的布局进行了整合与协调，在一定程度上优化了区域空间结构，缓和了区域矛盾。2003 年再次组织编制了《珠江三角洲城镇群协调发展规划（2004~2020）》，提出了"强化中心，打造'脊梁'；提升西部，优化东部；拓展内陆，培育滨海；扶持外圈、整合内圈；保育生态，改善环境"的空间发展总体战略。另外，近年来，为进一步提高区域竞争力，整合城市发展空间，珠三角地区掀起了行政区划调整的高潮（叶玉瑶，2006）。这期间，大广州合并了番禺、花都两市，从而使广州由内陆城市变为沿海城市；大佛山更是把号称广东"四小虎"中的"三小虎"顺德、南海、三水 3 个城市撤市设区而纳入自己的版图；大惠州则合并了惠阳市，圈住了大亚湾，城市发展空间一下子扩大了 5 倍。珠江三角洲地区的行政区划调整在一定程度上优化了城市群区域的空间结构，促进了区域资源的整合，也拓展了部分城市的发展空间。

由于原珠江三角洲城市群（不包括香港和澳门地区）是三大城市群中唯一的在同一个省行政区划内的城市群，因此各城市间的协调行为较为容易，利益共享机制容易形成。区内的深圳、广州、珠海等市作为我国开放较早、开放度较大的地区，目前已形成了相对完整的市场经济发展制度，培养出了良好的经济运行环境。相对成熟的市场经济制度，是珠三角城市群发展的重要优势。因此，珠三角城市群是我国三大城市群中目前协调机制相对容易建立的城市群。但珠三角城市群的协调机制体系也仍然不完善，利益协调主要依赖于省级政府（陆瑶，2006），城市间的协调互动机制没有建立，协调的制度化的建设仍然停留在区域空间资源的规划上，因目前我国的区域发展规划仍然不是法定规划，实施的实际效果往往大打折扣，而涉及金融、政治、环境等较深层次的协调领域的制度建设方面仍然还没有真正启动或建立。

三、京津唐经济区一体化分析

（一）京津冀区域经济发展现状

京津冀：京津冀都市圈包括北京、天津两大直辖市，及河北省的石家庄、唐山、保定、秦皇岛、廊坊、沧州、承德、张家口、邯郸、衡水、邢台等13个城市。京津冀都市圈区域面积占全国的2.30%，人口占全国的7.23%。随着京津冀区域经济的快速发展天津被确定为北方经济中心，以及它的特殊地理位置（处于环渤海地区和东北亚的核重要区域），越来越引起中国乃至整个世界的瞩目。

1. 北京市简况

北京位于华北平原北端，东南局部地区与天津市相连，其余为河北省所环绕。北京共辖16个市辖区、2个县。全市面积16410.54平方公里，其中市区面积1368.32平方公里，建成区面积1254.2平方公里，全市常住人口1695万人。北京是中华人民共和国的首都，中国中央四个直辖市之一，全国政治、文化和国际交往中心。北京为中国第二大城市，同时也是中国陆空交通的总枢纽和最重要的国内国际交往中心。2008年北京成功地举办了第二十九届奥林匹克运动会，使其为全世界所瞩目。

中共北京市委、市政府提出了"首都经济"的概念。循着北京经济发展要立足北京、服务全国、面向世界的思路，对经济结构和布局进行调整，经济增长方式转变，国民经济持续快速增长，综合经济实力保持在全国前列。第三产业规模居中国内地第一。

2. 天津市简况

天津市是我国四大直辖市之一，辖15个市辖区、3个县，全市常住人口为1088万人。全市面积11760.26平方公里。市区面积4334.72平方公里。建成区面积500平方公里。天津市南北长189公里，东西宽117公里，海岸线长156公里。中国北方的经济中心，国际港口城市，生态城市。天津市位于环渤海经济圈的中心，是中国北方最大的沿海开放城市、近代工业的发源地、近代最早对外开放的沿海城市、我国北方的海运与工业中心。天津市中心距北京137公里，是首都北京的门户。"十一五"发展规划将开发天津滨海新区列入为国家战略布局的重要构成，通过开发滨海新区带动环渤海区域的经济发展，进而改变我国经济"南快北慢"的不平衡局面。国务院于2006年7月27日批复的《天津市城市总体规划（2005～2020年）》指出：天津市的发展建设，要按照经济、社会、人口、资源和环境相协调的可持续发展战略，以滨海新区的发展为重点，不断增强城市功能，充分发挥中心城市作用，将天津市逐步建设成为经济繁荣、社会文明、科教发达、设施完善、环境优美的国际港口城市、北方经济中心和生态城市。

天津是华北第一大工业城市，油气、海盐资源丰富，又有一定的工业技术基础，现有工业门类多达154个，综合性较强，主要有化工、冶金、军事、仪表、电子、纺织、地毯、自行车、缝纫机、手表、造纸、服装、制药、食品等，并有一批畅销国内外的拳头产品。加工工业产值占工业总产值的3/4，有利于新产业的开发。天津是华北重要商业中心和口岸城市，许多产品销往全国，而以华北、华东、西北为主销地区，同国外150多个国家和地区有贸易往来。天津又是我国北方重要港口，是首都北京出海门户。天津港现有25个万吨级以上泊位，杂货吞吐量和港口规模分别居全国1、2位。有20条远洋航线，客运航线达大连、烟台、龙口等地。天津还是重要的铁路枢纽和航空港，京沪、京哈铁路干线在此交会，大型的天津机场有多条航线可达沈阳、上海、广州、桂林和香港等地。

天津地理区位优势明显，地处中国北方黄金海岸的中部，不仅毗邻首都，还是华北、西北广大地区的出海口，是中国北方对内外开放两个扇面的轴心，是亚欧大陆桥中国境内距离最短的东部起点。天津港是中国北方最大的综合性贸易港口，拥有全国最大的集装箱码头，与世界上170多个国家和地区的300多个港口保持着贸易往来。天津滨海国际机场有多条国际国内航线，是华北地区最大货运中心。天津铁路枢纽是京山、京沪两大铁路干线的交会处。天津公路四通八达，交通基础设施建设有了长足发展。目前，天津已形成以港口为中心的海陆空相结合、立体式的综合性的现代化运输网络。

3. 河北省简况

河北省地处华北，黄河下游以北，东临渤海北京周边，西为太行山地，北为燕山山地，燕山以北为张北高原，其余为河北平原，面积为18.77万平方公里。东与天津市毗连并紧傍渤海，东南部、南部衔山东、河南两省，西倚太行山与山西省为邻，西北部、北部与内蒙古自治区交界，东北部与辽宁接壤。河北省毗邻北京、天津两大直辖市，具有得天独厚的区位优势。河北省既是首都北京的广阔腹地，也是东北地区与关内各省区联系的通道，还是山西、内蒙古和广大西北地区通往北方海上门户——天津港的必经之路。随着京津冀都市圈的兴起与环渤海经济圈的形成，河北省面临着前所未有的发展机遇。

河北经济规模较大，发展态势良好，是中国的一个经济大省。农业基础稳固，粮、棉、油、肉类、干鲜果品及蔬菜等农产品产量均居全国前列。工业门类齐全，已形成冶金、建材、化工（医药）、食品、机械等支柱产业和轻工、纺织等传统优势产业，生物技术、信息技术以及新医药、新材料等高新技术产业正在形成新的优势。交通、通信、商贸、旅游、信息、咨询等服务业发展迅猛。秦皇岛港、京唐港和黄骅港等3个海港连接海内外，铁路、公路货物周转量居全国第1位，高速公路通车里程居全国第2位。互联网普及程度居全国前列。2000年有57家企业进入全国1000家大型工业企业行列，培育发展了一批优势企业和名牌产品，华北制药集团、石家庄制药集团、邯郸钢铁集团、宣化工程机械集团、乐凯集团、露露集团、保定天鹅集团等是国内同行业知名企业。

（二）京津冀经济区区域一体化分析

京津冀经济一体化经历了20年的理论探讨和实践摸索，但发展依然缓慢。我国有三大经济圈分别为珠三角、长三角和渤海经济圈（京津冀区域）。"长三角"地区形成了以上海为核心，与江苏、浙江两省形成了强而有效的合作格局，使得"长三角经济圈"的区域合作及发展取得了很大的进展；"珠三角"地区在深圳及广州的辐射作用下，成为了中国的国际化大都市经济圈；而在"京津冀"区域中，虽然北京和天津都在积极的发展经济，可京津两个特大型城市没有为河北省的经济发展带来足够的辐射与扩散效应，而河北省又不能为京津两市的进一步发展提供强有力的腹地支持，所以，在一定程度上影响了京津冀一体化的进程。因此，在这三大经济圈中，京津冀区域无论从区域规划、产业布局、发展水平上看，都相对落后于"长三角"、"珠三角"。

1. 产业发展方面

首先，第一产业方面，北京市与津冀地区在第一产业的合作由来已久，随着北京第一产业在经济总量中逐步降低，其依存程度不断提高。京津冀区域在第一产业的合作，以河北省为京津提供农产品为主要形式。河北提供的农副产品已经占到了北京市场的50%，天津市场的40%。北京作为首都，由于受到城市功能定位的制约，在环境保护和防范重大动物疾病与人畜共患病方面要比周边其他行政区有更高标准的要求。因此，常规养殖业的发展受到很大制约，成本要比周边地区高很多。在这种情况下，北京的养殖业经历了由近郊向远郊区的梯度转移，而且大有进一步向周边的河北省转移的趋势，例如，已经拥有一定品牌知名度的北京几家大型畜禽和乳类加工"龙头"企业，像大发和三元已开始实施"异地发展"战略，着手安排将原料生产基地由本地郊区向周边拓展，发挥辐射作用，把产业链延伸到河北等省区。

第一产业的合作出现了以科技为纽带的新形式。如唐山丰润依托中国农业大学、中国农科院建立了中国唐山奶业科技园；承德的露露集团与清华大学设立全国第一家饮料行业博士后流动站，为企业提升产品档次和新产品开发服务；2003年2月，中国农科院与河北廊坊市联手，利用农科院40多个研究所及相关科研院校在技术、人才、国际交流等方面的科技优势和廊坊市良好的区位优势，在万庄镇创建国际农业高新技术产业园。

其次，第二产业方面，京津冀都市圈出现了跨行政区的产业转移。受市场力量的驱动和市场结构调整的需要，一些产业不再符合北京的功能定位、资源禀赋和环境要求，因此搬迁到河北具有较强产业基础的地区。冶金产业是其中的典型，如首钢200万吨钢铁项目迁至唐山迁安，投产后迁安将每年增加税收7亿多元人民币。这只是首钢庞大搬迁计划的第一步。按照计划，首钢将陆续把钢铁生产设备逐步迁至唐山，使唐山逐步发展为千万吨级钢铁基地，将集团总部和技术开发中心设在北京，利用北京的人才优势和区位优势，使产、学、研相结合。

为了建设清洁生产城市，北京与河北曾一次签订工业合作项目90个，投资38亿元，许多家企业整体或部分搬迁到河北。机械制造、纺织等产业因为成本劣势而搬离北京。

由于企业的乘数效应，这种转移必将对当地相关部门的发展及就业产生积极影响，这共同促进了北京和河北的产业结构升级。在产业转移中也出现了一些阻力，如考虑到当地财政收入和就业，北京地方政府给企业外迁施加阻力；由于相关监督管理机制缺位和地方政府过分追求短期利益，一些污染项目也迁到了河北。这些都影响到京津冀都市圈的可持续发展。

京津冀都市圈出现了跨行政区的产业链。随着经济全球化信息化进程的加快，产业价值链发生重大变化，形成生产环节分工和产业交叉融合的新型分工模式。既有企业和企业之间的水平分工,也有企业内部产业链上不同节点的垂直分工。现代企业一般都采用"两头在外,中间在内"的企业运作模式,即将研发、营销等产业链上的高能级生产要素放在高梯度地区,而将成品加工等低能级生产要素放在低梯度地区。目前,京津冀都市圈产业链分工主要表现为以下几种形式:

产业配套方面。围绕京津的汽车和电子信息产业而发展的零部件供应、配套生产企业,在为各自的汽车和电子信息产业提供零部件的同时,也为相邻行政区内同行业整机整车或总装厂提供零部件。例如,入住北京顺义的德国奔驰指定生产配套供应商——北京海拉车灯有限公司,不仅为地处北京经济技术开发区的奔驰公司供应车灯,同时也面向其他汽车整车生产企业。京津产业的发展带动了周边地区相关配套产业的发展。随着德国奔驰汽车入住北京经济技术开发区,为奔驰配套的德资企业维倚特公司也落户河北省廊坊市汽车零部件产业园。

产业链衔接方面。京津冀都市圈已出现了优势企业联合、实现优势互补的现象。例如,我国印刷机龙头企业北人集团公司与河北省三河市富华印刷包装有限公司联合主办的三河市京东印刷装订机械城在2004年开业。全国500多家出版社中,与三河印刷装订企业保持固定业务的就有300多家,其每年用于购买印刷装订设备的费用达几亿元。

以制造中高档印刷机为主的北人集团与之联合恰能形成优势互补。京津冀都市圈呈现出越来越明显的总部在北京,生产基地在天津、河北的趋势。例如,入户天津的"摩托罗拉"公司把北亚地区总部设在北京,河北海湾科技集团有限公司、石家庄制药集团公司等企业相继把研发机构设立在北京。

最后,第三产业方面,第一,旅游业。京津冀三地一直互为旅游客源地与目的地。据统计,河北省旅游业国内游客的30%来自京津。北京的一些企业看中京津冀都市圈旅游资源和潜在的旅游市场,在津冀投资建设旅游项目。如北京地亚集团在京唐港投资2亿元建设旅游项目,北京瑞成工业集团投资3000万元建旅游乐园项目等。第二,公共交通。为了便于北京与周边地区的往来,北京市隶属城市公共交通系统的某些公交线路已经陆续延伸到河北省的涿州、廊坊、三河等市县。第三,商业贸易。商贸合作主要是以商业贸易企业通过连锁经营的形式,跨地区设立连锁店。如总投资160亿元的我国北方最大纺织龙头基地京津国际商贸轻纺城首期正式运营,该基地与我国服装名城河北容城在北京也正式签署定点采购合作协议。这预示着以京津冀地区为核心区域的每年1000亿元的纺织面料需求市场采购联盟正式启动,王府井百货进军石家庄,总部设在北京的国内最大的家电零售连锁企业国美电器有限公司,已经跨地区把直销店开设到包括天津、廊坊和石家庄在内的 25 个城市。容城与北京建工集团合作的商贸城项目，合同引资 1.5 亿元，唐山与天津克瑞思集团合作投资 1 亿元，建立三个连锁店等。第四，房地产业。京津冀地区在房地产领域也多有合作。如北京阳光 100 集团进军天津，北京金融街控股股份有限公司和金辰房地产开发有限公司与天津有关部门达成投资海河开发建设项目的意向。

2. 基础设施方面

基础设施的区域一体化建设，是区域一体化发展的基础和前提条件。京津冀都市圈在机场、港口、跨行政区道路建设方面的合作也在不断进行。1990 年，由北京市投资 1.2 亿元与河北共同开发建设了京唐港；2000 年 1 月，首都机场和天津滨海机场率先实现了跨区域的联合；过去 10 年间，天津港货物吞吐量中北京货源占 12.4%，集装箱吞吐量中北京货源占 23.7%。

3. 生产要素方面

人口和劳动力流动方面，河北是京津两市流动人口的重要来源地，根据 2001～2005 年京、津、冀 3 省市迁入迁出人口调查显示，在京津流动人口中的比重河北人口占 1/5 以上。同时北京和天津也长期成为河北省流动的第一和第二目的地。河北省流入北京的人口占河北省跨省流动人口的 40% 左右，京、津、冀区域人员联系十分紧密。

资本流动方面。在北京，来自河北的投资要多于天津，且多是民间资本。据统计，北京仅通州区引资于河北的项目就达 16 项，引资额 19100 万元。而从北京转向河北投资的主要是原来的国有企业，多数属于以某种工艺或生产环节为主的梯度转移。

第三节 国内外经验对东北区域一体化的借鉴作用

一、国内外经济区区域一体化比较分析

（一）国外经济区区域一体化比较

总结国外城市群区域一体化发展过程中取得的经验，大致包括以下几个方面。

1. 工业化是城市群形成与发展的根本驱动力

国外大城市群的兴起、发展都是以工业化为基础、为先导的。工业革命始于

英国，英国是世界上最早开始工业化和城市化的国家。在工业革命的推动下，英国的城市化进程十分迅速，曼彻斯特、伯明翰、利物浦等一大批工业城市迅速崛起、成长，在伦敦和英格兰中部地区形成了由伦敦、伯明翰、利物浦、曼彻斯特等城市聚集而成的英格兰城市群。随着资本、工厂、人口向城市的迅速集中，在德国的鲁尔地区、法国北部地区、美国大西洋沿岸和五大湖沿岸等地区，都在工业革命的进程中形成了城市密集地区，出现了城市群现象。在工业化的推动下，这些城市往往集外贸门户职能、现代化工业职能、商业金融职能、文化先导职能于一身，成为国家社会经济最发达、经济效益最高的地区，具有发展国际间联系的最佳区位优势，是产生新技术、新思想的"孵化器"，对国家、地区乃至世界经济发展具有中枢的支配作用。

2. 各城市间分工协作关系十分紧密

以美国东北部大西洋沿岸城市群为例。纽约是该城市群的核心，是全世界的金融中心和国际大公司总部的集中地，同时又是各种专业管理机构和服务部门的聚集地。费城是该城市群的第二大城市，重工业发达，它是美国东海岸的主要炼油中心和钢铁、造船基地。波士顿是有名的文化中心和微电子技术中心，这里有全世界闻名的哈佛大学、麻省理工学院。华盛顿是美国的首都，是政治中心。这一城市群内有多个港口，各港口在发展中形成了合理的分工：纽约港是商港，以集装箱运输为主；费城港主要从事近海货运；巴尔的摩港作为矿石、煤和谷物的转运港；而波士顿则是以转运地方产品为主的商港，同时兼有海港的性质。在日本东京都市圈内，城市之间的分工也十分明确：千叶为原料输入港；横滨专攻对外贸易；东京主营内贸；川崎为企业输送原材料和制成品。从以上可以看出，这些城市群内部各城市都有自己特殊的职能，都有占优势的产业部门，而且彼此间又紧紧相连，在共同市场的基础上，各种生产要素在城市群中流动，促使人口和经济活动更大规模地集聚，形成了城市群巨大的整体效应。

3. 重视发挥核心城市的辐射带动作用

城市群内各城市都具有相互吸引，分工协作的趋势，但是，在特定范围内，核心城市却具有增长极的作用，具有较强的辐射带动作用，它的发展变化影响着城市群内的每一个城市。因此一些国家十分重视培育这样的核心城市。日本在第二次世界大战后将东京培育成了集多种功能于一身的"纽约+华盛顿+硅谷+底特律"型的世界城市（王建富，2003）。东京有五大功能：一是全国的金融、管理中心。全日本30%以上的银行总部、50%销售额超过100亿日元的大公司总部设在东京。二是全国最大的工业中心。该地区制造业销售额占全国的1/4。三是全国最大的商业中心。销售额占全国的29.7%，批发销售额占全国的

35.3%。四是全国最大的政治文化中心。东京是首都，还有著名的早稻田大学、东京大学等几十所高等学府。五是全国最大的交通中心。东京湾港口群是国内最大的港口群体，以东京和成田两大国际机场为核心，组成了联系国内外的航空基地。这一集多种功能于一身的城市不仅是该城市群的核心，而且也是整个日本的中心城市。

4. 注重发挥发达的交通网络的沟通作用

发达的交通网络设施是城市群快速发展的重要支撑。交通网络的发展对城市群产业空间演化具有重大的影响。一方面促进了城市群空间扩展并改变着城市外部形态，对城市空间扩展具有指向性作用；另一方面直接改变着城市群的区域条件和作用范围，产生新的交通优势区位、新城市或城市功能区，进而改变原有的城市群产业空间结构。随着区域经济的发展，城市群产业空间结构内部向心集聚的同时，扩散辐射作用也不断强化。在这一过程中，沿交通通道的轴线集聚与扩散是城市群产业空间结构扩展最普遍的形式。交通运输业和信息产业的快速发展是国外城市群快速发展的重要条件和主要驱动力。特别是在现代条件下，各城市之间要彼此合作，形成各具特色的劳动地域分工的城市群体系，就必须以发达的交通运输和通信网为依托。国外城市群大多拥有由高速公路、高速铁路、航道、通信干线、运输管道、电力输送网和给排水管网体系所构成的区域性基础设施网络，其中发达的铁路、公路、航空和港口等交通设施构成了城市群空间结构的骨架和连接枢纽。

5. 注重发挥政府的协调作用

1964年，英国创建了"大伦敦议会"，专门负责大伦敦城市群的管理与发展问题。1985年《地方政府法案》颁布以后，中央政府又通过当时的环境部来承担这一地区的战略规划职能。但是，撒切尔夫人当政期间，在公共政策领域中鼓励采纳市场规律，结果直接造成了一些大型项目规划无法实施、投资无法加以协调、环境无法得以保护。1990年以来，大伦敦地区又先后引入了战略规划指引，以维持整个城市群战略规划的一致和协调。法国巴黎城市群也是在政府的推动下发展起来的。1958年巴黎制定了地区规划，并于1961年建立了"地区整顿委员会"，1965年制定的"巴黎地区战略规划"，摒弃在一个地区内修建一个单一的大中心的传统做法，代之以规划一个新的多中心布局的区域，把巴黎的发展纳入新的轨道。在政府规划实施的过程中，法国巴黎—里昂—勒阿弗尔城市群逐渐发展起来。早在1940年，日本政府就制定了国土开发纲要，1950年制定国土综合开发法，从1962～1998年，先后5次制订国土综合开发计划，从而优化了日本城市群的产业空间布局（王乃静，2005）。

（二）国内经济区区域一体化比较

1. 三大经济区基本情况比较

长三角都市圈基本状况：长三角都市圈的空间地域范围涉及两省一市，包括1个直辖市：上海；3个副省级市：南京、杭州、宁波；11个地级市：江苏省的苏州、无锡、常州、镇江、南通、扬州、泰州和浙江省的湖州、嘉兴、绍兴、舟山，共15个城市。土地面积10万平方公里，占全国总面积的1%；人口7570万，占全国人口总数的5.9%。

珠三角都市圈基本状况：珠三角有狭义与广义之分，狭义珠三角都市圈即指广东珠三角，空间地域范围包括广州、深圳两个副省级城市；珠海、佛山、江门、东莞、中山5个地级市和肇庆、惠州等县级市。其土地面积为2.2万平方公里，占国土总面积的0.23%。广义珠三角都市圈（简称"大珠三角"），包括狭义珠三角和我国香港、澳门两个特别行政区。广义珠三角目前仅处于战略上的一种规划和研究阶段。所以我们提到的珠三角都市圈一般即指狭义珠三角。

京津唐都市圈基本状况：京津唐大都市圈以北京、天津"双核"为主轴，以唐山、保定为两翼，包括了北京、天津及河北的唐山、保定、廊坊、秦皇岛、张家口、沧州等2个直辖市、3个地级市和5个县级市，土地面积326平方公里，占全国的0.34%，人口2762万，占全国的2.15%。

2. 三大经济区优势对比分析

长三角都市圈，第一，经济总量大，加工工业发达。长三角地区是我国经济总量规模最大、经济实力最强劲的地区之一。2008年，长江三角洲地区16个城市实现地区生产总值突破5万亿元，达到53956亿元，比2007年增加了7284亿元，长三角GDP占全国的比重达到17.9%，远远超过珠江三角洲经济区和京津冀经济区GDP总量。经济总量逐年持续走高，并且人均GDP也远远超出全国平均水平，发展状态良好。同时，长三角也是我国最大的综合性加工基地。产业门类齐全，轻重工业发达，其纺织、服装、机械、电子、钢铁、汽车、石化等工业在全国占有重要地位，内有宝钢、上海汽车等许多国家重量级工业企业。但比较其他两个经济圈而言，这里以微电子、光纤通信、生物工程、软件工程、新材料等为代表的高新技术产业更为突出，尤其近年来，电子信息、制造业的增幅始终维持在30%以上。最近阶段，长三角地区由于有良好的基础设施、发达的教育和日趋完善的政策环境，成为国内外投资者关注的热土，跨国资本大举向长三角地区转移，被认为是未来世界经济增长潜力最大、增长速度最快的地区。第二，城市化水平较高，城镇体系层次性明显。长三角是我国城市最密集的地区，占全国土地面积1%的土地上集中了全国城市的7.25%，目前城市化率达45%，平均每万平方公里有69个城市，平均每万平方公里分布着68座城镇，这三项指标均高于京津唐和珠三角都市圈，总体上已形成一个包括特大、中、小城市和小城镇等级层次明显的城镇体系，能产生较高的城市群体能级效应。第三，发达的乡镇企业，区域内经济扩散。长三角地区是中国乡镇企业发展较早的地区，这里较早诞生以集体和私营经济主体的"苏南模式"和"温州模式"。早在20世纪60年代后期，苏南地区社队工业即得到发展，至改革前夕，乡村工业化程度在全国已居领先地位，目前乡镇工业几乎遍布乡村，成为长江三角洲工业发展极富生机的实体，在苏州、无锡、常州和南通等地，乡镇企业现在的产值已占当地工业产值的2/3，区内其他多数地区也占到1/2，在农村的工农业总产值中，工业占到80%~90%，可以说，乡镇企业成为这一地区的支柱产业。

珠三角都市圈，第一，边界条件独特。广东珠三角面向南中国海，为珠江出口处，具有天然的港口资源。同时，我国香港、澳门两个特别行政区已跻身于世界新兴工业化地区之列。香港是亚太地区的金融中心和世界贸易中心，拥有资金、技术、信息、国际市场营销网络等优势，中上游的广西和云南与东南亚国家"山脉同缘，江河同源"，拥有我国通往东南亚的最重要的战略通道，区位优势不言而喻。同时，珠三角也是我国最大的侨乡之一，在我国港、澳、台地区和海外拥有侨胞1000多万人，分布在世界120多个国家和地区，在珠三角发展过程中，侨胞在资金、技术、人才等多方面都已作出很大贡献。第二，制度竞争力最高。广东省1994年曾确立珠江三角洲经济区，当然，我们所说的这个珠三角都市经济区还应把我国澳门、香港地区计算在内：无疑，这里是中国市场及国际化程度最高的经济圈。珠江三角洲地区城市化的发展，首先得益于接近香港，香港是主要的投资来源，约占75%。党的十一届三中全会后，广东步入改革开放之"先河"，设特区市，撤县设市，均走在全国前列，一批批新城市拔地而起，东莞就是典型例子，特区经济即得到飞速发展。20世纪90年代邓小平同志"南巡讲话"更推动了广东、珠三角的深层次发展，特区经济一时傲视全国，特区成为我国对外开放的窗口，外贸出口远远高于其他地区；1997年香港回归，"一国两制"的制度投入，从深层次上推进了珠三角的城市化进程。伴随着世界经济结构大调整和产业的大转移，21世纪初，珠江三角洲更成为了世界IT产业的生产基地。第三，开放程度高，外向型特征明显。这里是改革开放的前沿阵地，改革开放以来，珠三角地区凭借毗邻港、澳地区，靠近东南亚的地缘优势和华侨之乡的人缘优势，以"三来一补"、"大进大出"的加工贸易起步，大量吸引境外投资，迅速成为我国经济国际化或外向化程度最高的地区。2008年，珠三角外贸进出口总值占当年广东和全国外贸进出口值的比重分别达到96.4%和25.7%,成为广东乃至全国外贸进出口的中坚力量,经济外向程度大大高于其他两个经济圈。

京津唐都市圈,曾有专家说,在中国,没有任何一个地区有京津唐地带这样优越的城市发展平台,无论是珠江三角洲还是长江三角洲,它的政策、资源、人才科研优势在相当长的时间内都无法与京津唐比肩。第一,人才、科研优势突出。京津唐综合科技实力全国第一,高新技术产业发展潜力极大,该地区是全国知识最密集的区域,人才优势明显,能提供经济发展所需的各类高级人才和各类专门人才。仅北京和天津就拥有普通高校80所,中等职业学校453所,其中不乏全国乃至世界一流的清华大学、北京大学,在两市普通高校任教的老师中,正高级职称的就有7338位,科研开发力量雄厚。此外,北京凭借国家首都的优势,每都吸引全国大量优秀人才到此,北京高新技术开发区中关村更是汇集了全国的大批IT精英。科研、人才优势决定了京津唐无论在科技投入与产出或是科技应用与开发等方面部居全国之冠。第二,政策资源优势明显。如果长三角、珠三角大都市经济圈的形成与发展得益于工商业的发展,先行对外开放所导致的外资进入及自主型城市化,那么京津唐大都市圈的形成与发展则得益于现有体制。全国资源向都城的集中,中关村、奥运村的出现均以首都特有的政治文化为背景。北京是我国的首都,是全国政治、经济、文化、传媒的中心,它自身带有的政治资源优势是其他两个都市圈所没有的。同时,北京是中国工业基础雄厚、门类多、配套能力强的现代化基地之一,区内国有大中型企业集中、国有经济份额占到535%,可以说经济的一半掌握在政府手中,许多关乎国计民生的机构、企业、外国办事处在此设立,它们所带来的方方面面的政治因素亦不言而喻。第三,自然资源丰富。京津唐地区长期以来就是我国原材料及制造业的一个基地。区位资源丰富,现代化工业发展所需的能源、黑色金属、有色金属、化工原料、建筑材料等矿产资源云集。例如:唐山是能源、原材料中心,秦皇岛也是我国重要的能源、原材料基地,是"北煤南运"的海上通道的出海口,并且位于区内的渤海有丰富的海洋资源,渔业发达,被誉为"天然鱼池",自然资源充足。

二、东北区域一体化对国内外一体化的借鉴

东北老工业基地建设发展过程中有三个典型时期:近代工业建设及早期市镇带的形成时期、"一五"和"二五"的重点建设时期、改革开放后结构性矛盾逐渐积累时期。而由此所催生的东北地区城市群组结构和功能的演化,则是其系统结构递嬗的过程。从两者的关联角度看,导致老工业基地机能衰退的诸种根源性

要素恰恰是城市之间的整合关系因素，即东北老工业基地的机能衰退与东北城市群组结构和功能的不整合相伴而生，所以东北地区城市群组结构和功能调整与老工业基地振兴，是基于不同角度和不同层次提出的同一问题，且前者在老工业基地改造和振兴的大潮中具有不可推卸的责任和义务。

（一）新型工业化和城市化目标下东北地区城市群组结构的调整

1. 变被组织结构为自组织结构新型工业化道路

变被组织结构为自组织结构新型工业化道路是指 20 世纪 90 年代以来，在早已实现工业化的国家步入信息化社会以后，正处在工业化工程中的发展中国家为了尽早赶上发达国家现代化建设的步伐，而采取的工业化和信息化相结合的现代化的发展道路，即坚持以信息化带动工业化，以工业化促进信息化，走出一条科技含量高、经济效益好、资源消耗低、环境污染少、人力资源优势得到充分发挥的新型工业化路子。东北地区是工业化带动城市化发展模式的典型。在工业化和城市化转型的目标下，东北地区城市群组的结构应该实现由被组织结构向自组织结构的转化。城市群组具有集群结构的特征，集群结构具有相似性，都可用复杂系统的自组织理论进行调整。集群结构是目前经济学研究的前沿，城市群组系统实质上可被视为一个集群结构，仿生学中的集群结构理论可应用于城镇关系的协调分析之中。城市群组的形成演变过程实质上是自组织结构的产生过程，只要创造了转化条件，自组织结构就会出现涨落，到了一定程度出现分化，然后进入一个新的稳定态。经过这样几个周期，系统会越来越复杂，出现了混沌状态，这就是城市群组的演进路径。但是东北地区多数城市的发展壮大都是与计划经济伴生的，行政选址，国家投资，国有大中企业主宰工业，被征用了土地的农民变成工人。显然，这种对国家投资具有依赖性、缺乏增长动力、被动僵化、市场调节性差的结构模式已经无法适应新型工业化和城市化的要求，"东北现象"的出现就是一明证。因此，在老工业基地振兴过程中，应该遵循自组织系统进化的内在规律，为城市群组的生长提供有利的初始条件，通过自下而上的自组织结构调整东北地区城市群组内部城市有待整合的方面；同时强化自上而下的行政监督来均衡自下而上的城镇化力量，减少城市间的恶性竞争，避免有限资源的浪费。

2. 选择适宜的网络化发展模式

城市群组网络化是"个体城市—城市组群—城市群—城市网络"结构演化阶段的一个动态过程，主要是指城市群组内经济网络中人流、物流与信息流所依托的基础设施的生成、发育、完善直至优化的演进过程。东北地区有以铁路为主的全国密度最高的交通网和相应的相对较高的运行和管理水平，依托发达的交通和通信设施，组成支撑城市群组网络化的基本框架，即奠定了东北地区城市群组网络化的基础。在城市群组网络化的多种模式中，综合走廊模式最适合于东北地区的客观基础。东北地区发展态势良好的城市群组几乎都投影在东北"T"型交通和通信网的骨架上。在这一大的框架内，具体的城市群和组群，由于区位和历史的关系，发展模式又不尽相同。

（二）东北地区城市群组功能关系的优化

结构是系统保持整体性及具有一定功能的内在依据，功能是各结构要素之间组织和相互作用关系的产物，是结构的外在表现。一定的结构总是表现出一定的功能，一定的功能总是由一定的结构产生。也就是说，结构决定功能，功能反作用于结构，所以功能优化正是上述城市群组结构调整的目的。城市群组的功能关系的形成，是市场需求与地区条件相结合的产物，是劳动地域分工的体现。为求达到功能关系优化，一方面要明确城市群组的功能取向；另一方面还应考虑城市群组之间功能关系的互补。在今后的发展中，辽中南城市群在综合发展的同时还应保持其重工业和装备制造业的方向；吉中城市组群应强化其汽车、化工以及新兴工业部门方向；而哈大齐以及黑龙江东北部的城市组群则应做好资源接续产业和新兴产业的文章。在城市群组内部，应发挥政府和市场的双重作用，弱化不同等级城市间纵向的行政隶属关系，进一步强化同一等级城市间的横向联系；在城市群组之间，建立协作机制，培育良性的竞争和合作关系；同时，做大、做强哈尔滨、长春、沈阳、佳木斯四个群组的核心城市，带动城市群组的功能提升和层次升级。

（三）城市群组发展关系的有效协调与控制

东北地区各城市群组协调发展的类型关系、协调模式以及调控机制存在差异。辽中南城市群由于形成时间较长，目前已经进入融合发展时期，网络空间结构正在形成，要素—产业互补模式正在显性化，开始走向一体化综合发展的轨道，市场调控也在逐步取代行政调控而成为辽中南城市群的主导调控机制；哈大齐城市组群处在生长点较多的发展期，组群内大城市的集聚功能和沿交通走廊的扩散作用不断加强，在经济联系和基础设施共建方面存在巨大的协调发展空间；吉林中部城市组群和黑龙江东北部城市组群，目前均处于启动期向发展期过渡的阶段，在空间形态上，主要由点域空间和廊道空间组成，城市组群内部的整合发展也多集中在基础设施层面，而经济和生态环境方面的关系协调还有待强化。

城市群组之间的协商、论坛机制不可缺少。从目前看，行政机制和协商机制在调控东北地区城市群组之间的关系时，一些措施不断提出并且开始运作，正在发挥且能发挥更大的作用。例如2004年4月末，沈阳、大连、长春、哈尔滨首届四市峰会的召开，特别是会上《东北四城市协同合作全面推动东北老工业基地振兴的意见》的签订，为东北四大城市继而为以其带动的各大城市群组的共同发展提供了一个商议的平台，在协同和互动的指引下，能够避免东北地区重大项目的重复建设和产业链条的冲突，以及由此引发的种种矛盾。

无论是城市还是作为城市化发展到一定阶段的产物——城市群组，它们的结构演变都会打下时代的印记。不难发现，东北地区城市群组结构和功能的历史渊源——从殖民地半殖民地性质的地域结构的形成，到计划经济时期国家投资的倾斜，东北地区经济的繁荣，直至改革开放后计划经济向市场经济转型过程中出现的"东北现象"，每个历史时期都有特定的城市群组在形成、发展，群组内部城市都有基于时代背景的职能分工，同时塑造了各城市群组不同的空间结构和功能关系。东北地区四大城市群组——辽中南城市群、吉林中部城市组群、哈大齐城市组群以及黑龙江东北部城市组群，发展起点和目前的发展程度虽然存在差异，但面临的发展问题、在老工业基地改造振兴中担当的任务却是相似的，即调整自身的被组织结构，选择适宜的网络化发展模式，进行必要的制度整合，以适应东北老工业基地的振兴和新型工业基地的建设，达到新型工业化和城市化的目标。根据钻石结构原理，结构效应是巨大的，最优的结构会实现最优的功能，所以东北地区城市群组结构的调整，目标是功能提升和整个区域的振兴与发展。

第三章

基础设施一体化

第一节 基础设施一体化与区域一体化联系

一、基础设施一体化是区域一体化的根本保障

基础设施是指为社会生产和居民生活提供公共服务的物质工程设施，是用于保证国家或地区社会经济活动正常进行的公共服务系统。它是社会赖以生存发展的一般物质条件。基础设施包括交通、邮电、供水供电、商业服务、科研与技术服务、园林绿化、环境保护、文化教育、卫生事业等市政公用工程设施和公共生活服务设施等。它们是国民经济各项事业发展的基础。在现代社会中，经济越发展，对基础设施的要求越高；完善的基础设施对加速社会经济活动，促进其空间分布形态演变起着巨大的推动作用。建立完善的基础设施往往需较长时间和巨额投资。对新建、扩建项目，特别是远离城市的重大项目和基地建设，更需优先发展基础设施，以便项目建成后尽快发挥效益。而区域之间基础设施的一体化则是区域一体化的根本保障，只有区域之间基础设施较好地联通并互相发挥比较优势作用，区域才能一体化发展。

地区经济一体化是靠政府推进基础设施项目率先启动的。在许多国家，各种公路、铁路、地铁、港口、机场以及通信设施的完善等基础设施项目作为公共产品主要是靠政府投资的。通过跨地区、跨城市等基础设施项目的统一规划与建设，使运输成本与通信成本大幅度降低，这时资本、劳动、商品与服务等要素成本对其流动的影响就变得更加重要了。这会引起生产资源从定价相对较高的地区向较低的地区流动。随着基础设施与公共制度的完善，生产要素会出现相向的流动，制造业资源从大城市向中小城市转移，高素质人力资本会向大

城市集聚。这样，一方面整个地区内的产业分工会得到强化，大城市发展服务业、中小城镇发展制造业的产业分工格局会日益明显；另一方面产业分工会使地区间的贸易、投资等经济联系变得越来越紧密。这就形成了区域的一体化发展。

目前，尽管东北三省在区域基础设施一体化上已经取得了显著的成绩，但尚有诸多问题阻碍区域基础设施一体化份额发展，基础设施建设一体化仍存在一些突出问题亟待解决。一是行政管理体制障碍问题突出。各类基础设施的规划、建设及营运分由不同部门管理，线网状工程经过多个行政区，在项目规划、选址、建设进度、管理机制、技术标准等方面常有分歧。由于缺乏区域基础设施建设一体化协调机制，难以对区域性基础设施进行综合性管理和有效协调，在一定程度上形成"多头管理、诸侯割据"的发展模式，致使资源的整合与一体化的要求还有一定差距。二是综合性基础设施规划缺乏。由于部分基础设施专项规划缺少有效统筹，规划综合性不强，且与各省市总体规划、土地利用总体规划等专项规划衔接不够，造成基础设施布局不尽完善，结构不尽合理。三是促进基础设施共建共享的政策和机制缺乏。受现行的许多财政、税收、投资等方面的政策和机制制约，再加上项目业主各异，导致区域基础设施一体化的布局建设难以到位。由于没有相应的配套政策和利益共享机制，导致基础设施布局建设协调管理难度较大，区域性基础设施共建共享步履缓慢。这些都使得各类区域性基础设施网络难以互联互通，制约了区域基础设施一体化的发展。

只有清除制约东北三省基础设施一体化进程的体制障碍，才能促使东北三省整体上的一体化发展，实现共赢。因此，应以交通一体化为先导，依托科技创新和管理创新，突破行政界限，统筹规划布局，整合各类资源，省市联手加快推进东三省基础设施建设一体化，建立和完善重大基础设施一体化体系，在更高层次、更广范围、更大空间发挥交通、能源、水资源、信息等基础设施对社会经济的支撑和带动作用，为加快东三省区域经济一体化进程，实现东北老工业基地的振兴奠定良好的发展基础。

二、区域一体化对基础设施一体化的促进

区域一体化能够有效促进基础设施一体化的进程，一体化的区域可以建立省际的基础设施建设分工与合作机制，可以合理设置省际基础设施权威性管理机构，可以建立一体化的基础设施规划机制。在区域一体化条件下所建立的机构和

形成的机制，能够有效纠正基础设施省际一体化中所存在的问题，从而大力推动基础设施的一体化发展。

（一）建立省际的分工与合作机制

省际大型基础设施虽然在管理上隶属于各自省份，但其服务范围为整个区域。按照一体化发展的要求，各省之间的大型基础设施之间应该有比较合理的分工与合作机制。

1. 引入市场竞争机制高效利用大型基础设施

由于企业追求利润最大化，在基础设施的建设中引入市场机制，会更多地关注受益与成本的匹配问题，充分的市场竞争可以对大型基础设施重复建设形成有效地修复机制，也能够更加高效地利用基础设施。

2. 建立利益补偿机制

从省际整体来考虑基础设施建设问题，必然会有部分省市从中受益更大，而一些小城市相对来讲就会遭受损失。因此，基础设施分工与合作机制的形成必须有配套的政策体系作为保障，其中之一可以考虑利益补偿机制。如港口建设问题，在制定投资政策和产业政策时，可以考虑给补给港口一定的政策倾斜，从而有助于发挥交通的整体效应。

3. 在基础设施的经营上建立合作模式

比如大连港入股锦州港和丹东港，以资本为纽带形成三个港口稳定的合作关系，这样，三个港口统一经营、发展和规划，在一定程度上实现港口群分工专业化与一体化。

（二）合理设置省际基础设施权威性管理机构

针对中国的行政区划体制和行政建制特征，应当充分发挥现有地方政府的事权，发挥其本身应有的职能促进省际基础设施一体化发展的实施。

可以尝试借鉴国外的区域管理模式，设立独立的区域规划机构，这个机构应该发展为专门性的协调机构和企业化的执行组织。如港口、高速公路、铁路、机场等涉及到区域协调发展的重大问题都应由该机构解决。同时，为促进机构的有效运作，应该赋予它基础设施建设资金的分配权。

（三）建立一体化的基础设施规划机制

为了实现区域基础设施资源的最优配置，充分发挥基础设施在省际经济发展中的重要作用，应该建立一体化规划机制和互动协调式的规划组织方式。

从省际基础设施一体化的角度来说，省际基础设施的规划与发展要保持协调配合，既要使区域内各个组成部分在发展过程和发展阶段保持衔接性和配套性，又要打破地理和行政界限，建立区域内的综合基础设施网络系统。

三、基础设施一体化与区域一体化相辅相成

综合以上分析，我们可以得到这样的结论，即基础设施一体化与区域一体化是相辅相成的。基础设施一体化能够为区域一体化提供保障而区域一体化又能够促进基础设施一体化的发展，二者是一个累计循环的因果过程。

基础设施对区域经济发展的影响主要体现在：第一，促进中心城市的形成与发展。一般情况下，交通运输网络、通信网络的扩展多是以主干为核心并围绕大的中心城市展开的。随着基础设施网络的不断扩展，引起生产规模、成本与效益三者的相互关系的转变，促进城市覆盖的地域范围越来越广，中心城市的腹地也越来越大，为其提供进一步发展的条件。第二，刺激新的经济增长点的增长。交通运输等基础设施网络的不断扩展，必定会产生诸多交会地点，这些地点，尤其是支线与干线交会的地点，地域通达性、吸引范围得到改善，为其经济发展提供了必要条件，使得其产业发展的条件优于其他地区，成为产业发展的优越区位。第三，增强大都市的扩散能力。当中心城市发展到一定阶段，其产业将逐步向外扩散，一般情况下向交通条件较优越的地域扩散，如临近干线的交通方便地区。这种扩散，一方面加速交通产业带的形成；另一方面又反过来刺激区域基础设施走廊的强化。

而区域一体化可以加强区域的联系，使各省市能够更加有效地协调，即在基础设施的建设和利用上建立互动协调式的规划组织方式。作为区域规划体系的一种形式，东北地区沿袭了自上而下式的规划组织方式，通常的做法是先由各级政府的相关主管部门立项，并成立一个领导小组来主持工作，然后由具体编制单位成立项目编制小组来负责编制。但是，从区域发展基础设施的提供来看，参与发展的不同城市、部门，分属不同的行政管理和投资体系，具有不同的地方和部门利益，在常规的区域管理体系下很难协调，相互之间发展的竞争，容易导致区域和部门封锁，造成相互间的隔阂和戒备。因此，在基础设施的建设和利用上就需要建立互动协调组织方式，而区域一体化发展能够促进这样的组织方式的形成。通过建立省市间不同层次的合作网络，形成非正式的合作机制，调动区域中各级政府和部门参与到区域的基础设施发展中来，促进区域基础设施一体化发展。

第二节　东北地区基础设施一体化现状及趋势

一、东北地区基础设施一体化现状

（一）铁路

东北地区内密切的横向经济联合和与对外开放经济通道的加强，是靠发达的交通运输网来实现的。东北地区已有比较发达的现代化交通运输网，这个运输网是以铁路为骨干，公路为基础，包括铁路、公路、管道（输油）、内河航道和海运业。发达的交通运输网，使东北地区四省区之间、工业农业之间、新老工业中心之间的联系大大加强，促进了东北经济一体化的形成，它既是工业基地建设和农业基地开发的重要条件，也是东北经济区地域经济体系的重要组成部分。

在东北区交通网中，铁路处于骨干地位。全区共有大小铁路70多条，总长度约15546.7公里，居全国各大区的首位。东北地区铁路网已有相当规模，铁路密度达125.4公里/万平方公里，大大高于全国56.9公里/万平方公里的水平；全区177个县旗中已有129个通了火车；货物发送量和客运量分别占全国总量的23%和35%。

纵横交错的铁路，连接了全区各主要工矿中心和农林牧业基地，以滨洲、滨绥、哈大、沈山为骨干，以沈阳、四平、长春、哈尔滨为枢纽，联系各干支线，形成比较完整的铁路网。这个铁路网的基本结构是由东西方向和南北方向的一些干线组成。与滨洲、滨绥线平行的东西线主要有：伊图里河—嫩江—北安—佳木斯；阿尔山—白城—长春—图们；通辽—四平—通化；朝阳—阜新—沈阳—丹东等4条。与哈大线平行的南北线主要有：古莲—嫩江—齐齐哈尔—通辽—锦州；大庆—通辽—赤峰；沈阳—吉林—哈尔滨；图们—佳木斯等4条。这些纵横干线的交叉，形成了格状系统。除沈阳、四平、长春、哈尔滨四大枢纽外，还有齐齐哈尔、牡丹江、吉林、白城、梅河口、新立屯、锦州、通辽等铁路中心。沈阳是最大的铁路枢纽，以沈阳为中心，通往关内的沈山线，通往大连的沈大线和通往朝鲜的沈丹线，以沈哈线为主轴，像三角支架一样，控制着东北铁路网的全局。

"丁"字形的滨洲、滨绥和哈大线是东北铁路网的脊梁。满洲里—绥芬河线，全长为1486公里，两端均与俄罗斯铁路接轨，是一条重要的国际路线。同时它又连接了黑龙江省内各线，吸引了东部丰富的煤炭、木材、大豆、纸张、食糖等矿林农产品，也吸引了西部的木材、煤炭、石油、机械、畜产品、大豆、粮食、甜菜与食糖等产品大量南运。哈大线的经济意义更为重大，它全长944公里，连接东北区内最重要的工业中心和政治、文化中心——哈尔滨、长春、四平、铁岭、沈阳、辽阳、鞍山、海城、瓦房店、大连等10个市，其中包括3省的省会和最大的海港。东北区8个百万人口以上的大城市，有5个在哈大线上。它通过最重要的农业地区和人口最密集的地带。东北地区境内所有其他铁路，都是它的吸引线，所有东北的国际联系和港口，也都和哈大线相通。它拥有东北区内所有铁路干线中最大的客、货运量。南下的货物多为笨重的矿、农、林产品，以煤炭、木材、粮豆、纸张、林牧产品等为主，北上的货物主要为工业制造品，以钢铁、工业设备、建筑材料、轻工业品为主。北上货流运量大大少于南下运量，车辆回空现象相当严重。

沈丹铁路是中、朝之间重要的国际路线。沈山线是京沈铁路的东段，是东北地区和北京以及关内各地区陆路联系的最重要的通道，客货运量都非常大。京承—锦承铁路和京通（辽）铁路，是东北地区通往北京的第二条、第三条路线，对分流沈山线货流，开发东北西部地区和巩固边防都有重要意义。

东北地区铁路网设备陈旧、技术装备落后，改革开放以来，主要干线运能与运量的矛盾日益尖锐，尤以沈山、沈长、沈大间最为突出，铁路发展滞后，不能满足与关内地区和对外贸易不断扩大的需求。为满足经济发展的需求，首先，"九五"期间加大了哈大铁路电气化步伐及主要编组站的自动化改造，加快客运站建设，提高列车运行速度，加快牵引动力改革等技术改造。其次，强化进出关的通道建设，一是新建秦皇岛至沈阳客运专用线铁路，实行沈山与沈秦两线客货分线，增强货客进出关的能力；二是修建大连至烟台的铁路火车轮渡，即"水上铁路"；三是经蓝烟路胶州，与计划修建的胶州—新沂—长兴铁路衔接，既加强环渤海地区的联系，又形成东北与华东的直接通道；四是修通东西两翼佳木斯—丹东、满洲里—锦州南北通道，与大东港和锦州港相接，组成东北地区南北三条出海通道；五是完善路网结构，修建一批地方铁路，如长春—烟筒山、岫岩—庄河、绥阳—东宁、孙吴—逊克、图们—珲春、伊尔施—伊敏河等线。

（二）公路、海运和航空

公路客货运量在各种运输方式所占的比重逐年增加，已成为东北经济区综合运输网的基础。同江—大连、长春—珲春、绥芬河—满洲里、丹东—山海关等四条国道干线和其他干线公路，构成了东北公路网的骨架。沈大高速公路已通车，沈阳—长春、沈阳—山海关、长春—吉林高速公路贯穿整个经济区域和联通相邻区域。以二级公路为标准折算的东北三省公路建设里程的实际排序是辽宁省、黑龙江省、吉林省，其中辽宁省、黑龙江省、吉林省公路建设里程占东北地区公路建设总里程的比重分别为41%、34%、25%。

东北沿海运输已基本形成以大连、营口为中心，丹东、锦州为两翼的布局。1995年货物吞吐量8095万吨，占全国总量10%，外贸货物约为51%，其中大连港占本地区79%。随着对外开放，集装箱运输正迅速增长，加强集装箱运输港建设很有必要。连接港口与铁路、公路的主要枢纽有大连、沈阳、长春、哈尔滨、营口与佳木斯，将在东北综合运输中，发挥组织协调、培育运输市场、提高运输效率的重要作用。以哈尔滨、佳木斯为重点的内河港口建设，大连通往烟台的渡海轮渡建设早已实现，将东北与山东密切联系起来。

历经数十年建设的东北，航空运输业已初步形成了比较合理的、完整的机场网络，已具备了一定的规模。当前东北地区有9个在运营支线机场：丹东、锦州、朝阳、延吉、吉林、齐齐哈尔、牡丹江、佳木斯、黑河。2007年全年，东北支线机场年旅客吞吐量超过10万人次的机场仅有延吉和牡丹江机场，年旅客吞吐量超过5万人次的机场有丹东、佳木斯、齐齐哈尔机场，其余的机场年旅客吞吐量不到5万人次，货邮吞吐量超1000吨的仅延吉机场，货邮吞吐量超500吨机场有丹东、牡丹江机场，其余机场年货邮吞吐量不足500吨。东北支线航空规模虽然有一定的基础，但总体而言，目前东北地区支线机场普遍存在航线少，通航城市少等问题。同时，由于航班频率的限制，客座利用率比较低，运力资源和旅客资源都不能得到充分利用。如果这种状况继续发展下去，将会使其中一些支线机场的航空运输主业越来越萎缩。发展东北的航空运输，是实现资源利用一体化的重要方面，重点应扩建和完善大连、沈阳、长春、哈尔滨四大机场。

国家实施振兴东北老工业基地战略以来，东北地区的经济实现了更快速增长，2008年，完成地区生产总值28196亿元，同比增长13%，高出全国4个百分点，占全国GDP的9%。城乡居民收入持续增加，2008年，东北三省人均GDP超过3000美元。在"十一五"期间，东北地区经济发展保持两位数以上的增长，2010年东北三省人均GDP达到3200美元。依据国外航空运输业的发展经验，人均GDP在1000~2500美元阶段，全社会货运需求增长较快，客运需求也有较大增长，航空运输的地位和作用其间迅速提升，标志航空运输进入发展阶段；人均GDP在2500~4000美元时，全社会货运强度降低，安全、时效性要求提高，客运需求对质和量的要求同步提高，航空运输在长途运输方面的优势显着增强，航空运输进入快速发展阶段。考虑到振兴东北老工业基地战略的进一步推进和国家政策的倾斜，东北地区未来的经济增长预期将更为看好。

（三）电网建设

为了适应各工业中心电力负荷的增长，东北地区在煤炭、水能资源的基础上，发展了强大的电力工业。火力发电和水力发电的设备能力，都占全国重要地位，并形成了区域性大电力网。东北地区电力工业的资源构成以煤炭为主，其次为水力及一部分石油，火电的比重日益增长。在全区电力工业设备总容量中，1949年火电比重占57.6%，1965年增加到77.5%，现在则已达80%以上。东北虽尚有几百万千瓦发展水电的资源潜力，但远不如煤炭资源丰足和利用方便，今后仍将以火电为主。在电力工业的分布上，大型火电站有抚顺、阜新、吉林、清河、大连、朝阳、锦州、哈尔滨、大庆、鸡西、赤峰、通辽等处，大型水电站有丰满、白山、红石、云峰、水丰、桓仁和镜泊湖等处，其中白山水电站是东北区最大的水电站。

以辽、吉两省的抚顺、阜新、吉林、丰满等和黑龙江省的哈尔滨、大庆以及内蒙古东部的赤峰、通辽等大型火电站和水电站为中心，已形成了强大的区域性电力系统，装机容量超过2500万千瓦，约占东北全区总容量的90%以上，是目前全国最大的电力网之一。东北区的几个大型水电站，虽然其容量仅占电网总容量的18.5%，但与火电站配合运行，对调峰和稳定周波起重要作用。

由于东北电力资源的分布偏于北部（煤、水能）和西部（煤），今后坑口电站的建设将偏于北部和西部，如在建的大火电站有伊敏、元宝山、哈尔滨、七台河等处。"北电南送"和"西电东送"的局面将日益明显。另外，为补东北耗煤的不足，东北地区发电用煤将有1/5是由晋蒙供应，因此在南部一些路口或港口如绥中、营口、大连等地，仍需要建一批大型电站。

东北地区水电开发的程度较高，鸭绿江与松花江的潜力已不大，续建的水电站有松江河梯级、丰满扩机和牡丹江莲花等地。远景的希望是中俄合作开发黑龙江干流的水能资源。东北地区大电网已将90%以上的水火电站联网，总装机能力到2000年可达3750万千瓦，是全国大型电网之一。在近期内，呼伦贝尔盟电网和大兴安岭电网，也将与大网连接，形成北起伊敏—大庆—哈尔滨和七台河—佳木斯—哈尔滨，中间经长春、吉林、沈阳、抚顺、本溪、辽阳、鞍山负荷中心地带，西接锦州、元宝山、绥中、通辽，南接大连的500千伏主干网架，满足"北电南送"、"西电东送"省间交换量的需要。从远景发展来看，东北电网还将与华北电网相连，甚至可能与俄罗斯的伊尔库茨克电网相连，按市场原则购买邻国的电力，保证供电能力与东北地区经济的同步发展。

二、东北地区基础设施一体化发展趋势

（一）统一交通网建设

振兴东北、实现区域一体化的先决条件是东北交通资源的一体化。交通部在《振兴东北老工业基地公路水路交通发展规划纲要》中，从总体上战略规划了2020年东北三省未来的公路水路交通发展的方向、目标、重点和措施，以区域公路水路交通的整合推进区域综合交通一体化，为振兴东北老工业基地提供交通保障。

交通部预计，2020年，东北地区公路、水路货物周转量将分别达到1100亿吨/公里和3810亿吨/公里，是目前的2.3倍和3.3倍；公路旅客周转量将达到1000亿人/公里，是目前的2.2倍。京沈通道交通量将超过17万辆小客车/日，哈尔滨至大连通道交通量将超过12万辆小客车/日，大连港的年吞吐量将达到4亿吨左右。

由于运输需求大幅度增加，公路主要通道和沿海主要港口将面临巨大压力。主要困难是公路和沿海港口总量面临不足，高速公路网络尚未形成，运力结构不尽合理，沿海港口结构性矛盾突出，功能单一，集疏运体系不完善，内河航道有待改善，对外开放港口能力严重不足，地区间、相关行业间及部门间的协调存在体制障碍。由于经济欠发达，东北三省特别是黑吉两省公路建设资金长期匮乏，加之投融资市场发育不完善，东北公路建设融资渠道较窄，融资能力较弱。

对于东北交通发展出现的困局，交通部将加大建设投资力度，给予相关政策支持，现已计划建立稳定的公路水路建设资金来源，利用国债资金，保证车购税、客货运输附加费等各项税费专项使用。

在港口建设上，依据《港口法》要求，地方政府也将确立沿海港口出海航道、防波堤等公用基础设施的投资政策，继续加大对内河航道和港口码头基础设施建设的扶持，建立内河航道基础设施建设专项基金。

另外，通过调整交通税费政策支持，交通部建议返还经营型公路、公路建筑企业施工期的营业税；改革车船税投向，专项用于农村公路建设和水运船舶技术更新；需填海造地的港口建设项目，在缴纳海域使用金后，免征土地使用金。

同时，增加对东北地区公路水路交通发展的信贷支持，适当延长贷款年限，

参照西部政策给予降息等优惠政策。国家财政债券的投向也适当向东北地区倾斜。

各级政府在土地利用规划和海洋功能区划加大对交通建设用地、项目审批等的支持；加快临海产业带和临港产业基地的形成，增强沿海地区经济持续发展的动力以及向内陆地区辐射的能力。

通过一系列的政策支持和措施，预计到 2020 年，东北公路总里程达到 24 万公里；基本建成以高速公路为主体的区域骨架公路网，覆盖所有地州市，区域高速公路总里程突破 9000 公里；沿海港口形成布局科学、结构合理、层次分明、功能完善的现代化港口群；港口货物综合通过能力达到 7.5 亿吨左右，适当超前于腹地经济社会发展需要；沿海港口集装箱码头通过能力达到 2700 万标准箱左右；内河航运三级以上航道里程达到 2830 公里，形成适应江海运输、国际贸易运输和区域内水路运输的高等级现代化航道体系。

（二）统一电网的建设与增容

2010 年，辽宁省、吉林省、黑龙江省、内蒙古自治区在沈阳召开东北四省区合作行政首长联席会议，共谋加强区域交流合作，加快推动全面振兴，落实国务院关于进一步实施东北地区等老工业基地振兴战略的若干意见精神，推动东北地区经济一体化发展。

会议交流了四省区经济社会发展情况和"十二五"规划思路。会上，四省区共同签署了合作框架协议，明确了未来一个时期东北四省区的重大合作事项，商定推进东北地区大生态、大交通、大电网的建设，努力构建区域经济协调发展的新格局，促进东北地区大开发、大开放、大发展。

东北地区是自然形成的统一经济区，从电力资源分布来看，内蒙古自治区东部地区是未来东北三省经济发展的重要支撑，东北电网必须强化与该地区的连接。从电网未来发展的角度看，必须在加快呼伦贝尔、白音华、蒙东风电等电源基地送出的同时加强特高压电网在东北的发展，加快完善纵横交织 500 千伏的骨干网架。目前，东北电网公司正在积极规划建设贯通黑龙江、吉林、蒙东和辽宁北部的 500 千伏横向通道和宝清到辽宁的南部特高压通道，建设重点负荷区的受端环网，以形成东北电网水火风互济、交直流混联、各级电网协调发展的电网结构。同时，坚持整个东北区域电网的统一规划、统一标准和统一建设，形成具有信息化、自动化、互动化为特征的统一坚强智能区域电网。

（三）北水南调，实现水利资源一体

东北地区水资源分布的基本特点是北多南少、东多西少，而水资源消费是南

部与中部多，北部与东部少。全区水资源总量1929.9亿立方米，其中黑龙江水系和图们江流域占72.7%，辽河、鸭绿江和辽宁沿海各河占27.3%。辽河南去，松花江北流，中间是微有起伏的分水岭，引起了种种调水构想。清康熙年间就有"沟通松花江与辽河，实行水陆联运"的记载；光绪三十二年提出开凿松辽运河；孙中山在《建国方略》中，对松辽运河的意义和线路均作了精辟论述，提出过两个开凿方案的对比。而真正进行规划设计，是在新中国成立后，从1955~1960年，完成了规划报告，当时主导思想一是通航，二是灌溉，总调水量不少于65亿立方米，筹建主导工程有大来水库、哈达山水库、石佛寺水库，1961年因压缩基建而停建。中止20余年之后，东北经济和城市化的发展，辽中南地区各城市，也包括长春市的工业用水和城市居民生活用水不足的矛盾日益突出，80年代中期又重新提出调水问题。根据变化了的情况，用"北水南调"代替"松辽运河"的提法，而主导思想也改为首先是工业和城市用水，其次才是灌溉与航运。实际上，近年来由于铁路大型化、高速化和公路高速化的发展，再则东北气候条件下河水流量季节变化大、半年封冻停航，因此具有升降设施的运河水运，经济的合理性越来越小。

可是南部缺水的形势更加严峻了。"北水南调"的实质是蓄水、调节、输水等工程，把每年白白流走的几百亿立方米的水，从北部引到南部，解决南部用水的急需。规划部门的研究结论是："北水南调"在客观上有迫切要求，在自然条件上有实现的可能，在经济上是合理可行的。"北水南调"是惠及全区的统一协调工程。从调出调入看，吉林、黑龙江和内蒙古东部都是水调出省区，辽宁是调入省；从受惠看，辽宁是主要受惠省；吉林省中西部是调节水库和输水的必经之地，也是"近水楼台"先受惠之地；黑龙江省西部除可以直接得到供水外，更重要的是可以根本解决哈尔滨、佳木斯等地的洪灾威胁，还可以得到输出资源的补偿；内蒙古呼伦贝尔盟大兴安岭东侧嫩江水系是调出区，而哲盟西辽河流域也可以得到供水之惠。打破行政区划限制，统一规划协调"北水南调"是有可靠基础的。

"北水南调"是一个大的工程系统。主要水库工程有嫩江干流的尼尔基和大来、绰尔河的文得根、二松干流的哈达山和辽河干流上的石佛寺等。主要输水工程有西干线（大来水库到双辽）、东干线（哈达山水库到后八方）和西支线（太平川到他拉干水库）。运河工程有富康运河（哈达山水库到松花江干流上的上岱吉）和松辽运河（指双辽到营口）。"北水南调"也是一个全区域的统一调水工程。从全区来看，它不只是调松花江干支流的水，也包括调黑龙江水系的水。另外，它不只是"北水南调"，也包含"东水西调"。在建的东水西调"引松入长"

即是"北水南调"工程的组成部分之一,未来的哈达山工程也是东水西调性质。辽宁境内,现有的大伙房水库、葠窝水库以及远景的鸭绿江调水,现在大连的"引碧入连"以及远景的引大洋河工程等,都是"东水西调"性质。"东水西调"可视为"北水南调"的支线,相互协调。

总之,"北水南调"是东北经济区可持续发展的战略性工程,是区域全面发展的基础。

第三节 对基础设施一体化的保障措施

一、政府主导作用保障

2000年以来,全国城市化建设实现了快速发展,有力地推动了国民经济的发展。然而,东北经济的高速发展主要依靠政府主导进行的,许多新兴城市是在一个农业突出、工业化特别是新型工业化尚未完成、市场经济只是初步形成的地区建立的,为了能够尽快发展起来并赶超其他城市,才进行超常规的跨越式发展。公共物品在经济发展中具有重要的地位,如果公共物品供给数量严重不足、结构失衡、公共教育、公共卫生和公共福利的社会保障以及城市防灾和政府服务发展缓慢,公共物品供给的相关制度变迁滞后,就会影响区域内经济的和谐发展。因此,在实现区域一体化时,需要政府进行有力的组织与规划,使基础设施适度超前发展,为区域经济一体化提供有力保障。

政府的主导作用主要体现在如下四个方面:

1. 规划和设计新兴城市公共物品的供给

公共物品是一种特殊的物品,它与私人物品相比,具有非竞争性(即当增加一单位的物品的消费所带来的成本增加为零)和非排他性(即单一消费者的消费不能阻止其他消费者对该物品的消费,或者这种阻止的费用非常高)的特点。公共物品的这两种特性,不仅会导致公共物品的强外部性,使"搭便车"的现象大量产生(即不承担成本者从中受益),而且会造成消费者对公共物品的真实偏好无法在市场上体现出来。因此,政府要在公共物品供给中发挥主导作用,需在平衡区域经济总量和协调重大比例关系的基础上,汇总、分析与预测区域公共物品总存量、总供给量和总需求量以及国民经济和社会发展的情况,研究提出社会公共物品发展战略、中长期规划和年度发展计划,研究提出协调平衡公共物品总量及发展速度、结构调整的调控目标及调控政策，并与国民经济其他方面的发展相衔接、平衡。

2. 构建区域内城市公共财政体制，完善公共财政资源配置

根据现代经济学理论，公共财政的重要作用就是解决市场失灵，即提供市场不能提供和不能解决的直接使全体人民受益的公共物品。因此，公共财政建设不仅是我国正在构建的公共服务型政府进程中促进新兴城市政府职能转变的重要方面，也是实现新兴城市政府主导公共物品供给的重要保障。为此，政府应积极构建城市公共财政体制，通过税收等途径负责筹集、解决纯公共物品及部分准公共物品的成本来源，逐步建成科学合理的公共收入及融资体系，完善社会公众对地方政府财政决策的社会约束和监督机制，提高公共支出规划水平。同时，政府还应注重完善公共财政资源配置，区域内城市在经济承受不同的情况下，需要按照"有所为、有所不为"的原则，合理选择公共财政投资或支持的公共物品建设项目，将政府通过生产或组织生产来提供公共物品的经济活动的规模与范围，控制在自身财政供给能力允许的限度以内，并以法律的形式相对稳定地予以明确，保证区域内公共物品供给朝着良性方向发展。

3. 供给必要的公共物品，为区域城市生产生活提供保障

区域经济的发展、新兴城市的建立推动了城市规模的扩大，人口向城市的集中，以及城市现代化水平的提高，随之产生大量的公共需求和公共利益，导致对城市公共物品的需求迅速增加。一般来说，公共物品可分成有形公共物品和无形公共物品两大类，它们都是公共利益的载体。在新兴城市发展的初级阶段，政府供给的公共物品既应包括为城市生产、生活提供基本物质保障的有形公共物品，如基础性的公共交通工具、通信、供水、供气、供热、邮政、互联网、排水、污水及垃圾处理、市容卫生、公共照明、机场、码头、港口、道路及桥梁、基础水利工程等，同时也应包括促进城市发展的无形公共物品，如政策、制度、市场规则、社会秩序、行政管理以及基础义务教育、基本医疗保健、公共卫生防疫、公共救灾、公共气象、消防、环境保护、基础科学研究等。此外，还应根据城市发展情况，将包括公园、博物馆、公共广场、图书馆、养老院、福利院、运动场（馆）等在内的公共物品纳入政府供给的范围。

4. 构建有效的公共物品监管体系，保证公共物品市场的良性、有序发展

在公共物品领域，政府不仅应作为核心供给主体承担应有职责，而且应加强对公共物品生产与提供各个环节的监管，不断提高公共物品的供给效率，确保公众公平、有效地获得国家提供的公共物品。特别是当公共物品供给出现市场化、社会化之后，政府不再是唯一的供给者，许多非政府主体加入公共物品供给的队伍中来。在准公共物品受益人相对固定的前提下，市场主体受利益驱动，有可能提供假冒伪劣、质次价高的公共物品，如假种子、假农药、假化肥、伪技术、高价医药费、基础教育乱收费等，从而严重损害公众利益。这就要求政府在逐步淡出公共物品供给市场的同时，在市场监管方面及时跟进，承担起公共物品市场的监管职责，建立市场准入制度，监控服务价格，制定或组织制定有关公共物品质量、安全的标准或规则，并监督或组织监督其执行，保证公平、有序的市场竞争环境。加强区域内政府间协调、沟通，保证区域内规划政策的一致性。

二、政策制度保障

随着全国各区域一体化进程的加快，城乡一体化的理论研究与实践探索的深入，制度因素对城乡一体化的影响作用已逐渐显现。通过建立促进一体化的制度，保证基础设施一体化的顺利进行，最终才能实现地区一体化。

（一）经济要素流动制度保障

通过把土地、乡镇企业的资产价值化，促使农村生产力要素从实物形态向价值形态转化，使资源配置得到优化组合。基本思路为：（1）打破城乡体制分割，促进城乡统一大市场的形成。(2) 进一步深化城乡产权制度改革。诺思认为，经济增长的关键在于制度因素，而制度因素之中财产关系的明确尤其重要，提供适当的个人刺激的有效的产权制度是促进经济增长的决定因素。（3）进行农村土地流转制度创新。（4）户籍制度改革，解放生产者；现阶段户籍制度创新思路是适应我国市场化和城乡一体化发展的需要，逐步规范户口类型，逐步并最终彻底剥离粘贴在非农业户口上的一系列优惠性的社会福利，实现以居住地划分城镇人口和农村人口，以职业划分农业人口和非农人口，实行以迁入地、常居地管理为主的管理方式，鼓励在城镇有相对固定住所，有合法收入或稳定收入来源的农村人口或外来人口拥有城镇常居户口成为城镇居民，实现城乡户口一体化管理。

（二）农业发展制度保障

现代化农业是基础设施一体化发展的基础动力。从政策制度层面，其保障思路是：（1）完善家庭联产承包责任制。这一制度的创新，既需要坚持行之有效的基础制度安排，也需要根据比较发展优势和变化的环境，在保持基本制度的稳定和比较优势前提下继续提供适应各地区实际情况的新的制度供给。（2）实行农业的产业化经营，有利于改进农业的技术水平，促进传统农业向现代化转化，同时从产业上突破工业与农业的分割。(3) 充分利用 WTO 的"绿箱"政策，加大财政支农力度，改善农业发展的长期投资不足的弱势地位。

（三）基础设施建设投资制度保障

首先应该在地区间、城乡间实行统一的规划，在财政上加大对农村地区基础投资，同时必须改变投资主体单一的一元发展格局，要实现筹资方式市场化，投资主体多元化，鼓励乡镇企业、农民个人及外资等民间力量参与基础设施建设，同时要实现市场主体行为规范化。基本思路为：在统一规划的基础上实行土地的有偿使用，培育与发展房地产市场，将征收的土地税作为城乡建设的基础投资；通过设施的有偿共享回收和积累资金，或实行投资收益挂钩吸引民资投资基础设施建设；发展城镇住宅金融支持体系，推进城建的持续发展。

社会保障制度的作用作为"社会安全网"的社会保障制度，只有全面覆盖才能体现社会公平，才能起到稳定社会的作用。根据发达国家的社会保障制度的经验，要适应区域一体化发展，就必须构建区域内城乡统一的社会保障体系。根据东北地区的实际，目前建立既相对独立，又注重城乡衔接的农村社会保障体系是必要且有效的过渡。保障措施是：(1) 建立健全农村最低生活保障制度，维护农民基本生存权；(2) 建立面向农村非农产业群体：包括留在农村的非农劳动人员及外出进城务工经商的人，多样的社会保障体系，解决了离农群体的后顾之忧；(3) 建立由农民个人、集体、国家共同负担、共尽责任的、多主体的农村社会保障筹资机制。全面推进农村社会保障体系建设，逐步优化并最终替代土地的保障功能，促进农村剩余劳动力的转化，实现城乡一体化。

三、经济基础保障

推进基础设施一体化进程的基础是经济发展，没有坚实的产业基础，基础设施一体化就是无稽之谈。东北地区拥有雄厚的工业基础，是其他地区实现一体化所不具有的先天优势。

（一）高度的产业集群

产业集群是构筑东北区域竞争力的源泉，是实现东北老工业基地的振兴、加快区域经济合作的经济保障基础。东北三省有互补的自然资源和关联的特色产业，合作发展产业集群能更加突出这一组织模式所具有的成本优势、市场优势、合作优势和技术创新优势，提高产业集群所具有的聚集力和竞争力。在循环经济的背景下，东北地区合作发展产业集群改变了传统模式，同时，注意生态建设和环境保护，获得了持续的竞争优势。

《东北地区振兴规划》提出，深入挖掘哈大和沿海经济带一级轴线的发展优势，促进二级轴线集聚发展，形成"三纵五横"的空间发展格局。东北地区的产业集群中，农业集中在黑龙江，化工业集中在吉林，旅游业集中在吉林和辽宁，水产品加工和轻工业集中在辽宁。

目前，东北三省都在集中优势力量进行产业集群的建设，打造经济发展的先行区。黑龙江省提出依托哈尔滨、大庆、齐齐哈尔三市各自的优势，统一布局规划，利用废弃的盐碱地建设化工、装备制造等专业园区，在三市交通沿线形成一条产业集群带，从而拉动全省经济发展。现在，这一产业带已经吸收资金300多亿元。

吉林省也在集全省之力建设长春—吉林—图们江区域经济带，它们依托原有产业，在资金、项目上向进行倾斜，打造汽车、化工和农产品加工的产业集群。在这一特色经济带拉动下，全省各项经济指标持续上升。

辽宁省沿海经济带，也已经吸收投资1500多亿元。这个经济带通过建设贯通全省海岸线的滨海公路，依托沿海城市发展造船、石化等行业，形成沿海地区与腹地发展的良性互动。

正如振兴东北老工业基地要走新型工业化道路一样，加快东北三省的区域经济合作也要走新型的产业集群道路，即要发展生态经济、循环经济，做到人与自然和谐发展，这才是东北地区合作发展产业集群最大的优势所在。

（二）雄厚的重工业基础

东北地区是新中国成立后建成的第一个重工业基地，重工业产值在各大区中居第二位，这个基地起初是以钢铁工业为基础的，20世纪60年代中期以后，由于石油资源的开发，则形成钢铁、石油工业并重的工业基础。目前，东北地区已基本形成以钢铁、机械、石油、化学工业为主导，包括煤炭、电力、建材、森工等工业部门的比较完整的重工业体系。

东北地区目前是全国最大的钢铁工业基地，钢铁产量占全国的1/4以上，在各大区中居第一位。鞍钢是东北地区钢铁工业的核心，也是我国最大的钢铁企业和世界上著名的大型钢铁联合企业之一，钢铁年生产能力为700多万吨，本钢是东北第二大钢铁冶炼中心，也是全国12个重要钢铁企业之一。此外，还有通化钢铁厂、吉林合金厂和大连、抚顺、齐齐哈尔3个特殊钢厂。东北所产的钢铁有1/3以上支援全国各地。

东北地区是我国目前最大的石油工业基地，原油产量占全国一半以上，大庆油田是我国最大的石油工业基地，也是世界五大石油工业基地之一，从1979年以来，石油年产量连续保持在5000万吨以上，还有辽河油田也是我国的主要油田之一。东北是以石油化工为主体的多品种的化工基地，主要中心有大连、吉林、沈阳、抚顺、鞍山、本溪、大庆、辽阳等。

机械工业是全区工业的核心，其产值占全区工业总产值的1/4左右。东北是我国机械工业最发达的地区之一，以生产冶金、矿山、运输、机床、动力、农机等机械设备为主，冶金设备和汽车制造均占全国一半左右，矿山和发电设备均占全国的1/3。沈阳、大连、长春、哈尔滨、齐齐哈尔是主要的机械工业中心。

第四节　城市化进程与区域一体化

一、城市化程度高，人力资源丰富

东北地区是我国城市化起步晚、发展速度快，且发展水平较高的地区，在区域一体化过中，城市化起到了重要的推动作用，一体化也促进了城市化的进程。东北地区的城市是以区域资源开发为代价建立起来的。新中国成立前的东北地区城市是建在帝国主义国家投入资本最多的交通要冲或矿产资源丰富的地带，城市的人口主体是外来移民。真正意义上的东北地区城市化是在新中国成立以后开始的。新中国成立以后，东北地区作为国民经济建设重点地区，开始了大规模的工业化建设，成为全国工业化和城市化程度最高的重工业基地，城镇人口占东北地区总人口的比重，从1949年的22.7%增长到1957年的36.69%，超过国内城市化水平20多个百分点。

2000年，东北地区人口为10486.42万人，其中城市人口为5494.88万人，城市化水平为52.40%，远远高于36.08%的全国平均水平，是我国城市化水平最高的经济区之一。同期，东北地区有设市城市90个，其中，城市化水平高于30%的城市达69个，占全部城市的77%，还有42个城市的城市化水平超过50%；东北地区有特大城市13个，占全区城市的14.4%，大城市42个，占全区城市的46.7%，中等城市29个，占全区城市的32.2%，小城市6个，占全区城市的6.7%，基本形成了辽中南、长吉、哈大齐3个城市密集区，东北城市平均密度为1.13个/万平方公里，远远高于0.69个/万平方公里的全国水平。到2005

年，东北地区总人口为 10755 万人，城市人口增加到 5930.36 万人，城市化率增长到 55.14%，同 2000 年相比，城市人口增加 435.48 万人，城市化水平提高 2.17 个百分点。

二、东北地区城市化发展中存在的问题

由于历史的原因，东北地区始终保持较高的城市化水平，但高水平的城市化背后存在着综合水平较低、产业动力不足、人力资源流失严重以及城市体系发育不足等一系列问题。

（1）城市化的综合水平相对低。城市的发展实际上是数量与质量的共同表征，只有通过城市化的数量水平和城市的工业化与经济发展水平的结合考察，才能正确认识城市化的真实水平。根据《中国城市发展报告》提供的数据，选择对我国各大经济圈影响力显著的几个城市的有关指标，进行东北地区城市化综合水平的比较分析。结果，无论是经济总量、人均 GDP、工业化水平、工业总产值，还是第二产业占 GDP 的比例、非农劳动力占总劳动力的比例，东北地区的四大核心城市的得分均低于其他三大经济圈的核心城市的得分，其中，长春市的经济总量得分和哈尔滨市的人均 GDP、工业总产值以及第二产业所占比重的得分最低，哈尔滨市工业化水平与非农劳动力所占比重的得分也仅次于该得分最低的珠海市。从 2003 年东北与其他地区的城镇居民平均每人全年收入与消费水平的比较分析中，也可以看出无论是总收入、可支配收入，还是城镇居民的消费水平，东北三省均低于全国平均水平，不到全国城镇平均收入及消费最高的上海的 1/2。

除此之外，东北城市的基础设施落后。除了每万人拥有公共厕所的指标高于全国平均水平之外，其他城市设施与环境指标普遍低于全国水平。例如，东北城市的人均住房建筑面积、人均拥有道路面积和人均日生活用水量均低于全国平均水平，除了辽宁的城市用水普及率、城市燃气普及率、每万人拥有交通车辆数和黑龙江的人均公共绿地面积超过全国平均水平之外，城市公共设施与环境普遍落后于全国平均水平，不符合于东北地区高水平的城市化现状。

（2）城市化过程中人力资源流失严重改革以来，农村户籍制度开始松动，在比较利益的驱动下，东北地区的农村剩余劳动力有强烈的转移需求。就农村劳动力转移的实现方式，东北与国内发达地区存在很大的差别。东南沿海发达省份的农民经过一两个世纪的从农业向手工业转移的历史，通过大办乡镇企业实现就地转移。东北农民没有经过这一工业阶段，由于东北乡镇企业发展落后，转移的主

要实现形式是外出务工。根据我国第五次人口普查资料提供的数据，我们发现东北地区农村劳动力省际迁出量大于省际迁入量，净迁移人数为27949人。辽宁省以其发达的经济吸引外来劳动力；相对落后的吉、黑两省的农村跨地区流动比较频繁，黑龙江省的农村劳动力省际迁出量是其迁入量的2.5倍，超过吉林省的农村劳动力省际净迁出规模。整个东北地区的农村劳动力省际迁移呈净迁出状态。此外，从东北地区的农村流动劳动力的素质看，东北地区省际迁出的农村劳动力的受教育程度高于省内转移的农村劳动力，相对较高素质的农村劳动力采取省际迁出形式。农村劳动力跨地区流动，说明东北地区城镇对农村劳动力吸纳能力不强。特别是一些以资源开发为主的工矿镇、林业镇，由于资源枯竭、林木限采等问题，人口外流现象更严重。

除了农村劳动力异地流动频繁外，城市人口省际迁移也呈净迁出状态，据第五次人口普查人户分离的省际迁移情况，东北地区省际迁移人口中，劳动年龄人口比重和高素质人口比重均高于迁出地水平。从东北三省省际迁出人口文化程度构成看，大学及以上和大专及以上文化程度比例远远高于全国省际迁出人口相应文化程度构成，也远远高于三省各自总人口的文化程度构成。迁移流动人口的经济活动能力高于迁出地人口的平均水平，是市场经济环境下劳动力流动的基本规律。

（3）城市化发展的产业动力不足 东北地区城市化发展缺乏产业的动力，主要表现在以下几个方面：

第一，农业发展对城市化的动力不足。农业发展为城市化提供基础动力。东北三省是我国重要的小麦、大米、大豆和玉米生产基地，在全国粮食生产中具有重要的战略地位。然而，东北地区农业产值增长速度缓慢，农业的优势地位逐渐丧失。东北地区作为全国的粮食主产区，对全国粮食总产量的影响较大，主要以种植业为主，东北地区农民以种植业为主的家庭经营收入高于全国平均水平，但其他收入明显低于其他农业大省。从国际和国内的发展经验看，增加种植业生产者的经济效益和提高他们的收入水平，一个很重要的途径就是发展农产品加工业转化粮食，以及通过农产品加工链条的延长，创造更多的就业机会和增加农产品的附加值。在东北地区，以吉林省为例，该省目前的玉米、水稻加工量只占常年产量的21.5%和14.9%；肉牛、生猪和肉鸡的加工量仅占常年出产量的6.8%、10.5%和32%。东北地区农业结构单一、农产品加工层次与附加值低。一方面，农民收入的提高受到影响；另一方面，不利于农村非农产业的发展，进而无法增加农村非农产业的就业机会。

第二，工业发展对城市化的动力不足。东北地区工业产值增长速度缓慢。自

1998~2003年的5年间，东北地区的全部国有及以上非国有工业企业总产值从1998年的6113.06亿元增加到2003年的11685.21亿元，增长了5572.15亿元，增长幅度不到1倍，而同期全国全部国有及以上非国有工业企业总产值的增长幅度达到110%。东北地区工业结构不利于就业的增加。

第三，服务业发展对城市化的动力不足。第三产业的发展为城市化的发展提供后续动力。就第三产业的内部结构看，东北地区的第三产业仍以交通、仓储、邮电、通信、批发、零售、贸易和餐饮业等传统行业为主。从1978~2003年，东北地区的传统第三产业在整个第三产业中所占的比重，从61.9%下降到52.0%，但与全国同期的水平相比，仍高出10多个百分点。相反，东北地区现代服务业的发展明显落后于全国平均水平，不到整个第三产业产值的1/2。

在第三产业中，传统第三产业是城市化的初始动力，是城市集聚的动力源泉之一，只有现代服务业，才是城市化的后续动力，是城市发挥集聚扩散效益和外部经济效益的主要动力源泉，为城市化的持续发展提供无穷无尽的动力。正是东北地区的现代服务业的发展相对滞后，东北地区的城市化发展失去了持续的动力，明显缓慢于我国的城市化发展速度。

(4) 城市体系发育不足。

①小城镇的集聚辐射功能不足。东北地区小城镇作为东北地区城市体系的重要组成部分，为东北地区农村城市化的发展和农村剩余劳动力的转移做出了重大的贡献。然而，作为县域经济主体的东北地区小城镇建设标准低、城镇规模小、基础设施落后、工业化基础薄弱，从而缺乏集聚辐射功能。例如，1998年，在吉林省457个建制镇中，占70%以上的建制镇总人口不到3万人，全省有70%以上的小城镇的非农业人口不足4000人，而一个小城镇只要当镇区人口达到1万人时，才能发挥其集聚吸引作用。东北地区小城镇的分散化和小型化，不仅占用土地过多、规模不经济，而且环境污染严重。与此同时，东北地区乡镇企业的产业结构层次低：第一产业比重高，第二产业比重低，工业企业的比重更低，乡镇企业产业趋同、重复竞争严重，难以形成产业链。工业企业多以农副产品加工为主，产品技术含量和附加值低，服务业多以小规模家庭式经营为主的传统批零餐饮业为主。

东北地区乡镇企业规模小、经济实力薄弱是东北地区小城镇和县域经济落后、农村城市化发展缓慢的根本原因。

②城市群发育不足，中心城市缺乏集聚辐射功能。在东北地区，占20%的城市布局在哈大线上，除灯塔和铁岭两个中等城市外，其余都是特大城市和大城市。因此，大城市与特大城市在东北地区城市化过程中应起到巨大的集聚辐射效

应。然而，东北地区的特大城市，尤其是沈阳、大连、哈尔滨和长春等四大中心城市带动作用相对较弱。东北四大中心城市的城市贡献率、带动率、规模增长率和集聚率的得分均低于其他城市群的中心城市。其中，长春的城市带动率与规模增长率的得分和哈尔滨的城市贡献率与集聚率的得分都是最低的。即使在东北地区城市带动水平较高的沈阳和大连，与其他城市群的中心城市相比有明显的差距。东北城市群的中心城市缺乏集聚辐射功能，在很大程度上影响了以它们为核心的城市群的发育，群体内部普遍存在着协作关系弱、缺乏高度的产业关联、产业趋同、政策差异的市场分割现象，难以成为全国和区域性的经济核心地区和增长极。

第四章

东北老工业基地区域市场一体化问题研究

根据区域经济学的理论，所谓区域经济的一体化至少应包括市场一体化、生产一体化和发展一体化三个内容，其中市场一体化是核心，因为没有市场一体化，区域一体化就无从谈起，市场一体化是区域一体化的基础。因此区域经济的一体化必然要通过市场一体化而最终实现，市场一体化的实现程度直接影响到区域经济一体化能否实现，这点从世界上所有的区域经济组织都致力于推动区域市场一体化就可以看出。因此研究如何推进东北老工业基地市场一体化，对于推进东北老工业基地区域经济一体化有重要的意义。

所谓市场一体化是指一个完整区域内不同地方的市场主体的行为受到同一的供求关系的调节[①]。市场一体化的概念有两方面的含义：一方面，它描述了一种状态，即在这种状态下一个完整区域内不同地方的市场主体的行为受到同一的供求关系的调节；另一方面，它描述的是一个过程，在这一过程中逐步消除不同区域的"经济边界"。那么这一经济边界是如何形成的呢？在国与国之间，其形成主要是由于主权国家为了维护各自的主权设置各种贸易壁垒和要素流动壁垒，从而影响了要素的自由流动，产生了经济边界。而一国之内的经济边界通常是由以下四个原因造成的：第一是自然障碍，由于高山、湖泊等自然因素的阻碍，造成交通不便影响了要素流动；第二是信息的不充分也可能影响要素的空间分布和产品的流动；第三是区域市场垄断，一个垄断的企业会阻止外地的企业进入本地和外地产品流入本地市场；第四是地方政府的行为不合理，地方政府可能处于发展本地经济和促进当地就业的目的采取经济、行政或法律的手段保护本地市场。

对于国与国之间的经济边界一般可以通过消除贸易壁垒和要素流动壁垒来解决，从实践来看，一般是经历自由贸易区、关税同盟、共同市场、经济同盟和经

---

① 国务院发展研究中心课题组：《国内市场一体化对中国地区协调发展的影响及其启示》，载《中国工商管理研究》2005年第12期。

济安全一体这五个阶段来建立统一的市场。而对于一国之内的统一市场的建设一般要经历三个阶段：第一个阶段是对基础设施的建设，主要是对交通网络和通信设施的建设，便利要素在区域间的自由流动；第二个阶段是逐步扩大区域合作，可以在地方政府的引导和促进下，逐步消除产品和要素流动的政策壁垒，加强合作；第三个阶段是对制度的建设，主要是建立维护市场有序高效竞争的法律体系，彻底消除阻碍要素流动的政策壁垒，实现国内市场的一体化。

从以上分析我们可以看出，尽管国与国之间与国内的市场一体化的实现过程不同，但两者的目标是一致的，即实现商品和要素的自由流动，也就是使商品、服务和生产要素的流动不受制度性壁垒的影响，使同质的商品、服务和资本要素的价格趋于相同。

东北地区地处中国东北部，包括黑龙江、吉林和辽宁3个省份，各省区位相连，自然条件极其相似，如都有较长的海岸线，这3个省形成了一个独立的自然区。同时各省的文化和发展历史也大致相同，人才、技术、自然资源等方面的互补性较强。相似的自然和文化环境，使东北三省的经济有内在的紧密联系，这为东北形成一个统一的市场奠定了良好的内在基础。国家也十分重视东北三省的联合发展问题，在20世纪80年代，国家就曾建立了"国务院东北经济区规划办公室"督责协调东北地区发展，该机构取得了显著的成就，如建立了包括冶金、机械、电子、汽车、石油、化工和农业等重点行业的东北三省行业负责人联席会议等。2003年，国务院提出"振兴东北老工业基地"，经过几年的努力振兴东北老工业基地已初见成效，但未来的路仍然很长，振兴东北老工业基地不应仅仅从"东北老工业基地的调整改造"[①]来理解东北振兴，而应更多关注东北区域经济一体化问题，尤其是东北区域市场一体化的问题。十六届三中全会指出："强化市场的统一性，是建设现代市场体系的重要任务"、"废止妨碍公平竞争、设置行政壁垒、排斥外地产品和服务的各种分割市场的规定，打破行业垄断和地区封锁"。市场一体化使各种要素市场的有机统一体，具体来说包括一体化的资本市场，一体化的消费市场、一体化的劳动力市场、一体化的产权市场、一体化的技术市场、一体化的金融市场等。现在东北三省各省内部都已经有相当规模的要素市场，但这些要素都是封闭的，不能在区域的层面上自由流动，因此东北老工业基地要尽快构筑一体化的要素市场，逐步消除各种壁垒，完善市场体系。

---

① 郭廷建：《关于东北老工业基地区域经济一体化的战略构想》，载《区域经济》2004年第11期。

第一节 商品市场一体化

一、东北老工业基地商品一体化的现状分析

目前研究中国地方市场分割程度主要是从三个角度进行：一是从贸易流量的角度，即利用区域间的贸易流量的变化来反映区域间市场的整合状况，代表人物为纳夫顿（Naughton，1999）；二是从生产效率与产出结构等角度来研究区域间的市场一体化程度，代表人物为 Xu（2002）、郑毓盛和李崇高（2003）；三是从商品价格的角度来衡量市场的整合程度，其代表是萨缪尔森（Samuelson，1954）的"冰川"成本模型，该模型的基本思想是两地的相对价格取值不超过一定的区间，可以认为两地间的市场是整合的[1]。这三种方法各有优缺点，但考虑到我国从计划经济向市场经济转变的过程中，对市场起决定性作用的始终是价格，因此采用价格法考察东北三省的商品市场一体化程度。

一般而言，市场上的要素或商品若能自由流动，则商品价格会趋同。设 P_{at}、P_{bt} 是 a、b 两地的 t 时间某商品价格，P 为 t 时间该商品的平均价格，不考虑交易成本，则两地的价格应趋于平均价格时，两地之间市场完全整合。换言之，若数列 $var(P_{ij}) = (P_{at} - P)^2 + (P_{bt} - P)^2$ 随着时间变化而趋于收窄，则反映出相对价格波动的范围在缩小，两地间的贸易壁垒与障碍在减少、市场一体化程度在提高。

由于逐个研究每个商品资料特别庞杂，所以这里选择能反映整个商品价格变化状况的商品价格指数为研究对象。以 2000～2010 年东北三省各地的商品零售价格指数为样本，由于指数不能够简单相加求得平均价格，因此以东北三省各地的 GDP 占区域经济总体的比重为权重求得平均指数 P，计算相对平均价格方差数列 $var(P_{ij}) = \sum (P_{ij} - P)^2 (j = 1, 2, \cdots, 6)$ 的值（见表 4-1、表 4-2）。

从表中我们可以看出，从 2000～2009 年，东北三省的相对价格波动呈现先收窄，中间放大，后又收窄的趋势。因此从时间维度看，东北三省总体呈现市场一体化加强的趋势。尤其是 2006～2007 年，一体化增强尤其明显，2008～2009 年则保持了稳定。

---

[1] 马骥：《环渤海地区市场一体化进程及影响因素研究》，载《天津经济》2008 年。

表4-1　　　　　　　东北三省2000~2009年地区生产总值汇总　　　单位：万元

年份	辽宁	吉林	黑龙江	合计
2000	4669.1	1951.5	3151.4	9772
2001	5033.1	2120.4	3390.1	10543.6
2002	5458.2	2348.5	2637.2	10443.9
2003	6002.5	2662.1	4057.4	12722
2004	6672	3122	4750.6	14544.6
2005	8047.3	3620.6	5513.7	17181.3
2006	9304.5	4275.1	6211.8	19791.4
2007	11164.3	5284.7	7104	23553
2008	13668.6	6424.1	8314.4	28407.1
2009	15212.5	7278.8	8288	30779.3

表4-2　　　　　　　东北三省2000~2009年相对平均价格方差数列

年份	商品零售价格指数				var
	辽宁	吉林	黑龙江	平均指数	
2000	98.4	98.0	97.8	98.1	0.19
2001	99.4	100.9	100.4	100	1.61
2002	97.4	99.0	98.5	98	1.33
2003	98.9	100.5	99.7	99.5	1.4
2004	101.9	103.5	102.8	102.5	1.45
2005	100.1	101.1	100.4	100.4	0.58
2006	101.3	101.5	101.5	101.4	0.03
2007	104.4	103.3	105.6	104.5	2.66
2008	105.3	106.2	105.8	105.7	0.42
2009	99.8	99.3	98.9	99.4	0.42

二、加快东北老工业基地商品市场一体进程的对策分析

在推进东北老工业基地区域经济一体化进程中，商品市场的一体化是推进市场一体化的最重要的内容。从概念上来说商品一体化既包括有形的商品市场，也包括无形的商品市场和金融商品市场。商品市场一体化应该以市场的扩大获取规模经济效益和市场竞争效益为突破口。目前东北三省份都有自己的特色

产业和特色产品，如果能够实现商品流通的市场整合将非常有利于区域间的合作和交易。

（一）培育区域内的大型商贸主体和商业运作平台

为了实现东北地区的商品市场一体化，必须加快区域内的连锁经营和大型流通集团发展，发展和培育多种现代商品交易经营形式，强化交易服务功能，合理布局和规范商品交易市场，构建具有联通性和规模效益的商品流通网络体系。由于地区间的市场经济体制不平衡，要充分发挥流通的先导性作用，大力推进各种新型流通组织与经营方式发展，整合整个东北地区的流通资源，发挥商业资本的规模效应，逐步提升区域商品流通领域的组织化和规模化程度，形成良好的商业运作平台，促进网络化流通体系的建设，使整个东北地区的经济融合互通，互相弥补和促进。

（二）形成商品市场的良好空间布局

在商品市场体系发展的整体架构与空间布局上，体现各地优势和特色的统一的东北三省商品市场架构，推动商品市场实现从核心区经济圈到紧密层经济圈、再到半紧密经济圈层的梯度发展；建立高效运行和现代化程度不断提升的现代化大物流系统，为区域内的商品市场流通提供有力支撑；建立以沈阳、长春、哈尔滨、大连等大都市和中心城市为核心的多层次、开放性、网络化、布局合理的商品市场空间体系，建设区域性的商品交易中心与集散枢纽，加强对周边地区的辐射和带动作用。

（三）加快商贸基础设施建设

商贸基础设施是支撑商品市场运行的硬件系统，其发展水平在一定程度上体现着商品市场的现代化水平。随着流通规模的扩大，东北地区现有的商贸基础设施已不能适应未来商品市场快速发展的要求，因此必须构建现代化的商贸流通基础设施体系，为下一阶段商品市场一体化的建设打好基础。可以借鉴国内外先进和成功的商贸流通基础设施建设的经验，使东北地区商贸基础设施建设规划必须符合现代商业多种业态形式要求和布局合理的商业网点体系、满足商品流通过程中各环节物流运作要求的物流设施系统、有利于商品市场主体信息化水平不断提高的商品流通信息平台等。总之，必须促进商贸流通基础设施建设，逐步提高东北三省区域商品市场的现代化水平。

第二节　要素市场一体化

一、东北老工业基地金融市场一体化的进程

在经济发展过程中，金融成为经济活动的重要因素，是要素资源配置的重要部分。在区域经济一体化发展过程中，金融中心城市与周边金融腹地之间存在着传导和对流的互动，金融资源由金融中心不断地通过金融中心向外传输，并以开放的状态，保持与外部区域的循环与交换，促进整个区域金融资源的有效利用[1]。

在过去的半个世纪，中国的金融市场发生了重大变革，处在这种大环境下的东北金融市场也发生了重大的改变。从1949～1978年，中央实行计划体制，因此在这一时期东北地区的金融市场是分割的，资本在完全封闭的各个辖区内流动[2]。从1979～1993年，中央金融部门将政府拨款改为了银行贷款，从此银行开始在东北地区金融发展中发挥重要的作用。从1994年开始，中央政府削弱了各省对金融市场的控制权，开始实行垂直的部门领导。

经过10多年的发展，目前东北金融市场在市场体系上已经基本确立。但是除了期货市场在国内占有较高地位外，股票市场和债券市场的发展都不很理想，尤其是与中国经济增长的其他"三极"地区相比而言，存在很大的差距。从东北行政区划来看，不论从金融总量、机构数量、服务层次、开放程度、经营效益，还是服务于经济的程度，三省之间发展都是欠均衡的。相比而言，辽宁金融走在东北地区前列。从股票、债券及基金市场的交易量上来看，在全国36个地区的排名中，进入前10位的，东北地区仅有辽宁、黑龙江排在20位附近，而吉林省排在30位附近。而以城市商业银行发展为例，辽宁省有城商行10家，吉林省有2家，黑龙江省有3家。

这里我们借鉴著名经济学家麦金农的研究，他认为在衡量一国的金融发展时，主要应用M2/GDP，这一指标反映一国的金融发展水平。由于东北地区三省的M2无法得到，因此采用各地存贷款余额，该地GDP的比值来反映该地区的金融发展水平，经计算2009年东北三省各地金融发展水平如下：辽宁省2.52、吉

---

[1] 陈建军：《长三角区域经济一体化的三次浪潮》，载《中国经济史研究》2005年第3期。
[2] LiJie, Larry D., Qunyan Sun. Interregional Protection: Implications of Fiscal Decentralization and Trade Liberalization. China Economics Review, 2003 (14): 227-245.

林省 2.00、黑龙江省 2.05、全国平均水平为 2.93。

由此可以看出，东北三省金融发展水平均低于全国水平，差距也较为明显，就三个省份自身而言，吉林与黑龙江金融发展水平基本差不多，而辽宁省金融发展水平则明显高于吉林和黑龙江。就目前的情况而言，东北三省金融发展水平的不平衡问题将制约东北区域经济的发展，将阻碍东北三省金融市场一体化的进程。通过计算东北三省金融发展水平的差异度，可以反映东北三省金融市场的一体化程度。通过计算可得：辽宁/吉林 = 1.26、辽宁/黑龙江 = 1.23、黑龙江/吉林 = 1.03。

二、东北老工业基地劳动力市场一体化的进程

改革开放 30 多年来，中国的劳动力的结构布局和行业分配发生了巨大的变化，改革开放初期，绝大部分的劳动力都集中在国有企业和农村中，到了 20 世纪 90 年代，大量的农村劳动力转移到了城镇和非国有经济中，劳动力的流动已成为促进经济增长的一个重要因素。

中国的劳动力市场改革已经进行了快 30 年，区域间的劳动力市场是否出现整合，区域间工资是否出现趋同，本章将基于工资的视角对东北三省的劳动力市场一体化进行分析。表 4-3 是东北三省 2000~2009 年的工资水平，其中包括各省平均工资及各省按所有制类型在岗职工平均工资，如国有单位和集体单位的工资水平。

表 4-3　　　　　东北三省 2000~2009 年的工资水平　　　　　单位：元

年份	辽宁 平均工资	辽宁 国有单位	辽宁 集体单位	吉林 平均工资	吉林 国有单位	吉林 集体单位	黑龙江 平均工资	黑龙江 国有单位	黑龙江 集体单位
2000	8811	9221	5721	7924	8121	5501	7835	7792	4708
2001	10145	10609	6354	8771	9043	5765	8910	8924	4917
2002	11659	12239	7094	9990	10369	6411	9926	9921	5100
2003	13008	13603	7629	11081	11124	8018	11038	11034	5425
2004	14922	15716	8466	12431	12540	7504	12557	12675	6473
2005	17331	18360	9161	14409	14566	8735	14458	14424	7724
2006	19624	20681	10888	16583	17118	9787	16505	16374	9182
2007	23202	24748	12242	20513	21688	11135	19386	19635	10779
2008	27729	29456	15365	23486	24754	12761	23046	23230	13198
2009	31104	32572	17369	26230	27523	14443	26535	27842	16425

从表4-3中我们可以发现吉林和黑龙江的绝对工资水平基本都低于辽宁省相应类型的工资水平，其中只有2003年吉林集体单位工资水平高于辽宁集体单位的工资水平。表4-4为吉林和黑龙江各类型工资水平占辽宁省相应类型的百分比，其中以辽宁省的工资水平为1。

表4-4　　吉林和黑龙江各类型工资水平占辽宁省相应类型的百分比　　单位：%

年份	平均工资 吉林	平均工资 黑龙江	国有单位 吉林	国有单位 黑龙江	集体单位 吉林	集体单位 黑龙江
2000	0.8993	0.8892	0.8807	0.8450	0.9615	0.8229
2001	0.8646	0.8783	0.8524	0.8412	0.9073	0.7738
2002	0.8568	0.8514	0.8472	0.8106	0.9037	0.7189
2003	0.8519	0.8486	0.8178	0.8111	1.0510	0.7111
2004	0.8330	0.8415	0.7956	0.8065	0.8864	0.7646
2005	0.8314	0.8342	0.7934	0.7856	0.9535	0.8431
2006	0.8450	0.8411	0.6184	0.7917	0.8989	0.8433
2007	0.8841	0.8355	0.8764	0.7934	0.9096	0.8805
2008	0.8470	0.8311	0.8404	0.7886	0.8305	0.8590
2009	0.8433	0.8531	0.8449	0.8548	0.8315	0.9457

从表4-4中我们可以发现，吉林和黑龙江基本工资水平与辽宁相应工资水平的百分比基本稳定，处于0.7~0.9之间，只有个别年份略有变动，从总体上来说，是非常稳定的。

三、东北老工业基地产权市场一体化的进程

产权市场是生产要素流动和配置的重要载体，也是加快生产要素流动和有效合理配置资源的重要手段，在生产要素自由流动中具有十分重要的意义。因此产权市场一体化有利于实现生产要素的跨区域自由流动，促进区域市场一体化的发展。

东北产权市场起步比较晚，目前东北三省共有产权交易机构40余家，其中省级产权交易机构4家，分别是沈阳联合产权交易所、大连产权交易所、哈尔滨产权交易中心和长春产权交易中心；市级产权交易机构20多家，县级交易机构近20家；技术产权交易机构3家，分别是沈阳、大连、长春技术产权交易中心。东北产权交易市场的年成交金额在400亿元左右，约占全国

产权交易市场总成交额的 10%，成交额总数占全国产权交易市场成交总数的近 10%。

总体上来说，东北地区的产权市场发展不平衡，发展模式存在差距，严重影响了东北地区的产权市场一体化程度。在省级产权交易机构中，黑龙江产权交易中心、长春产权交易中心、沈阳联合产权交易中心、大连产权交易所在综合实力上相差无几，相对而言，沈阳这方面的资源更加丰富一些，其对周边地区的辐射和带动作用也更加明显。2010 年东北首家文化产权交易所又在沈阳成立，这使当地文化产业市场具备了文化产权和创意产业交易、文化产权和创意产业发展投融资服务、文化企业孵化成长服务三大功能。

目前全国产权交易机构大多采用会员代理制，然而东北三省各产权交易机构除沈阳、长春、哈尔滨三市采取以机构自身运作为主，会员代理为辅的运作方式外，其余各市均为机构自营。由于各地企业绝大多数仍在本地区设立的产权交易市场挂牌，这一方面导致了资源优化配置效率较低；另一方面导致产权交易市场的经营状况严重受到区域内国有企业交易资源的多少的影响。因此除 4 个省级交易机构之外，其余各市经营状况普遍较差。不少机构负债经营，难以为继。如以沈阳为例，2007 年沈阳联合产权交易所完成交易总额 162 亿元，而所属 10 城市分所交易总额合计完成 12.9 亿元，仅为沈阳的 8%。另外，有些交易所呈现有市无场、有场无市或场外交易的状态，还有些交易所停留在信息发布网站的层面上，这些都给东北区域产权市场一体化的发展造成了许多障碍。

四、加快东北老工业基地要素市场一体化进程的对策分析

（一）逐步构建统一的金融市场

金融市场是货币、外汇、贵金属及有价证券等的交易场所和一定空间内货币资金融通关系的总和[①]。要改革区域间的投资管理，畅通资本流通渠道，推进金融机构改革，吸引沈阳、长春、哈尔滨等东北三省核心地区以及全国经济发达地区的资金到紧密层和半紧密层经济圈进行投资，加大金融对全区域、尤其是偏远地区经济的支持力度，建立和完善在全区域间互联和开放的证券、期货、保险市场，加强市场监管，规范区域中金融市场主体的市场行为。

---

① 刘培林、宋湛：《金融资产、资本和要素禀赋结构》，载《改革》2002 年第 2 期。

1. 发挥政府的金融调控职能，合理规划东北区域金融业的发展格局

政府既是重要的金融市场主体，同时又是金融决策者和金融管理者。这样一种双重角色，决定了其在推动金融结构优化方面肩负着十分重要的使命。因此，对于东北地区各级政府来说，一是要积极发挥金融监管部门的金融宏观调控职能，合理布局区域内金融业发展，包括地区分布、行业分布、功能定位等，防止出现区域内的无序竞争和资源耗费；二是要积极支持金融业改革创新，特别是在金融机构的设置审批、金融产品创新、金融机构合并、产融结合、引进外资等方面，应当及时出台一些税收上的支持政策，下工夫吸引区域外甚至境外金融资本的流入；三是要积极建立高效的金融监管机制、协调机制与合作机制，注重引导和规范金融创新。

2. 优化东北金融生态环境，保证东北区域金融安全机制的健康运行

打造和建设良好的金融生态环境，将有助于营造良好的发展环境，降低金融风险，推进东北经济全面健康持续发展。首先，从政府角度讲，地方政府要关心金融业的发展，要为金融业的发展创造良好的生态环境。其次，要进一步加强部门之间、省份之间的联动，加快构建社会信用体系。东北地区的社会信用体系建设处于起步阶段，政府应积极协调各职能部门加快企业及个人信用数据库建设，使各金融机构实现信息共享。

3. 建设东北区域金融中心，带动区域金融业的全面发展

在东北老工业基地振兴进程中，目前应当依据现实优势，大力集合资源，积极创建区域性金融中心，并且通过其辐射作用，逐步形成有效融合东北区域内与区域外资金的区域金融体系。在区域金融中心建设方面，既要以市场为导向，又要发挥政府的调控职能，大力整合东北区域内的资源优势，及早定位，防止重复建设，无序竞争。

4. 加强区内外金融合作，积极扩大东北区域金融业的服务效应

随着区域间投资活动的开展，货币金融活动必然跟紧。因为"区域间资金流动的核心是区域间金融关系联结的水平和程度，以及各区域金融发展与深化的进程"。因此，对于东北地区来说，加强区内外金融合作主要包括3个层次：一是实行机构联合，在组织架构上加大对现有金融机构的并购、重组和调整力度，以提高东北地区中小金融机构（如城市商业银行）的合作水平；二是大力引进外资，特别是要积极鼓励外资金融机构以参股、独资等方式进入东北地区，积极引进国内外的金融机构到大连等大城市设立分支机构，以增强金融机构的多元化和多样性；三是促进资金流动，要通过基金、债券、信托、保险等各项业务的积极开展，吸纳区外资金服务于东北区域经济的发展。

（二）建设东北三省统一的区域产权交易市场

产权市场作为企业资本运营的平台，是实现生产要素加快流动、资源有效合理配置的重要手段①。从目前东北三省的实际情况来看，虽然形成了一定范围内的共同市场，在其内部各产权市场有业务往来和联系，但是限于信息的共享和"一对一"产权交易的合作，未能形成区域统一交易的产权市场和"一对多"的产权交易合作，而且各地产权市场的运作仍基本上处于各自为政的状态，缺乏区域统一的产权交易市场、交易规则、交易程序和产权交易监管体系，增加了产权跨地区流动和配置的交易成本，为产权异地交易带来不便。因此，需要多方推动产权一体化进程，推动外部调控机制和内部运行机制的一体化，尽快建设起统一的区域产权交易市场。

（1）尽快建设和完善统一的产权交易管理信息系统和监管体系。要在共同市场成员之间实行统一的产权交易管理信息系统，使用统一的交易软件，使共同市场成员之间可实行互相委托挂牌交易，实现交易联网运行；按照政企分开、政事分开、政资分开的要求，逐步建立统一的产权市场监管体系和规范化管理体制，以提高市场化程度，提高透明度和信息质量，实现产权交易市场的独立化运作，减少市场的不确定性，创造市场公开、公平、高效的运行环境②。

（2）尽快在共同市场内部实现交易程序、规则和审核标准的统一。为保证产权交易的规范化运作，在交易程序、规则和审核标准上，要逐步实现统一，共同市场成员负责对产权交易对象提交材料的真实性、规范性和合法性进行审查，在交易所挂牌的项目必须经过交易所多级项目评估体系的审查，实现各会员体产权交易规则的统一。

（3）逐步推动产权交易法律法规、政策的统一。目前各地都出台了一些产权交易的地方性法规，但各自为政，信息不能共享，交易不能兼通，甚至出现地方保护、暗箱操作的现象。为保证产权交易市场一体化的健康发展，要充分开发和利用东北三省产权交易共同市场平台，以各中心城市协调机构为核心，通过共同市场产权交易机构与政府经济协作网络对接，与政府机构进行协调，逐步实现法律法规、政策的统一。

（三）形成规范、有序的区域人才市场和劳动力市场

劳动力市场由三个基本要素构成：劳动力的供给、劳动力的需求和劳动力的

---

① 郭廷建：《关于东北老工业基地区域经济一体化的构想》，载《党政干部学刊》2004年第8期。
② 郑毓盛、李崇高：《中国地方分割的效率损失》，载《中国社会科学》2003年第1期。

价格，主要形式有人才交流市场、各种类型的劳务服务公司、家庭服务公司和职业介绍所等。目前东三省各地间的人才市场及农村劳动力市场与城市劳动力市场仍然分割严重，由于传统计划机制在配置人才和劳动力资源过程中的一些做法至今仍未彻底根除，因而极不利于整个区域内人才和劳动力的合理配置、流动和互补。所以，培育规范、有序、符合市场一体化发展需要的区域性人才和劳动力市场势在必行。

第五章

资源环境治理一体化

第一节 东北地区资源环境治理一体化现状

一、东北地区资源环境现状

(一) 东北地区国土资源丰富

东北地区国土资源丰富，有广阔的宜农平原、宜林山地、宜牧草原、宜渔海洋及内陆水面。世界闻名的黑土带就分布在东北大平原上，其中，三江平原、松嫩平原、松辽平原是全国重要的商品粮基地。全区域内耕地面积占全国的17%，人均耕地面积是全国平均水平的2倍。

东北地区面积约79万平方公里，人口达1亿，其中平原面积占全国平原面积的1/3。新中国成立初期，东北地区年均粮食产量为1800万吨，"九五"期间，年均粮食产量为6591万吨，2008年东北三省的粮食产量为8925万吨，占全国粮食产量的17%。进入21世纪，东北地区开始对农业的产业结构、种植结构进行调整，农业逐渐向商品化、区域化和产业化发展，区域内形成了各具特色的农业产业带，从而跳出了传统的"种植业"的发展模式，形成了"商品农业"，粮食商品率居全国之最。2008年，黑龙江省、吉林省粮食商品率分别达80%、70%，部分地区更高。黑龙江垦区粮食商品率更是高达90%。目前，东北地区充分利用本地的资源环境条件，已经形成了大豆、水稻、马铃薯、玉米、苹果、肉牛、牛奶、杂粮杂豆、生猪等优势产业带，为实现东北地区的资源一体化打下了坚实的基础。

（二）森林资源丰富

第七次全国森林资源调查结果显示，截至 2008 年，我国森林面积为 1.95 亿公顷，森林覆盖率达到 20.36%，东北森林面积约占 1/6。黑龙江省林业经营面积 3375 万公顷，有林地面积 2007 万公顷，森林覆盖率为 43.6%。辽宁省林地面积 695.03 万公顷，有林地面积 533.98 万公顷，森林覆盖率 35.13%。吉林省有林地面积 736.57 万公顷，森林覆盖率 38.93%。三北防护林、天然林保护、速生丰产林等林业重点工程基本覆盖整个地区。

林业是劳动密集型的基础产业之一，适合东北地区农村经济发展，同时也是一项重要的公益事业，在东北地区的农村经济中发挥着调整农村产业结构、扩大就业、增加收入等重要作用。东北地区林业经过多年的发展，取得了显著成就。

第一，人工造林成效显著。自从 1978 年开始建设三北防护林以来，东北地区坚持造、封、飞相结合和乔、灌、草相结合的方式，进行人工造林。截至 2000 年，人工造林 1567 万亩，封山育林 1034 万亩，采伐更新 470 万亩。"十五"期间，东北地区年均人工造林比"九五"期间增加 767 万亩。人工造林面积的增加改善了地区的生态环境。

第二，加快自然保护区建设。东北地区共有 21 个国家级自然保护区、40 个省级自然保护区，保护区面积达 478 万亩，有效地保护了野生动植物资源。

第三，健全的森林工业体系。新中国成立后，东北地区共建成 84 个森工企业，占全国 135 个重点森工企业的 62%。森工企业的固定资产达 410 亿元，带动了林区的基础设施建设，为国家建设提供了大量的木材和多种林产品。

第四，天然林保护工程获得重要进展。通过实施天然林保护工程，按计划削减木材产量，6 年中共减少消耗森林资源 5200 万亩，森林资源得到有效保护。林区的产业结构调整后实现了减少森林资源消耗、增加森林面积和蓄积的目标。

（三）丰富的水力资源

东北地区松花江、鸭绿江和黑龙江等水力资源相对丰富，辽河则很贫乏。

黑龙江流域的水力资源丰富，理论蕴藏量年电量为 432.22 亿千瓦时，技术可开发装机容量 4549.8 兆瓦。水情中水位和流量不稳定，在枯水期和洪水期变化较大。

1. 松花江流域

松花江由嫩江和第二松花江汇合而成，干流段河道长 896 千米，水面落差 78.4 米，理论蕴藏量年电量 129 亿千瓦时。松花江两岸城镇、耕地较多，无法充分利用水力资源，技术可开发量 176 兆瓦，年发电量 6.14 亿千瓦时。第二松花

第五章 资源环境治理一体化

江水力资源丰富，干流全长803千米，水面落差156米，理论蕴藏量年电量70.3亿千瓦时，技术可开发装机容量2943兆瓦，年发电量57.8亿千瓦时。第二松花江具有较好的开发条件，目前已建有白山、红石、丰满等水电站。牡丹江主流及支流河道全长705.4千米，理论蕴藏量年电量为61.8亿千瓦时，技术可开发装机容量1132兆瓦，年发电量24.69亿千瓦时。目前已建有镜泊湖、莲花等水电站。嫩江主流及支流河道全长1106千米，水面落差442米，理论蕴藏量年电量为49.7亿千瓦时，技术可开发装机容量712.6兆瓦，年发电量17.57亿千瓦时。目前已建有尼尔基水电站。

2. 辽河流域

辽河河流主要有辽河、浑河和太子河。辽河的水力资源开发利用条件不好，主要用于防洪和供水，兼顾发电。流域内水库虽大，但装机量小，没有中大型水电站。

3. 鸭绿江流域

鸭绿江的水力资源开发条件好。因为它是中国和朝鲜两国的界河，可利用水力资源按50%计算，理论蕴藏量年电量156亿千瓦时，技术可开发装机容量2028兆瓦，年发电量74亿千瓦时。现已建有云峰、渭原、水丰、长甸和太平湾等水电站。鸭绿江在辽宁省主要支流有浑江、蒲石河和瑷河等。其中浑江的水力资源开发条件较好，现已建有桓仁、回龙山等水电站。蒲石河和瑷河的水力资源开发条件较差，仅可开发小水电站。

4. 其他河流

图们江也是中国和朝鲜两国的界河，干流全长约516千米，中国境内的支流较大，有红旗河、布尔哈通河、海兰江、珲春河等。因自然条件限制，流域内可开发的水电站以小型为主，只有深浦水电站属中型水电站。

（四）丰富的矿产资源

东北地区主要金属矿产有铁、锰、铜、钼、铅、锌、金以及稀有元素等，非金属矿产有煤、石油、油页岩、石墨、菱镁矿、白云石、滑石、石棉等。这些资源在全国有重要的地位。分布在鞍山、本溪一带的铁矿，储量约占全国的1/4，是全国最大的探明矿区之一。松辽平原地下埋藏着丰富的石油资源，探明储量占全国50%左右。大庆油田是目前中国的最大油田，辽河油田为中国第四大油田，此外还有吉林油田，是东北地区能源工业、化学工业、轻纺工业的重要基础。东北地区煤炭资源的保有储量约723亿吨，煤种虽比较齐全，但总量不足，而且分布不均匀，60%在内蒙古东部，27%在黑龙江，13%在辽吉两省，产销地结合不理想。

黑龙江省现已发现的矿产达131种，已探明储量的矿产有74种。石油、石墨、矽线石、铸石玄武岩、石棉用玄武岩、水泥用大理岩、颜料黄土、火山灰、玻璃用大理岩和钾长石等 10 种矿产的储量居全国之首，煤炭储量居东北三省第一位。黑龙江省现已开发利用的矿产达 39 种，各类矿产年产值居全国第二位。矿产资源的特点：金属矿产中，单一组分的矿床少，多为共生、伴生矿床，矿石组分复杂。如翠宏山铁多金属矿床，探求出的储量锌、钨为大型矿床，铁、铅、钼为中型矿床，铜为小型矿床。多宝山铜矿床，多宝山铜矿的储量居全国铜矿床第五位，为大型矿床，其中的伴生金也达大型规模。这有利于综合利用，使一矿变多矿，但在选矿上增加了复杂性。一些金属矿产贫矿多富矿少，富矿只占 8%。优势矿产有石油、煤、黄金、铜、石墨、矽线石、黄黏土、玛瑙、花岗岩类石材、铸石玄武岩、火山灰、熔炼水晶、沸石、泥炭 14 种。优势矿产中，大庆油田为大型油田，其储量及开采量均居全国首位。煤矿储量居全国第 12 位，但煤质好，主要是炼焦用煤。黄金储量居全国第三位，其中砂金储量居全国第 1 位。晶质石墨储量非常大，不仅居全国首位，而且位于世界前列。矽线石在中国首次探求出储量。黄黏土，通称老莱黄黏土，随着温度的升高可改变颜色，是国内少有的矿产，花岗岩类石材的材质非常好，铸石、玄武岩储量居中国第 1 位。

辽宁保有储量在全国居首位的矿产有铁矿、红柱石、菱镁矿、熔剂灰岩、硼矿、金刚石、透闪石 7 种；居第 2 位的矿产有玉石、滑石、玻璃用石英岩；居第 3 位的矿产有油页岩、饰面用辉长岩、珍珠岩；居前 5 位的矿产还有石油、锰、冶金用石英岩、冶金用白云岩、冶金用砂岩、硅灰石、水泥配料页岩、水泥肥料页岩、水泥大理岩。此外，天然气居全国的第 7 位，钼矿、耐火黏土、石煤居全国的第 8 位。

吉林现发现矿产 136 种，占全国已发现矿种的 84%，探明储量的矿产有 88 种，占全国探明储量矿种的 50%，是国内有较多矿种的省区之一。在已发现的矿产中，既有能源矿产，又有金属和非金属矿产，5 大类矿产基本齐全。在已探明的矿产中，有 39 种矿产在全国同类矿产中居前 10 位。其中硅灰石、油页岩、浮石、火山渣等居全国首位。伴生、共生矿产多。全省伴生矿占 1/3，大部分探明储量的铜、铅、钼、镍、金等有色金属和贵金属伴生多种有益元素。贫矿多，富矿少。铁矿石品位在 30% 以下的贫矿占总储量的 99% 以上，铜矿富矿仅占总量的 7.4%。非金属及钼、镍矿等储量丰富，煤、铜等能源和金属储量少。

二、东北地区资源环境治理一体化存在的问题

（一）老工业企业集中的地区污染严重

矿产资源开发中生态环境破坏严重。矿业本身是污染性产业，但东北地区的

第五章 资源环境治理一体化

污染程度重于其他同类地区。我国矿产资源开发以掠夺性开采为主，东北地区也不例外，从而导致区域内资源型城市的生态破坏和环境污染，并引发地表塌陷、地裂、滑坡、泥石流等地质灾害。据有关资料统计，东北地区采矿形成的废水占工业废水的10%以上，采矿造成的固体废弃物占工业固体废弃物的80%以上，采矿占用和毁弃的土地近4000万亩，复垦率仅为12%。东北地区因采煤而是产生的沉陷区面积达990平方公里，约100万人的生活受到影响，个别地区地表下沉约20米，水平移动约10米，造成大批公共设施被破坏。煤炭开采区在产生大量的矸石、垃圾等废弃物的同时，无所顾忌的地下煤炭开采，已导致辽宁部分地区出现了采煤沉陷区，这在其他国家是少见的。据初步统计，辽宁现有的采煤沉陷区总面积达380平方公里，其中最大的阜新矿区采煤沉陷区面积达100多平方公里。黑龙江省伊春市因红松林过量采伐，造成小兴安岭等地生态功能急剧下降，森林原有的蓄水、固土、抗风沙能力明显削弱；大庆地区由于几十年的石油开采导致森林覆盖率大幅下降，自然环境恶化，尤其以草原为甚，退化、盐碱化和沙化的比例已达84%。此外，煤矿开采产生的煤矸石带来的水体和大气污染无法根治。如辽宁阜新，现有排土场、矸石山23处，煤矸石堆放量约20亿立方米，每年产生工业废水约3000万吨。其中废水基本上直接排放到农田、河流中，导致整个地区水土污染严重。

由于资源的不合理开采和过度开采对环境影响极大，当地居民的生存环境质量因此下降，导致原本与其他地区相比占优势的农业优势地位受到影响，成为制约东北资源型城市经济发展的"瓶颈"。

（二）城市资源枯竭引发了经济、社会矛盾

据统计，我国现有资源型地区或城市400多个，其中约60个城市或地区已经面临着资源严重枯竭的局面，主要分布在东北。据统计，东北区域内面临资源枯竭的城市，总面积达46万平方公里，总人口6650万，相当于一个中等经济规模的省区，涉及行业有石油、煤炭、林业等。目前，东北地区资源枯竭的城市的登记失业人数约60万，失业人数占原从业人数比重约为70%，失业问题相当严重。同时，这些城市环境建设滞后，资源开采后形成的"三废"给这些城市的环境造成了严重的污染，极大地影响了居民的日常生活。部分城市因采矿形成地面塌陷正在危及人民的生命财产安全，如抚顺、阜新等煤炭资源丰富的城市，因此造成居民被迫搬迁。虽然搬迁能得到较好的生活环境，但多数人因生活困难不希望搬迁，再加上现实中存在的强拆等问题，社会矛盾极易激化。

由于资源日趋枯竭，地区经济发展缺乏根本动力，经济的可持续发展无法得

到根本解决，加上资源枯竭带来的环境恶化对群众的生活质量的直接影响，引发了相当严重的社会矛盾。例如，2005年上半年，本溪市群众集体上访人数同比增加46%，阜新集体上访人数同比增加24.9%。抚顺自2000年后，多年来一直存在围堵政府机关、堵桥堵路事件。可以说，资源枯竭城市已经伤痕累累，积累的问题相当严重。需要指出的是，这些问题的产生除了我们过去对于工业发展存有一些认识误区，如先污染后治理、片面追求产值等原因外，一些地方政府热中于搞锦上添花的形象工程，对人民群众急需的"雪中送炭"的惠民工程不够重视，也是问题产生的重要原因之一。例如，在一些资源枯竭型城市的棚户区，可以很容易解决的问题，如公共照明、上下排水、公共厕所等民生问题长期得不到解决，而临近却是主题公园、豪华宾馆，而且政府办公场所皆是豪华大楼，这些自然引起群众的强烈不满。一旦出现不稳定的诱因，容易产生群体性事件，造成社会动荡。

（三）一体化过程中林业资源存在的问题

目前，东北地区的林业发展面临的困难有以下四方面：一是生态环境继续恶化。东北地区土地沙化面积约160万亩，而且还在以每年2万亩的速度增加。水土流面积达1800万亩。1986~2002年间，大兴安岭地区水土流失面积增加了60%。湿地面积在三江平原中的比例由新中国成立的时期4%下降到现在的18%，而且还在以每年5万亩的速度下降。黑龙江省黑土地的厚度已由开发利用前的70~100cm，下降到现在的30~50cm；火灾、虫灾、水灾等自然灾害发生的频率逐年上升。二是可采伐林木资源枯竭，质量下降，森林生态功能退化。由于以往的掠夺性采伐，不重视补种和采伐计划的不合理，目前国有林区中60%的树木为幼中龄林，20%为低质低效林。目前每年采伐的木材有70%是采自中龄林，质量和数量无法满足社会需要，但采伐量也远大于林业资源的实际承载力。森林物种的多样性下降，野生东北虎也难觅踪影，一些特有物种濒临灭绝。三是计划经济时代的管理体制尚未改变。林区所有制单一，国有林比重大。林区企业政企不分，管理低效，机关内人浮于事。企业既是资源的管理者，又是使用者。企业承担着城镇建设、文教卫生等社会职能，市场竞争力弱。四是林区经济结构不合理，无后续产业。林业支撑的经济结构未彻底改变，林区居民就业率低，职工收入水平低。

（四）一体化过程中矿产资源存在的问题

东北地区的矿产资源面临枯竭。由于过去的掠夺性开采，目前一些重要资源，如煤、铜、镍、铅等矿产资源的储采比重不断减少。其中多数矿山已出现资源枯竭的局面，且无接续资源。资源性城市同样面临矿产资源枯竭、城市发展乏力的困境。如目前，大庆油田的可采储量约为 30%，辽河油田的探明地质储量原油、天然气已开采 80%，油气产量直线下降。黑龙江省的煤炭生产基地普遍处于面临资源枯竭或大量关井的局面，即使鹤岗、鸡西、双鸭山、七台河这 4 大城市的国有大矿也不例外。辽宁省铁矿石矿山也均处于矿山开采后期，产量逐年下降，如鞍山、大孤山等。

东北地区的矿产资源虽具有储量优势，但并不具备产量优势。如低品位的铁矿以及红柱石、陶瓷土等部分非金属矿产仍深埋于地下。东北地区主要矿产品如原油、黄金、钢、钼精矿等的产量逐年下降，原来的优势产品已变为劣势产品。原来的劣势资源如铜、铝、铝加工材、6 种精矿（铜、铅、锌、镍、锡、锑）、焦炭等也都处于萎缩状态，仅吉林省的钼精矿和原油探明储量较原有探量有所增加。东北三省中，辽宁省工业基础最雄厚，矿产资源的依赖性也最大，受到资源萎缩的影响也最大，其次为黑龙江省和吉林省。东北地区的矿产品加工企业受计划经济影响，加工深化程度低，企业的技术水平普遍落后于国际先进水平，也落后于相关的采掘业水平。矿产资源深加工程度低的行业主要是煤炭、石油、天然气、黑色金属矿。东北地区以往对矿产品加工多以初级产品为主，高附加值、高科技含量的产品少，基本没有精深加工。矿山开采过程中追求短期经济效益、忽视环境保护与恢复治理，"三废"达标排放率较低。原因是部分矿山的经济效益小于恢复治理生态的成本，造成生态环境恶化。目前，由于主要矿山已进入老年期，经济效益下滑，恢复治理环境成本剧增，原来问题造成的负面影响日趋严重，进入了矿产资源开发利用恶性循环。东北地区的石油储量、开采量与加工量具有先天的优势，但相关企业分布较为分散，如涉及石油开采的企业主要集中在黑龙江，而加工企业主要在辽宁。结果黑龙江的原油产储比开发度高，辽宁的原油加工企业的优势逐年下降，这说明东北地区的石油资源潜在优势并没有充分地转化为经济优势，也说明了区域内资源一体化的迫切性、重要性。

（五）东北农村资源一体化进程中存在的问题

从区域合作与可持续发展战略角度出发，东北地区的农村资源在一体化进程中还存在诸多问题：一些地区的政府部门、企业的资源环境意识淡薄，合作开发意愿低，在资源一体化实施过程中只重视局部效益、眼前效益和经济效益，而忽视了整体效益、长远效益、社会效益及生态效益，产业结构安排不尽合理，主导产业或主导产品不能充分发挥资源及区位优势。如各地区在农业生产中滥用化肥和农药现象严重，加剧了农业环境污染。在产业化经营运作中，企业与农户的连接方式不够科学，利益关系没有理顺，不利于农业产业化的持续、健康发展和农村社会的稳定。农业资源的开发限于本地区及附近地区的企业，地方政府没有从整个东北地区的合作化角度对农业资源进行科学的利用规划。由此产生的农业产业化发展的地区间不平衡，加剧了东北地区农村资源一体化进程的阻力。

第二节 资源环境治理一体化模式与机制

一、资源环境治理一体化机制

（一）创新体制机制，破除城乡分割的体制性障碍

在实施资源环境治理一体化时，首先要破除城乡分割的体制性障碍。创新体制机制最先是推进城乡一体化，完善区域内城乡社会保障体系，实现区域内城乡居民就业、养老、医疗保险等工作的一体化。就业是民生之本，破除城乡分割的体制性障碍关键是要实现城乡劳动力的充分就业。要在区域内实行统一的就业政策，消除区域内城乡身份等限制，消除区域内城乡居民在劳动报酬和社会保障等方面的差异，形成区域内城乡人口自由流动、城乡统筹就业的劳动就业格局。同时，还要加强相应的就业服务内容，如建立城乡劳动保障平台，逐步建立城乡统一的就业、失业统计制度、就业信息网络体系、劳动用工缺席、薪酬制度。实施农民素质工程，提高农民整体素质和就业技能，加快农村富余劳动力转移。

城乡一体化进程中的户籍制度改革至关重要。"旨在缩小城乡差异、加快城市化进程的户籍制度改革是一定要推进的。"中共中央党校校委研究室副主任周天勇认为，"当大批农民涌入城市之后，城市管理者应该做好准备向这些转户农民提供住房以及丰富的公共服务资源，还要有干净整洁的市容卫生环境和安全和谐的社会治安状况，同时要有能力让各种城市资源和福利均等地降临在每个公民身上，这才是户籍改革的应有之意。"随着区域一体化的进程，没有户籍制度的创新，就没有一体化的真正实现。

中国农村政策研究中心研究员刘奇认为，社会保障作为国家的一项基本经济制度，是经济社会发展的"稳定器"和"安全网"。当前，从经济社会发展全局和农民对社会保障的现实需求来看，东北地区建立城乡一体的社会保障制度已是

势在必行、刻不容缓。

(二) 统筹区域经济发展，形成产业分工一体化格局

目前，东北的产业分工体系已初露端倪。在经济发展中，东北地区形成了各具特色的分工格局。其中，辽宁省在钢铁、有色冶炼、机械制造、石油化工、建材、纺织、海产品、水果等方面有较大的优势；吉林省在交通运输设备和农机制造、基本化工、医药、粮食深加工等方面有较大优势；黑龙江省则在石油、木材、煤炭、机电、食品等领域有较大优势。同时，在一些产业领域和企业层面上，不同规模城市之间的产业能级梯次正在开始形成，产业链的互相融合也在不断扩大。在产业体系形成的同时，东北地区的政府机构应该建立统一的机构，对产业布局进行整体规划，充分发挥区域内的资源和技术的比较优势，推动区域内产业升级和发展。

(三) 强化基础设施建设一体化

基础设施一体化已初步形成。在东北区域内，铁路、公路、机场、港口、邮电、通信、电力等都已初步互联成网。目前，区域内基本上形成了以铁路、公路为主，包括航空、海运、管道在内的交通运输网。区域内铁路运输营运里程占全国的18.3%，铁路的密度是全国平均水平的2.2倍，是全国铁路分布密度最高的地区。一些新的大型区域基础设施项目，如哈大高铁、城际高速客货运通道、沿海沿江港口群建设等，也在酝酿、规划和建设之中。这说明，东北区域内基础设施建设已率先出现一体化的网络态势。

1. 航空资源的整合

通过区域内统一的科学规划，加强机场建设，发展支线航空。东北地区机场建设与布局是航空资源整合的关键，也是完善航线网络、发展支线航空运输的重要基础。从东北地区航空资源一体化的角度出发，对东北地区现有航空资源的融合和发展进行科学的规划布局，为推动航空运输的持续发展奠定坚实的基础。同时，实现航空运输在区域内普遍化，提高基础设施一体化的程度，促进和谐社会建设。在现有支线机场的基础上，进行长白山、漠河、大庆、鸡西机场的建设。在新机场审批申请方面，从实际出发，降低支线机场的建设标准。在东北各省的具体规划基础上，统一建设一批3级以下的小型支线机场，达到节省投资、运营成本又能满足运输需求的目的。构建覆盖东北三省、连接全国的支线网络，实现截获内航空资源的一体化，形成以沈阳、哈尔滨、长春为东北地区区域性航空枢纽机场的中枢航线结构。通过增加区内支线机场数量、提高支线机场等级、改善

支线机场条件，促进航空资源的整合，满足东北地区经济发展需要。

2. 铁路资源的一体化

从 2004 年开始的东北老工业基地振兴政策，到 2009 年国务院出台的《关于进一步实施东北地区等老工业基地振兴战略的若干意见》，包括内蒙古自治区东部在内的东北四省区合作已经有了政策机遇。"兴建起完善的铁路路网，也是东北区域合作发展的需要。"黑龙江省区域经济学会一位专家指出，"此次大规模铁路路网修建，可以从战略层面保证东北地区的发展跃上更高层次"。2005 年，铁道部与东北三省签订了共同建设哈大客运专线及东北东部铁路通道协议。计划投入 1000 亿元资金用于东北地区的铁路建设，主要是哈大客运专线、东部铁路大通道和烟大跨海铁路这"三大工程"。哈大客运专线是东北区域内铁路资源一体化的重要标志。哈大客运专线全长 904.506 公里，投资总额初步估算为 820 亿元，有望于 2012 年开通。哈大线将哈尔滨、长春、沈阳、大连连接起来，是东北地区从南到北的交通干线。做客运专线，通过与现有的哈大铁路实行"客货分线"，实现增加运输能力，缓解目前的铁路运力紧张状况。建成后，从哈尔滨到大连约 1000 公里的距离 4 个小时就能完成，节省了大量时间，方便了东北地区居民的出行。辽宁省政府发展研究中心副主任卢松认为，哈尔滨、大庆的重化工业、长春的汽车工业、沈阳的装备制造业、大连的石化、造船和高新技术产业、鞍山的钢铁产业等，这些东北地区经济的支柱性产业大都密集地集中在哈大沿线。哈大客运专线的贯通，缩短了时间和空间上的距离，提高了客货运通行能力和效率，对于推动哈大经济带内生产要素的快速流动、产业整合、产业升级和区域经济一体化都有着重要的作用。

3. 铁路打通出海大通道

通过新建三段铁路，将目前的 13 条铁路线联通，从而形成一条完整的途经黑龙江省牡丹江市，吉林省图们、通化市，辽宁省丹东、庄河市，大连的沿中俄、中朝边境的南北铁路通道。这条铁路线全长 1389 公里，计划投资总额为 127 亿元，已于 2011 年上半年开工建设。因为不是高速铁路，所以总投资额小于哈大专线。这条铁路经过地区多为东北欠发达地区和少数民族地区，将成为这些地区的一条出海大通道。通过铁路的高效低成本的运输，可以将沿途地区的丰富资源充分输送出去，也可以通过当地建厂后及时将产品外销。与公路相比，可以节省货物的运输时间和运输成本，是促进东北地区边境经济发展的"千里黄金大通道"。此外这条铁路连接了绥芬河、东宁、长岭子、南坪、集安、丹东等口岸，对于促进中俄、中朝的贸易往来将起到重要作用。对于整个东北亚地区的区域经济一体化进程，由于运输条件的改善，整体进程必然也会加快，从而促进我国东

第五章 资源环境治理一体化

北地区的一体化进程。

4. 烟大轮渡

辽宁与山东隔海相望，是东北地区唯一的沿海省份。烟大铁路轮渡北起大连市旅顺口区长岭子站，南到烟台市珠玑站，海上运输距离约 86.28 海里（159.8 公里），渡船分别与旅顺西港站和烟台北港站衔接，是大连到烟台铁路运输的最便捷通道。烟大铁路轮渡形成了衔接两大半岛，辐射东部沿海，连接欧亚两洲的新通道，标志着东部陆海铁路大通道的全线贯通。烟大铁路轮渡项目，是我国"八纵八横"铁路网规划和国家规划建设"五纵七横"12 条国道主干线"同三"高速公路的重要组成部分，是我国第 1 条、世界第 35 条超过百公里的海上铁路轮渡。烟大铁路轮渡的开通，开辟了东北地区至山东及沿海地区的最短途径，全面构建了渤海湾地区火车、汽车和旅客、旅游的综合运输体系，深入整合东北地区与鲁、苏、浙地区的资源开发，进一步推动我国东部沿海地区经济的大发展，同时，烟大铁路轮渡项目的开通，进一步优化了渤海两岸的运输方式，增强了新的运输能力，将东北、环渤海、长江三角洲三大经济圈联系起来，对改变东北地区相对于其他沿海地区落后的经济局面作用巨大。

5. 电力资源的一体化

东北电力市场通过 3 年多的建设和运行，积累了经验，并取得了预期的成果。（1）电力管理体制发生了变化，电力市场组织体系初步建立。竞价发电企业电量和价格计划管理体制发生了变化；东北地区组建了调度交易一体化的区域电力调度交易机构，竞价发电企业成立了专业的市场部门及报价机构，三省电力公司成立了市场电量结算中心，初步形成了统一平台交易、三省及蒙东地区协调运作的市场组织体系。（2）市场机制初步建立，新的上网电价机制逐步形成。东北电力市场建立后，改变了过去由政府调控发电计划指标的管理方式，发电企业的上网电价、上网电量通过市场竞争确定，初步实现了由计划管理机制向市场竞争机制的转变，政府对企业的生产干预减少，新的上网电价机制逐步形成。

通过试运行发挥了市场配置资源的基础性作用。东北地区煤炭资源主要分布在内蒙古东部和黑龙江地区，负荷主要集中在中部和南部地区，2005 年东北电力市场试运行后，黑龙江省送出电量 53.18 亿千瓦时，同比增长 112%；蒙东地区送出电量 231.39 亿千瓦时，同比增长 54%。位于煤炭基地且成本较低的黑龙江省和蒙东地区电量大量送出，促进了"北电南送"和"西电东送"格局的形成，实现了东北区域内的资源优化配置。

6. 公路资源的一体化

目前东北地区初步形成了以北京—沈阳、哈尔滨—大连等进关出海、连接中心城市的高速公路为骨架，以国道和省道为干线，以县乡公路为基础的公路网络。与"九五"初期相比，东北三省公路总里程增长24%，其中高速公路增长4.8倍；二级以上公路增长1.7倍，在路网中的比例提高了10个百分点；通公路的乡镇和建制村比例分别达到99.2%和86.6%，通沥青（水泥）路的比例分别达到73.9%和42.4%。三省已拥有客货运输等级站场1009个，其中二级以上客、货运站场比重分别达到32.2%和27.6%，营运性载货和载客汽车分别突破50万辆。公路交通的快速发展，进一步巩固了在综合运输体系中的基础性地位，为省际间、城际间、城乡间的人员和物资流动提供了便利，有力地促进了区域经济协作和交流，对于建立区域统一市场、优化资源配置、统筹城乡发展等都起到了重要的支撑作用。

（四）构筑生态保护体系，加速区域内环境的有机融合

生态建设是东北地区经济一体化可持续发展的保障。20世纪以来，东北地区工业发展消耗了大量自然资源，对环境的破坏比较严重，现在处于生态治理的"拐点"期，为了避免生态环境恶化的不可逆情形的出现，必须抓住这个关键时期，协调三省一区的行动，促进东北生态环境的恢复。建设"绿色东北"，大力发展循环经济、生态经济，结合东北区域经济结构调整、走新型工业化道路的实施，统筹协商，推进产业调整，对高能耗、高物耗、高投入、低产出、低效益的产业进行规模压缩和技术升级。加强东北地区生态环境建设，实施环境治理与保护的区域联动，继续加强东北防护林建设、荒漠化治理、森林保护、黑土地保护等措施。共同争取将大兴安岭治沙造林工程列入全国重点工程，联合开展辽河流域和松花江流域的污染防治工作，建立跨省界、跨市界断面的水质量环境考核制度，强化各省、市对保护所辖区内水环境的责任。

二、资源环境治理一体化的模式

（一）资源环境治理的成本共担

1992年联合国环境与发展大会上通过了《21世纪议程》等文件。1994年3月25日，国务院第10次常务会议，讨论通过了《中国21世纪议程》，即《中国21世纪人口、环境与发展》白皮书。此后，我国的环境法律建设与机构组织建设进程明显加快，6年间关于环境和资源保护的法律的制定速度在全世界居于首位。但是，《中国21世纪议程》中的环境质量目标并未实现。中国的生态环境没

有改善,甚至恶化,原因不是技术或经济上不可行,而是由于政府规划中存在的资源环境保护和经济发展的冲突。特别对于处于区域一体化进程中的地区,各地政府对资源环境治理方面重视程度不够。地区内政府往往重视本地经济的发展,忽视对由此带来的环境问题特别是对区域内地区的环境问题。地区的经济发展计划和环境生态保护规划往往不相干,二者在政府规划中的重要性差别较大。执行中一旦发生冲突,环境生态保护要服从经济发展。实际工作中,一切从经济效益出发,环境保护只是地方政府工作目标的"软指针",法律法规赋予的执行权力得不到落实,环境污染的负外部性得不到纠正。为发展经济引入的企业多设厂在城乡结合处或农村,造成环境污染。在城市化政策的制定中,多考虑短期经济利益,对城市化产生的环境影响考虑少。鼓励消费的政策中无关于可持续消费的内容,现有的消费政策基本未考虑环境因素,最典型的例子是鼓励私人购买汽车,对城市交通和环境部门的反对意见考虑的很少。

在对生态环境管理部门设置上也存在明显的条块分割现象。生态环境并没有统一的部门进行整体管理,而是由相应的行政部门来管理。实际管理工作中,不同的生态要素(如水、地、植被)被分开管理,甚至同一个生态要素也由不同的部门分别管理,如地表水的开发利用归水利部,地下水归矿产资源部,大气归气象部门,水污染防治归环保部门,城市和建设用水归建设部门和各有关工业部门,农、林、牧、渔业归农业部门和林业部门。这种"九龙治水"的局面在中央政府的机构设置中未得到根本解决,到地方上各地区间更加明显,根本不考虑地方政策对整个区域内环境的影响。

这种政策体系设计和运作机制的落后导致的"政策性内耗"是区域内环境政策治理效果不佳的主要原因。结果是管理部门工作之间不协调,环境与经济部门政策不一致,政府行动与社会力量不合作。因此,区域一体化的过程中必须进行综合决策,将区域内的各种政策和资源进行协调,统一管理,实现资源利用和环境治理的一体化。东北地区可以建立跨省的可持续发展委员会,作为一个有职有权的综合机构,促成不同环境管理部门之间、不同地区之间、地区与部门之间、环境管理与经济发展部门之间的综合决策。决策过程以专家论证为基础,实行重大决策责任追究制度,提高决策过程公众参与的可能性与透明度,保证决策的科学性。通过可持续发展委员会的工作,实现资源环境治理的成本共担,破解其他地区的不同地域间资源环境治理的难以协调、无法真正治理环境污染的难题。

(二)建立区域内生态型产业体系

在区域一体化进程中着重建设以生态文明理念为指导的工业新城——"生态

工业新城"，应包括以下重要因素：在发展理念和制度创新方面发挥示范带动作用；构建现代产业体系、产业结构优化、产业组织合理；以自主创新、科技进步为重要支撑，以发展高新技术产业为重要内容；走经济效益好、资源消耗低、环境污染少的新型工业化道路。

在发展要素上，投资和资本形成依然非常重要，技术进步、人力资本、产业组织和制度创新因素正在发挥越来越大的作用。既要加大机器、设备等物质资本投入，也要格外重视人力资本、金融资本投入和技术创新的作用。

在发展模式上，既要注重增长速度，又要注重发展效益；既要增加投资规模，又要优化投资结构；既要加大生产要素投入量，又要调整生产要素的组合，注重提高生产要素产出效率；既要依靠土地、资金等要素驱动发展，又要依靠技术创新驱动发展。优先发展低耗能、低污染、高附加值的绿色产业，大力发展循环经济。

在发展手段上，既要眼睛向外，通过招商引资利用外部资源，又要眼睛向内，膨胀现有企业规模，激活和提升内部资源；既要孵新扶优，培植新兴高新技术产业，又要加强技改，用高新技术改造传统产业；既要招大引强，发挥大项目、大企业对区域经济发展带动作用，又要转变观念，用产业集群理念合理组织中小企业，形成集群竞争优势。

在发展动力上，要突出企业的市场主体地位和创新主体地位，发挥市场机制在资源配置和调节经济运行的基础性作用，又要合理界定政府与市场作用边界，转变政府职能，发挥好政府规划引导、干预调节经济运行的作用。

在发展环境上，要抓好硬件环境建设，千方百计降低企业生产成本，又要注重服务软环境建设，想方设法降低企业交易成本，还要注重金融环境、科技创新环境的建设。

在发展保障上，要以人为本，最大限度地调动多数人的积极性、主动性，使其参与到开发区发展大业中来。既要注重理念和观念更新，又要注重制度的激励和约束。

（三）建设生态工业新城

生态工业新城建设的主要内容在于建立现代产业体系。现代化生态产业体系是建立在比较优势基础之上的，由现代农业、现代工业和现代服务业构成的科学体系，是一种现代服务业占比较大，而第二产业科技含量高的产业体系，是各产业之间合理组织、比例协调、产业结构不断向高级化方向演变的动态体系。

对生态工业新城而言，现代工业应作为发展的重点，重中之重是要优先发展

第五章 资源环境治理一体化

先进制造业和高新技术产业。在建设生态工业体系中，政府应当按照生态园区的要求做好产业规划，以实现产业的合理布局，形成多个企业或产业互动协调发展的工业生态网络，实现能量梯级利用、物质闭路循环、不向体系外排出废物。

在现代服务业方面，生态工业新城应当把生产性服务业作为重点，主要包括金融、现代物流、研究与开发、电子商务、法律、会计、信息咨询、人力资源、产权交易等方面内容，为工业发展提供社会化、市场化的服务。

现代服务业应与现代工业发展相协调，实现"四高互动、三大转变"：即发展高新技术产业、发展高端服务业和集聚高层次人才、营造高品质人居环境互动发展，实现生态工业新城由投资驱动向创新驱动、生产制造向设计制造、资源依赖向科技依托的转变。

加快生态工业新城建设，要增强发展高新技术产业的紧迫感，以企业为主体，政府通过完善服务体系和创新政策体系发挥主导作用，形成政府与企业共建生态工业新城的格局。

（四）促进高新技术产业发展

政府除了运用财政、税收和政府采购等政策工具外，还应通过加大资金投入、完善服务体系对高新技术产业给予进一步扶持，主要有以下几点。

1. 加大研发投入力度

由于市场竞争压力和追逐超额利润的驱动，企业是市场竞争和研发投入的主体，有研发投入的冲动，但加大研发投入意识普遍不强，研发投资动能不足。这是因为研发投资有高风险性和外部性等特征，具有公共物品的性质，政府有投入的义务，关键是政府科技研发投入要发挥杠杆作用，撬动企业和社会投入。区域一体化过程中通过政府的引导和资助，鼓励企业加大研发投入力度。

2. 完善科技成果转化流程

从科技成果转化流程看，科研成果往往要经过几级孵化，才能最终实现产业化和规模化。沈阳市已有高新技术创业服务中心这个综合性孵化器，可以为科研成果提供初级孵化条件，开发区也为成果转化进一步孵化和高新企业的进一步发展提供了适宜的环境，但彼此之间由于行政分割、科技成果转化的链条不顺畅，影响科技成果转化效率和效果。创业服务中心是城市化过程中高新区的基本职能，应当围绕产业化这个中心和高新区更加紧密地结合在一起。

3. 健全科技孵育体系

现在的东北区域内各省市的高新技术创业服务中心是一个由政府投资的综合性孵化器，还没有建立起与高新技术产业发展相适应的种类齐全的专业孵化体系。未来发展的方向应该是围绕该中心,以高新技术产业发展定位为指导建设各类专业性孵化器,为相关企业提供专业化服务,形成系统化、专业化功能齐全的孵化体系。在资金投入上,要把现有高新技术创业服务中心资产盘活,以参股入股形式参与专业孵化器投资,更多地吸收企业、社会和民间资本参与投资,走市场化办孵化器的路子。

4. 整合科技创新资源,构建公共信息平台

在一体化过程中的经济发展特别是在高新技术产业发展中坚持开放、包容、合作的方针,与各类高校、科研院所及专家人才等建立广泛联系,充分利用区域内的科技创新资源,达到知识共享、利益共分。进一步整合这些资源,使其为社会所共享,可以发挥更大效力。要在区域内不同城市的比较优势基础上,制定高新技术产业发展规划,围绕产业定位,建立公共科技信息平台,企业技术难题可以由平台发给各相关院校,院校科研成果也可通过平台推荐给相关企业。

5. 打造产学研资政结合载体

通过与大学、科研院所、大型企业合办大学科技园、创业园、孵化器等形式,搭建产学研结合载体,政府通过政策扶持和加强服务,吸引大学、科研院所及企业入驻,进而带动资金投入,通过科技创新资源的有机集聚促进科技成果的转化。

6. 加大对创业投资支持力度

创业投资或称风险投资是适应于中小高新企业的融资方式,也是科技型企业发展的助推器,因为这种投资方式不仅提供资金,还提供包括管理、咨询、市场开拓等全方位的服务。在目前产权交易市场还不发达的情况下,创投资金退出机制没有得到很好解决,是制约创业投资发展的主要原因。

(五)用产业集群理念进行产业布局,发展集群型经济

改革开放初期,东北地区城市与农村都效仿南方沿海地区,兴起了一轮办厂热潮。这种工厂基本是乡镇企业的翻版:投机性大、粗放经营、规模较小、生产不连续。乡镇企业在我国改革开放后对搞活国民经济起到了重要作用,但也存在较大的弊端:资源浪费、效率低下、结构趋同、布局分散、环境污染、规模小、无序竞争,难以实现资源的最优配置。随着市场经济的建立,需要将这些缺乏有机联系和组织的小型企业转变成产业集群,适应经济的发展。产业集群是以某一特定产业及其相关产业在空间高度聚集的现象,其主要特点是大量中小企业相互集中,既相互进行激烈市场竞争又展开多种形式的合作,形成紧密分工合作的产业活动的集群体。克鲁格曼对产业集群的研究结论是:产业的地方化具有规模经

第五章　资源环境治理一体化

济效应，可形成劳动力市场共享、中间投入品成本下降、知识外溢等三大优势。产业地方化具有明显的自我累积效应和收益递增效应。波特则认为产业集群可以大幅提高企业的竞争力。对这种原子型的企业应通过适度干预和产业导向促使零散的中小企业向产业集群的方向发展，形成地方性产业生态系统和网络，是当前我国促进区域一体化、提高区域竞争力的一种较好的产业导向选择。有效率的经济组织是经济增长的关键。理论和实践都证明，具有空间集聚性、柔性专业化、社会网络化和根植性特征的产业集群，是一种能够促进企业创新、提高产业和区域竞争力的有效率的组织形式，具有生产成本优势、质量和产品差异化优势、区域网络优势、市场竞争优势、区域品牌优势、创新优势等综合性竞争优势，其意义主要体现在：

产业集群促进科技创新。产业集群通过内部企业竞争使企业产生创新动力，企业之间分工合作、学习和信息交流，降低创新成本，提高创新效率。

产业集群通过水平分工和垂直分工，使各企业按产业链形式组合在一起，可以形成生态循环体系，最大限度减少污染物排放，有利于建立循环经济。

产业集群可以使群内企业共享公共设施，降低单个企业分摊的公共基础设施成本，减少能源消耗，避免资源浪费；有利于集中排污治污，减少污水等治理的成本，保持清洁生产环境。

目前，东北区域内已经初步形成了包括生物科技、汽车机械制造、钢管加工在内的各种门类的产业集群。为实现现有产业集群的可持续发展，促进生态工业新城建设，面对集群竞争的新格局，东北区域内的各级政府应转变发展战略和政策思路，从仅仅依靠税收、金融和其他激励措施来吸引企业转到基于集群的经济发展战略。在制定政策时要注意：一是让企业成为集群主导者，政府只成为集群的催化剂和桥梁，发挥宏观引导和促进作用，间接参与到产业集群创建中去；二是集群政策的目标应是鼓励集群内企业的合作和网络化，建立交流渠道和沟通机制，促进信息传递，加快创新步伐；三是建立集群内企业的学习链，加快知识在集群内扩散，促进集群由低成本产业集群向创新型产业集群升级；四是做好集群对外宣传工作，吸引外部投资，扩大品牌影响力；五是促进商会、行业协会、技术中心的发育，引进产业内极具竞争力的企业和公共机构、智囊团体等，改善集群结构，加强集群内企业交流合作。

（六）建立跨行政区的区域经济协调发展管理机构

随着市场经济的发展和地方政府权力的不断扩大，区域一体化过程中矛盾和冲突日益增加，再加上经济全球化、社会信息化的影响，对区域公共管理的主体提出了严峻的挑战。系统的区域公共管理研究能够为区域发展提供理论上的指导和政策建议，针对一体化过程中的问题提供相应的方案咨询服务。区域公共管理理论的分析表明，要想打破行政区划和经济区划之间的矛盾，推动区域经济一体化，必须在中央政府、地方政府和市场中介组织三个层面上形成制度化的组织结构，将目前由不同部门负责的区域管理职能集中起来，统筹考虑对各地区的支持力度和方向，实行多层次的协调互动。区域内生态资源的充分利用和保护，要求打破行政区划和经济区划之间的矛盾，采取一致行动，在保护区域内生态资源的同时，统一对区域内生态资源的利用计划，促进各地区经济的共同发展。

在东北区域经济一体化的过程中，涉及跨黑龙江、吉林、辽宁、内蒙古四省区的资源开发、基础设施建设、生产要素流通等问题，而且由于区域的地理范围大、其间的关系复杂，需要一个区域经济协调发展管理机构。在我国现行的宏观调控体系中，只有省一级的政府才有权在各省区间协调关系，但实际上存在着不同的受益主体和管理主体，并没有真正建立跨行政区的区域经济协调发展管理机构。结果必然是经济区域一体化进程中存在的实际问题，如区域经济的整体利益无人主张、区域利益冲突缺乏协调解决的组织机构等，无法得到根本上的解决，对区域经济甚至国民经济的发展带来了消极影响。因此，组建跨行政区的区域经济协调发展管理机构势在必行。

中央政府虽然在促进区域经济一体化中发挥着审核批准的作用，但各省级地方政府都是区域经济一体化的主要参与者和协调管理机构的建立者。因此，区域经济协调发展管理机构能够真正建立关键在于如何充分发挥各省级地方政府的积极性，反映各省级地方政府意愿，最终能获得区域内各省级地方政府认可。

新制度经济学认为，如果交易者通过第三者来协调双方关系，交易费用必然增加。实际工作中，仅凭中央政府的宏观调控来协调地方政府之间的利益关系，不但成本高，而且不可能实现。美国著名的新制度主义学者埃莉诺·奥斯特罗姆指出："我不同意如下的看法，即中央政府管理或私人产权是避免公用地灾难的唯一途径"。他还提出"在一定的自然条件下，面临公用地两难处境的人们，可以确定他们自己的体制安排，来改变他们所处情况的结构"。

由此可见，区域内各省政府间的博弈结果如果想避免"公地灾难"和"囚徒博弈困境"，那么地方政府间必须进行合作。实际上，各地区之间因资源禀赋的差异，在客观上通过互利合作可以实现地区政府的利益最大化。通过良好的信息沟通、双边或多边协商机制，就可以降低交易费用，这样，在一个相对规模较小的组织中就可能实现集体行动。

跨行政区协调管理机构的主要职能：（1）提出区域经济发展的建议并报请国

务院、全国人大审批；(2) 协调本区域与其他区域间的利益关系；(3) 负责实施本区域内跨行政区划的大型基础设施建设和资源开发，通过公共服务的统一规划和布局，在避免地方政府重复建设的同时获得更大的规模效益；(4) 监督和约束各级地方政府出台的政策方针有利于促进区域一体化的进程，对不利于促进区域一体化进程的行为进行纠正等；(5) 统一制订符合本区域长远发展的经济发展规划和产业结构，制订统一的市场竞争规则。通过行使其对于区域经济规划和建设的权力，跨行政区协调管理机构可以缓解行政区和经济区的矛盾，实现局部性规划与整体性规划有机结合，有利于区域一体化的进程。

(七) 建立东北区域经济一体化动力激发措施

经济一体化要求对区域内不同地区的管理体制和规章制度统一规划。政府行为的动力来源于上级的行政要求和自身利益的驱动，行政上推动一体化进程的困难在于行政区划、经济利益的壁垒，打破传统利益格局的"自我中心"和体制机制的约束。政府层面的行为既要消除区域内的人员、资金、物质的流动障碍，又要纠正市场的错误信号、强化市场的正确信号、建立新的规章制度，加强市场的一体化力量。

区域经济一体化要求各级政府树立大局观念。实现东北区域经济一体化需要城市间的跨越行政边界合作，必然要打破原有利益格局。但是，各地区的经济发展一直以行政区划为中心，实现从竞争到合作共赢的转变，就要克服利益、规划等现实障碍，跳出原来的"各人自扫门前雪"的传统发展模式，树立更高层面的大局发展观。东北区域经济一体化要求各地从区域经济发展的角度来思考自己的定位，并以共同发展的心态加入到一体化的进程中，以区域经济发展论输赢。东北四省区走联合发展之路，各级政府都要对区域发展负起责任，输出不适于本地发展目标的产业和企业，腾出空间发展适合本地的新产业，才能逐步脱离旧模式发展，实现区域经济一体化。

调整财税分配体制与利益补偿机制。通过公共财政体制统筹主体功能区发展，明确区域内优化、重点、限制和禁止开发区的分类规划，并建立区域内横向转移支付的财政体制和利益补偿机制，保障和保护限制开发区和禁止开发区的生态环境。通过统筹区域内财税分配制度，完善地方税收体系，在增强政府的经济调控能力，规范转移支付制度，使转移支付法律化、弹性化、透明化的同时，解决地区之间的均衡发展问题，逐步改变原来的自上而下的纵向转移支付方式为以纵向为主横向为辅的转移支付方式，促进区域经济协调发展。

修正政绩考核体系。区域经济一体化虽然会从根本上促进各地区的经济发展，给城市和农村带来更大更好的发展空间，但这是一个长期过程，绝非短期项目，可以一蹴而就。这样对各地区的行政领导而言就存在一定的风险，原因是投入大收益周期长，甚至在自己任期内不但没什么政绩，还可能使GDP下降。因此，在目前考核官员政绩的主要指标依然是本地区的经济增长总量的情况下，许多官员对一体化都想"免费乘车"，在行动上"叶公好龙"，出现"会上谈得很热乎，会下各打小算盘"的现象，涉及到本部门、本地区根本利益时出现互不相让的问题。所以，需要修正对官员的考评体系，改变对政府官员按GDP或者人均GDP进行考核的做法，考核指标体系中增加关于重视民生的人本指标，与区域经济一体化相联系，形成有利于一体化的经济社会发展指标体系和政策体系，对政府官员的政绩进行科学考核。目前，各省级政府应统一制定并颁布东北区域经济一体化的整体目标，以便各级地方政府在大规划之下，再行地区小规划。因为在缺乏明确的考核指标和奖惩措施的情况下，各地政府官员不会主动将区域的整体发展作为工作中首先考虑的问题。所以通过将产业同构系数纳入考核指标，并以省政府转移支付的形式让各地方政府的财政收入与实际承担的社会管理与公共服务责任相匹配，建立服务型政府，使政府的关注点由经济利益变为民生，成为和谐社会的管理型政府。

　　从长远来看，要切实增强省长联席会议和《东北区域经济发展规划》的推动力，进一步完善三省省长联席会议的职能，重点突出区域基础设施的共建与共享、投资环境的共同营造、生态建设与环境的联合保护。针对关系到区域可持续发展的重大项目，编制发展规划应遵循协调发展统一计划的思路，保证与其他规划密切结合，坚持局部规划服从总体规划、大规划管小规划的编制原则，充分发挥党政领导小组、省长联席会议、工作协调会及专责小组、联席会议办公室等多个层面的积极作用。为保证区域内重点合作计划和重点项目的实施，可以设立区域发展基金，通过行政手段固定下来，为一体化提供资金保障，避免基础设施一体化过程中的部分项目及环境保护等经济利益较小或为负的项目在实施中无法落实。

　　鼓励建立各种跨地区的民间组织。各级政府应积极推进体制改革，为民间组织发展创造良好的制度环境。组建跨地区的民间组织，以民间的力量和市场经济的自动调节力量从基层开始推进区域政府合作，加快区域经济一体化的进程。通过民间组织推动区域内经济合作，充分利用市场的调节作用，可以突破行政区划的限制，有利于区域各类市场资源的连接和整合。相对于政府间协调，成本低、见效快。在市场经济条件下，应积极推动民间力量的发展，发挥民间组织在区域经济发展中的重要作用。

建立民间组织的主要目的是研究区域发展战略和推进地区协作，具体形式根据负担的任务不同而不同。以各地经济专家为主体的组织，如"东北一体化发展咨询委员会"、"东北经济协调联合会"、"东北经济一体化促进会"等，具有一定的官方背景，不同于一般的学术研究机构，是区域内所有政府机关相关决策的咨询参谋机构。各种行业组织、行业协会同样可以在区域产业一体化中起到积极作用。关键行业协会通过利用市场因素实现区域内资源流动，突破行政区划障碍，组成跨地区的行业联盟，共同制订区域行业发展规划、区域共同市场规则，推进区域市场秩序建立，探索区域各类市场资源的连接和整合等。股份公司进行跨地区扩张也是打破区域封闭格局、克服地方保护主义最好的方式。通过跨地区强强联合组成具有规模和竞争力的龙头企业，再通过龙头企业联合，控股区域内的上下游配套企业，形成由紧密层和松散层组成的巨型企业集团，从而打破封闭，促进资源的优化配置，促使区域经济一体化的形成。

第三节　东北振兴与资源环境治理一体化

一、资源环境治理一体化对东北振兴的促进

资源型城市的可持续发展战略使东北振兴的目标定位更加明确。对资源型城市的可持续发展，中央和东北地区的行政领导十分重视。温家宝总理为此作了重要批示，并指出解决这些问题不仅关系东北经济的发展，更关系群众生活，是当前振兴工作的难点和重点。东北地方政府已经意识到区域经济一体化是解决这一问题的重要契机。目前中央和地方共同采取措施，取得了初步成绩。如对采煤沉陷区进行治理，中央拿出约60多亿元，辽宁省拿出60多亿元，一共是120多亿元，陆续建成了一批房子，采煤沉陷区的居民得到了较好安置。最近东北三省又提出对于棚户区问题进行治理，对中央下放地方的煤炭企业棚户区，中央出资解决基础设施建设。在经济转型方面，抓了资源型城市转型的试点，这项工作正在稳步的推进，最先开展资源型城市转型试点工作的阜新市已经取得了初步成效，生产总值连续3年以20%的速度增长，而此前10年内增长速度平均只有2%。

促进公共资源优化配置、生产要素自由流动、空间形态合理布局。当区域经济一体化进程加快发展时，区域间的贸易成本必然降低；而当区域间的贸易成本

高时，则区域经济一体化进程受阻。因此，我们可以用区域间贸易成本反映区域经济一体化发展的程度，通过区域间贸易成本的降低促进公共资源优化配置、生产要素自由流动、空间形态合理布局。一般认为，对区域间贸易成本的影响主要由交通、通信基础设施以及区域间市场开放度等因素构成。经过十几年的发展，我国通信能力大大提高，人们之间的信息交流越来越频繁。我国交通基础设施也大为改观，特别是20世纪末以来，东北交通建设进入了加速发展时期，一定程度上缓解了交通基础设施行业对东北国民经济发展的"瓶颈效应"。

东北地区内密切地横向经济联合与对外开放经济通道的加强，是靠发达的交通运输网来实现的。东北地区已有比较发达的现代化交通运输网，这个运输网是以铁路为骨干，公路为基础，包括铁路、公路、管道（输油）、内河航道和海运业。发达的交通运输网，使东北地区四省区之间、工业农业之间、新老工业中心之间的联系大大加强，促进了大经济区的形成，它既是工业基地建设和农业基地开发的重要条件，也是东北经济区地域经济体系的重要组成部分。在东北地区交通网中，铁路居骨干地位。全区共有大小铁路70多条，总长度约15546.7公里，居全国各大区的首位。

整体推进农村改革发展，建立现代农业产业体系。通过农村上层建筑变革，农村改革在推进基层行政和财政管理体制改革、促进农村基础设施和社会事业发展等方面取得了重大进展，乡镇职能明显转变，公共财政覆盖农村力度加大，义务教育全面免费，基层财力显著增强，林改政策深入民心，农民减负增收基础进一步夯实，为建设社会主义新农村、加快城乡一体化发展发挥了重要作用。

自从2006年取消农业税后，农村改革进入了综合改革的新阶段。根据中央的统一部署，东北区域内各地、各有关部门共同努力、密切合作，农村综合改革范围不断扩大，内容不断丰富，进程不断加快，取得了显著成效。第一，村级公益事业建设的重点项目：一事一议财政奖补试点取得重大进展，农村公益事业建设新机制初步形成。2008年，中央选择黑龙江、河北、云南3省作为村级公益事业建设：一事一议财政奖补的试点省份。为鼓励农民积极参与村级公益事业建设，对村民参与小型水利设施、村内道路和环卫设施、植树造林等村级公益事业建设的活动进行财政奖补。东北地区各级政府机关积极落实中央政策，保证财政支出，充分调动了农村居民参与基础设施建设的主动性积极性，为资源一体化在农村的推进奠定了坚实的基础。第二，区域性、行业性农民负担问题基本解决，目前正在探索建立农民减负增收长效机制。第三，推进乡镇机构、农村义务教育、县乡财政管理体制和集体林权制度等四项改革，为统筹城乡发展提供体制保障。第四，通过清理化解农村义务教育债务，积极开展乡村债务清理化解工作，为农村经济发展创造良好环境。

根据《全国新增 500 亿公斤粮食生产能力规划（2009~2020 年）》的要求，东北地区各级政府加大资金、技术、人力投入力度，鼓励地方积极建设农村基础水利设施，重点支持三江平原、松嫩平原和辽河平原发展优质粳稻种植，并在其他水土资源条件较好的地区推广水稻种植，进一步提升东北地区粮食生产能力。此外，还重点扶持玉米、大豆、马铃薯等传统种植业。建设优质专用玉米产业带以提高单产，通过加工业的发展，增加农村人均收入。黑龙江省将优质大豆生产基地建设作为农村增收的重点工作，通过推广加快新品种、新技术推广，提高大豆品质，深化加工企业技术改造，增加深加工投入，扩大生产规模，使上下游企业、农户普遍受益。此外，建立脱毒种薯繁育基地，提高马铃薯产业的技术含量，扩大种植面积，促进销量增加。

加强区域内农业生态建设和环境保护。东北地区的黑土资源是得天独厚的宝贵财富，在区域一体化进程中黑龙江省采取了有机培肥、定向培育退化黑土和薄层黑土等一系统措施，努力减少黑土流水，补偿以往因环境污染造成的缺失。同时引导农民科学使用化肥、农药，控制、减少环境污染，大力发展绿色和有机食品，培育了一批具有较高知名度的绿色和有机食品品牌。通过建设大规模、标准化的原料产地，实行农产品地理标志登记保护等措施，农产品销量和价格不断上升，已经打入全国大中城市的大型超市，农民和企业的收入稳步增加，参与生态建设和环境保护的积极性大幅提高。草原地区开展退化草原治理工作，通过禁牧、休牧、轮牧及生态移民等措施，增强草原的自我修复能力。在重要水域增殖放流，加强水生生物保护区建设，经过松花江、黑龙江和图们江河流的试点，生物种群数量下降的趋势已得到遏制。

二、资源枯竭型地区经济转型的主导模式

资源型城市的转型方式受国家的政治经济体制影响较大，不同社会制度的国家选择适合本国经济特性的转移方式，基本模式有 3 种：市场运作、政府主导、专职委员会负责。

政府主导的模式。这种模式主要以日本为代表。日本因国内资源拥有量相对缺乏，经济发展主要依靠科技的力量，同时政府部门对国内资源进行严格保护，采用进口替代的方式获取所需资源和资源储备。中国政府采取的政策与日本类似，主要措施包括：（1）国家及地方政府对资源转型产业转移发放专项补助，在融资和税制等方面给予优惠和支持，减少企业转型成本，帮助其渡过难关。

(2) 调整和优化煤炭工业结构，逐渐改变原来的粗放型掠夺式的煤炭开采方式，提高煤炭资源的开采率，延长煤矿寿命，为资源型城市和企业的转型争取时间。

(3) 政府从承担的社会管理职能出发，关心煤炭从业人员生活，为其再就业、重新创业提供资金、职业培训、生活补助、求职信息等帮助，保证生活水平没有大的下降。同时出台政策，鼓励企业接收下岗人员，增加失业人员的就业途径。

(4) 加大转型城市的基础设施建设资金投入，改善其投资硬环境，吸引更多的投资，为转型提供资金支持。

东北地区政府对资源枯竭型地区经济转型的模式是运用产业政策，根据国内外市场情形和自身产业发展现状，通过修改产业目标和采取相应措施达到经济转型目的。2001年12月，国务院确定辽宁省阜新市为全国资源枯竭型地区经济转型的试点地区。党的十六大报告中提出了"支持东北地区等老工业基地加快调整和改造，支持资源开发型城市和地区发展接续产业"的指导方针，也是国家从政治层面首次提出加快资源枯竭型地区经济转型的要求。2003年10月，中共中央、国务院颁布《关于实施东北地区等老工业基地振兴战略的若干意见》，对资源枯竭型地区的经济转型要求、转型办法与试点地区等做出了明确的原则规定。2005年5月，国务院振兴东北等老工业基地领导小组第二次会议审议并通过了《振兴东北等老工业基地2004年工作总结和2005年工作要点》，提出了具体的落实方案。《振兴东北等老工业基地2004年工作总结和2005年工作要点》要求抓紧研究与建立资源开发补偿机制和衰退产业援助机制，并率先在辽宁阜新、黑龙江双鸭等资源枯竭型地区试行有关政策和措施，把黑龙江省大庆市、伊春市、吉林省辽源市分别列为石油、森林工业、煤炭类型的资源枯竭型地区试点。2005年8月在东北资源枯竭型地区可持续发展座谈会上，温家宝总理指出，解决资源枯竭型地区存在的贫困、失业和环境问题，是落实科学发展观、构建和谐社会的一项重要而不可忽视的任务。2006年3月19日，《国务院2006年工作要点》要求搞好资源枯竭型地区经济转型，抓紧研究建立资源开发补偿机制、衰退产业援助机制。

在中央政府的领导下，东北地区资源枯竭型城市积极行动，各地区均已制订了相关规划。东北区域三省各个经济转型的试点地区在编制方案时，结合实际情况和中央政策，充分利用这一有利时机，加快城市转型，减少转型对群众生活的冲击。黑龙江省规划要求在2010年前全省7个资源枯竭型地区完成接续产业体系的建立。目前，该省资源型产业从业人员在全地区职工的比重下降到16%，生态环境已明显改善。同时，各试点地区积极开展相关工作，从自身优势出发，坚持科学发展观，全力以赴开展转型工作，并获得重要进展。其中白山地区突出工业，接续产业发展，围绕项目建设、招商引资、企业改革、提速增效等重点工作，加强基础设施建设，认真解决群众的生活问题，为群众生活质量的提高提供保障，是经济转型地区的成功案例。

重点资源枯竭型地区的经济转型可以分为产业转型和地区功能转型两个方面，核心是产业转型。产业转型是资源枯竭型地区转型的载体，而地区功能转型是产业转型的前提。没有地区功能转型，产业转型就失去基础。国家确定的第一个转型地区——辽宁阜新是以经济结构为重点的转型，而大庆地区是以产业转型为重点的转型。阜新抓住培育接续替代产业、恢复生态、改善民生3个重点，调整煤电为主的单一产业结构，建设以食品及农产品加工业、新型能源产业、液压及装备制造业等特色产业为主的多元化工业经济结构，增加资本投入，全社会固定资产投资年均增长31.8%，实施投资千万元以上项目2000多个，经济可持续发展能力明显增强。同时，改善生态环境，推进城市改造，完善路网建设，使发展成果和转型成果普惠于民。大庆地区在稳步发展油气开采业的同时，加快壮大石化接续产业，培育发展农牧产品加工、纺织、新材料、机械制造、电子信息等替代产业，还大力发展绿色有机食品、现代服务业、休闲旅游业、文化创意产业、生物工程等接续产业。加快城乡一体化进程、提高城乡居民特别是农民的收入、推动消费快速增长作为经济转型的切入点。统筹城乡发展，促进公共资源在城乡之间均衡配置、生产要素在城乡之间自由流动。建设县域产业园区，健全以工促农、以城带乡的长效机制，统筹推进县乡工业化、农业现代化、农村城镇化、农民市民化。这两个城市的成功说明了根据不同地区的具体情况选择合适的转型模式，才能获得最好的转型结果。

第六章

城市群一体化

第一节 城市群一体化产生与发展的区域基础

自20世纪90年代以来,经济社会的整体水平和发展环境发生了深刻变化,经济全球化和一体化的步子不断加快,竞争性格局已经逐渐由个体竞争向包括研发能力在内的地区间产业集群竞争,或者说是中心城市和以中心城市为依托的城市群(大都市经济圈)的产业聚集优势和经济实力竞争方向演变。城市群已经成为区域经济发展的重要载体和核心动力,其形成和发展是地区经济高度发展的必然结果,国内外经济发展的实践表明,城市群的崛起及其带动作用已经成为推动一个国家或一个地区经济发展的主要动力。

一、城市群的产生与职能

(一)城市群的概念及产生

城市群是指特定的区域范围内汇集相当数量的不同性质、类型和等级规模的城市,以一个或多个大城市、特大城市为中心,依托一定的自然环境和现代化的交通工具、综合运输网以及高度发达的信息网络,城市之间的内在联系不断加强,共同构成一个相对完整的城市集合体[①]。

城市群的形成需要经历一个漫长的过程。伴随着工业化及现代化的进步、专业化协作的广泛发展,城市作为一个区域范围内的中心,其通过极化效应使大部分的产业和人口集中,得到迅速发展。随着城市规模的扩大和经济的发展,开始

---

① 叶飞文:《中国经济区比较》,社会科学文献出版社2010年版。

对周边地区产生辐射和带动效应，这必然引起城市之间联系的加强，形成了城市圈或都市圈。城市规模的扩大和城际交通条件的不断改善，促使相邻城市间的辐射区域逐渐接近，并开始部分重合，城市间的经济联系愈加密切，相互之间的影响也不断加深，由若干城市集聚而形成了高密度、强联系的经济区域就产生了城市群。在城市群的不断发展过程中，群内各城市之间的相互依托性得到不断加强，城市群一体化逐渐加深。

（二）城市群的内涵

城市群是城市化的高级形态，通常具有较高的经济社会发展水平。城市群具有的独特内涵：

首先，城市群是一个地域上的概念，其表现为在特定地域范围内的城市群体。历史上城市群的兴起和形成一般都是在交通、生产条件优良的区域。伴随着经济和社会的发展，现代的城市群是在一定地域范围内由不同的城市组成的跨行政区域的城市群体，通常是以大都市为核心城市，通过交通网络或经济社会的联系而连接成的具有特定范围的连续区域。

其次，城市群是不同等级城市间形成的网络体系。城市群是在发达的交通设施网络基础上由等级不同、规模各异的城市相互连接而成的一种设施同城化的城市网络。城市群作为特定地域空间上的城市集聚体，其区别于单个城市的主要特征是各城市之间强烈的交互作用。从区域经济的角度看，城市群的整体结构体系最重要的特征是其扁平化、网络化的城市结构，而网络化的城市结构是企业集聚扩散以及产业联系作用的结果，特别是由区域内主要的产业集群相互作用导致的产业组织网络化的结果。

再其次，城市群的形成是产业分工与产业链之间协作化网络趋于合理的过程。城市群内的各城市由于地理位置相邻，对彼此的发展都具有较强的影响力，各城市之间的产业与市场联系非常紧密。特别是在要素流动和企业区位选择和再选择、企业总部和工厂组织结构的分离、各个城市在价值链分工和产业部门组织结构分离程度的不断深化等条件下，区域范围内的产业发生转移，制造、生产等传统业务流程大多分布于二级城市的产业，形成了特定的空间网络结构。企业区位选择、产业组织垂直解体以及产业集聚扩散使得各城市之间逐渐形成完善的产业分工与协作网络，这都为企业的发展提供了良好的环境，同时也成为促进城市群的创新、增长与发展的强有力的动力。所以我们应该从经济一体化的功能角度来解析城市群而不是行政上对城市体的划分。

最后，城市群是以完善的协调机制和区域治理结构为基础的经济体。城市群的发展是以群内各城市之间利益共同化为核心基础的，由于城市间经济联系和交互作用出现了市场一体化倾向，使得各城市之间一体化程度较其他区域更明显。但是由于行政区划的存在，尤其是处于转型时期中，同时存在中央政府与地方政府的利益博弈。地方政府作为行政和市场双重主体，特别是中央政府以地区经济发展水平作为评价地方政府工作的主要指标，促使各地方政府之间展开竞争。地方政府之间博弈的存在实际上与区域的一体化趋势相悖的，政府应用行政手段对市场的管制与控制成为城市群一体化进程和区域经济进一步加速发展的阻力，而这些问题的产生是源于各城市之间利益分配与协调。所以，利益协调机制和区域治理结构的完善与否成为制约城市之间市场一体化和功能一体化的决定性因素。完善的协调机制和区域治理结构成为判断是否真正成为一体化意义上的城市群的重要标准。

（三）城市群的职能

城市群的特点与城市之间的经济联系、产业的分工协作、交通条件的改善是分不开的。这些集中在特定区域内的城市，其规模、职能和发展状况各不相同，它们彼此紧密联系，共同作用，实现了孤立城市所无法达到的作用与职能。城市群的主要职能有：

1. 城市群能充分发挥区域内各城市的比较优势，实现资源在更大范围内的优化配置

城市群形成过程中，各个城市都不是孤立发展的，需要与其他城市之间发生经济联系。各个城市间的资源环境和产业优势不尽相同，随着交通条件的改善，要素在城市间的流动得到加强，从而使各城市逐步摆脱了资源环境的限制，借助其他城市来最大限度发挥自身的产业优势，促进了区域内产业的集聚化和规模化。

2. 城市群成为产业结构优化和先进生产力发展的主要推动力量

城市群是带动一个区域内经济发展的核心所在，也是推动先进生产力发展的主要动力。城市群可以充分发挥群内各城市间的相互协调作用，调整并优化城市间的产业结构，提升区域内整体的生产效率，进而促进区域经济竞争力的增强。所以，城市群成为特定区域内的增长极，是经济增长最快、最具有活力和创新性的地区，是先进生产力的主要载体。

3. 城市群对区域经济的增长具有辐射和带动作用

城市群是一个具有强烈带动和辐射效应的经济体，其吸引和带动作用对区域经济发展起着决定性的作用。一方面，拥有城市群的经济区域范围内，由于城市群一般经济发展水平较高，形成了区域经济的增长极，通过产业链及城市间的关联性辐射到周边地区，带动区域内其他地区的经济发展提速，从而促进区域经济整体发展；另一方面，在城市群内部，多个增长极之间构成了网络体系，通过集聚效应和扩散效应使各城市之间相互促进、协调发展，从而使城市群本身也达到了较好的发展。

二、城市群的一体化发展

在工业现代化飞速发展的今天，城市群一体化已经成为世界经济、社会发展的一个普遍规律。城市群一体化的内容，绝不仅仅是城市数量的简单加总，它还有更深刻的含义，即包括城市所在区域的发展、城市之间联系的加深、城市间产业关联度的增强等。在城市群一体化的进程中，一方面，城市群所在区域的经济条件、社会环境、资源条件和交通条件制约着城市群的发展及规模；另一方面，城市群的形成及发展，又总是对周边区域产生不同程度的辐射作用，影响和带动周边区域的经济发展，起着调整、控制、服务和支援等作用，成为特定区域内的经济中心。伴随着工业现代化的发展，产业及城市间的协作加强，各部门、各城市间的联系日趋紧密，最终融合成为城市群一体化，这就是城市群一体化的客观规律。

（一）城市群一体化的区域基础

城市群一体化是城市群发展过程中重要的经济特征，它是指城市群区域内中心城市与各类城镇之间分工与合作密切，在经济和社会文化活动上相互融合和互补，形成经济上的一体化关系[①]。

城市群一体化的过程，无论原因如何，都离不开一定的区域环境作为其形成的条件和发展的基础。区域基础决定了城市群的宏观分布规律及发展状况。各城市之间相互作用和联系密切，表现为城市群内城市间呈现出市场一体化和功能一体化特征。

1. 区域的自然地理基础

很显然，资源与环境在空间上的非均质性分布是产生聚集经济的重要原因之一。任何资源环境都形成并作用于特定的区域，具有区域属性，即不同地区范围内拥有不同的发展基础和资源禀赋，而这种区域属性是在特定区域范围内形成

---

① 秦尊：《武汉城市圈的形成机制与发展趋势》，中国地质大学出版社2010年版。

的、其有如下几层含义：

第一，无论是自然资源，还是地理环境都不能脱离一定的空间范围而存在。即使产生了资源的流动与配置，也只是物质形态在空间上的转移，即由一个空间进入到另一个空间。同时，自然资源及环境对人类活动的影响需要以特定的空间为依托，且因为空间的不同，影响的范围和作用也会发生改变。

第二，资源及环境的空间非均质性决定了特定区域内的资源及环境拥有区域属性。资源与环境在空间上最初的分配具有随机性，并非以人类的意志为转移，这就造成了不同区域内的资源与环境存在着差异化，即非均质性。这种非均质性在区域之间产生了微妙的影响，为了满足人类生存与发展的全面需求，资源开始在区域间流动，使得区域之间的往来越来越紧密。

2. 区域的产业基础

城市群形成的产业基础主要来自于产业发展过程中分工及专业化的出现和发展。地区生产专业化是生产在空间上高度集中的表现形式，它是指按照劳动地域分工规律，利用特定区域某类产业或产品生产的特殊有利条件，大规模集中的发展某个行业或某类产品，然后向区外输出，来追求经济利益的最大化[①]。

地区产业的专业化发展是工业化过程中大机器时代的必然产物。大机器工业的出现为生产规模的迅速扩大，实现规模经济效益提供了良好的环境和机遇；科学进步与工业现代化提升了交通和通信技术，大大降低了城市之间经济联系的成本，使各城市之间乃至各区域之间能够互为原料地、互为市场、构成了不可分割的经济体系。

在城市间经济联系愈加紧密的过程中，城市群内各城市将根据自身的禀赋和区位条件选择能够充分发挥自身优势的产业作为城市的主导产业。这些产业必须具有较高的区位商或专业化水平、在地区生产中占有较大的比重、群内各城市的主导产业间具有相当高的关联度，对城市自身及城市群的发展具有强有力的带动作用。在城市群的形成及发展过程中，产业结构会随之不断升级和完善，各城市之间的相互协调作用越来越明显，最终促使城市群整体发展走向一体化之路。

3. 区域的社会基础

城市群一体化的产生不仅仅是地理上和产业上的融合，还包括社会人文一体化的发展，否则地理上再接近，产业发展提升的速度再快也不能产生城市群的一

---

① 吴殿廷：《区域经济学》，科学出版社 2008 年版。

体化。前两者实际上是城市群一体化过程中的"硬条件",而后者则是所谓的"软条件"。城市群一体化的软条件是指群内各城市之间、各地区市场之间、企业与消费者之间在文化、社会环境及价值观念方面的相同或相近,这有利于降低本位主义成本和交易成本。

城市群一体化的开始,不仅要实现要素的流动,同时也需要人员在城市间的互动,缩小人与人之间传递信息的距离和成本,创造一个和谐融洽的生活环境,增强个人之间、企业之间的信任、交流和协作。这便为城市群的一体化发展提供了一个良好的人文社会环境,有利于城市之间的沟通与交流。

(二) 城市群一体化的动力机制

在讨论过城市群一体化形成的区域基础上,我们需要从更加理论化的角度来分析是什么样的动力机制促使了特定区域内的城市群走向一体化的发展道路的。主要的动力机制如下。

1. 空间集聚效应与扩散效应的驱动作用

集聚效应与扩散效应揭示了城市群内各城市之间相互联系的根本原理。我们将空间的集聚效应和扩散效应从纵向的角度划分为三个层次加以阐释:

第一层次是企业的集聚效应与扩散效应。这一层次的效应发生在企业内部。首先,企业作为生产要素的集合体是由大量的生产要素聚集而形成的,随着生产的深入,要素集聚的范围和数量的增加,企业的生产规模扩大,超过一定规模后,形成内部规模经济效应,生产效率提高,生产成本迅速下降。其次,在企业规模不断扩大过程中通过产业链的传递作用将规模经济效应扩散到相关行业内部,带动其他行业发展。同时由于自身生产规模的提升,使企业的生产经营范围向更大的领域延伸,甚至延伸至其他的城市或地区,形成一定区域范围内的整体经济实体,通过企业自身的发展增强了区域或城市之间的一体化。

第二个层次是行业的集聚效应与扩散效应。新古典经济学家马歇尔(A. Marshall)曾在其著作《经济学原理》中提出过"工业区域"的概念,就是具有分工性质的工业在特定地区的集聚,区内聚集了大量相似的小型企业。地方性工业之所以会向同一个地区集聚,最初是因为行政的管制和自然资源的限制,到了工业化时代则变成了规模经济利益推动行业内的大量企业集聚。对于一些特定的生产部门来说,一种生产活动一旦定位于某一个具有相对优势的地区,如果这一地区需求充分的话,就会吸引相似企业及相关部门聚到这里。对于另一些企业,通过市场规模的扩大和交易量的增长,吸引大量交易公司进入这一地区,导致以市场为基础的聚集体的出现。行业内集聚的同时,通过学习效应和传递作用，一方面增强了区域市场范围内的竞争性，从而促使企业不断创新并开拓市场，另一方面又通过扩散作用将新技术在行业内迅速普及，使区域内整体竞争力增强。

第三层次是城市地区集中所产生的集聚效应和扩散效应。城市群的集聚实际上是一个动态的、非行政区域自成体系的过程。在这一过程中，群内各城市根据自身发展情况的不同形成了不同等级的发展状态：经济最为发达的一个或几个城市成为城市群发展的核心地区，以其强有力的经济实力带动周边城市和地区经济发展；经济发展相对较弱的城市在经济关系方面向核心城市靠拢，形成了核心城市在经济上对周边城市和地区的辐射和带动作用，而周边城市和地区在经济上对核心城市产生聚集和依附作用的局面。各城市之间伴随着这种一体化进程的不断加深，其间的联系也越来越紧密，构成了一个完善的城市群经济体系。

2. 信息技术的发展对城市群一体化的推动作用

如果说工业化和专业化的出现为城市群的产生提供了必要的条件，那么信息化就是城市群一体化发展路径上最强有力的推进力。信息技术的飞速发展将人类带入了一个信息化的时代，区域与区域之间、城市与城市之间的沟通与交流变得越来越简便，信息传递的成本也在迅速下降，这些因素都为城市之间的紧密相连提供了必要的基础。同时，信息化使大城市在信息交流、信息产业上的作用越来越重要，优势越来越突出，核心城市的极化作用得以凸显出来。大城市可以凭借其在信息领域所占有的优势，成为区域经济发展的核心，另一方面，又可以通过信息的有效传递，带动周边城市及地区的发展，使区域内城市之间的发展形成一个有机的整体。

3. 政府的行政调控对城市群一体化进程的推动作用

政府对城市群一体化进程的影响主要来自于两方面的作用：引导作用与行政强制作用。政府的引导作用指的是政府通过改善区位条件、基础设施、投资的软硬环境及人才培养体系等手段，对城市群一体化进程施加影响。一般采用引导政策的政府主体是大城市或核心城市。这样的地方政府通过制定引导政策来引导企业的区位选择，制定相应的协调机制以协调城市间产业的结构、城市的发展与布局，从而促进城市群内一体化的发展。

强制作用是指政府通过行政手段，制定相应的区域政策对经济发展走向及产业的区位选择施加干预。政府可以根据城市群整体经济发展的需要，利用其对政策制定的控制权，塑造核心城市或主导产业，直接干预城市经济的发展。

第二节　城市群一体化相关理论

中心地理论是1933年,由德国经济学家克里斯塔勒在度能的农业区位理论和韦伯的工业区位理论基础上,首先提出来的。该理论是将地理学及空间的概念引入到区域经济理论当中,其核心是研究和探索特定区域内城市的数量、规模及布局情况。

一、克里斯塔勒的中心地理论

(一) 基本概念

1. 中心地

中心地指相对于一个区域而言的中心点,不是一般泛指的城镇或居民点。更确切地说,是指区域内向其周围地域的居民点居民提供各种货物和服务的中心城市或中心居民点。

2. 中心地职能

由中心地提供的商品和服务就称为中心地职能。中心地职能主要以商业、服务业方面的活动为主,同时还包括社会、文化等方面的活动,但不包括中心地制造业方面的活动。

3. 中心性

中心性或者中心度,可理解为一个中心地对周围地区的影响程度,或者说中心地职能的空间作用大小,中心性可以用"高"、"低"、"强"、"弱"、"一般"、"特殊"等概念来形容和比较。

4. 需求门槛

需求门槛是指某中心地能维持供应某种商品和劳务所需的最低购买力和服务水平。在实际中,需求门槛多用能维持一家商服企业的最低收入所需的最低人口数来表示。这里的最低人口数,就称为门槛人口。

5. 商品销售范围

如果其他条件不变,消费者购买某种商品的数量,取决于他们准备为之付出的实际价格。此价格就是商品的销售价格加上为购买这种商品来往的交通费用。显然,实际价格是随消费者选择商品提供点的距离远近而变化的。距离越短,交通花费越少，商品的实际价格越低，结果该商品的需求量也就越大。否则相反。由此可得出，商品销售范围就是指消费者为获取商品和服务所希望通达的最远路程，或者是指中心地提供商品和劳务的最大销售距离和服务半径。

克里斯塔勒认为城市具有等级序列，城市的辐射范围是一个正六边形，而每一个节点又是次一级的中心。中心地理论深刻地揭示了城市与城市、城市与周边地区的空间关系，为城市间一体化联系的形成提供了有力的理论支撑。

（二）假设条件

克里斯塔勒的中心地理论假设总结起来共有四个方面：

1. 中心地是资源分布均匀，自然条件相同的均质平原

同时，在这一平原上，初始状态下，人口是均匀分布的，并且人口的收入情况、需求情况及消费方式都是相同的。

2. 具有统一的交通系统，且仅限于路上交通，同等规模的城市的交通便利情况相同

道路通向各个方向，其运费与距离成正比，也就是说，距离是影响运输的唯一因素。

3. 人的活动是理性的

一方面，生产者是利益最大化的追求者，他会选择最佳位置，使与其他生产者的距离尽可能大，这样可以尽可能扩大市场范围；另一方面，为了减少支出成本，消费者会选择离自己最近的商店购买商品和服务，这样符合成本最小化原则。并且，生产者与消费者都具有完全信息。

4. 对于同一种货物和服务，在同一个中心地的价格是相等的

消费者在离中心最近的商店购买商品和服务的成本等于商品和服务的价格加上交通费。

（三）克里斯塔勒的中心地理论内容

1. 三角形中心地、六边形网络和城镇等级体系的形成

在均质平原的假设条件下，对于一个中心地来说，其市场辐射的区域范围应该是一个圆形。然后克里斯塔勒又提出了构成市场原则的两个限制因素：一是各级供应点必须达到最低数量以使商人的利润最大化；二是一个地区的全部人口都能得到相同的商品和服务。为满足第一个条件，模式的概括中就必须采用货物的最大销售距离，因为这可以使供应点的数量达到最少化。于是，作为第一步，克里斯塔勒假设在理想地表上均匀分布着一系列的 B 级中心地，市场最大覆盖范围是以 r 为半径的圆形,所以两个 B 级中心地之间的距离为 2r。将所有的 B 级中心地连接,则可得到一张有规则的等边三角形的网,如图 6-1 所示。

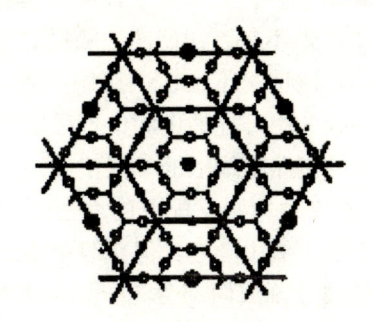

图 6-1　交通原则下的中心地系统

但是,在这样的条件下,第二个限制因素得不到满足,因为 B 级市场区都是圆形的,居住在 3 个圆形相切所形成的空角里的消费者将得不到供应。因此,需要将所有的圆形市场区重叠起来。重叠后,B 级中心地仍按有规则的等边三角形网排列,只是间隔更紧凑,其距离为 $d(d<r)$。被分割的中心地使得圆形的市场区被六边形的市场区所替代,其理由是消费者应按"最近中心地购物"的假设,选择距离自己最近的中心地去得到货物或服务。

2. 三个重要原则

根据克里斯塔勒的中心地理论,不同的条件或原则下,会形成不同的中心地体系,归纳起来,这些条件或原则有三个:市场原则、交通原则和行政原则。

(1) 市场原则。克里斯塔勒首先论述的是按市场原则建立起来的中心地模型。按照市场原则,低一级的中心地应位于高一级的 3 个中心地所形成的等边三角形的中央,从而最有利于低一级的中心地与高一级的中心地展开竞争,由此形成 $K=3$ 的系统。低一级市场区的数量总是高一级市场区数量的 3 倍。由于每个中心地包括了低级中心地的所有职能,即一级中心地同时也是二级乃至更低级的中心地,所以,一级中心地所属的 3 个二级市场区内,只需在原有的 1 个一级中心地之外再增加 2 个二级中心地即可满足 3 个二级市场区的需要。在 9 个三级市场区内,因已有了 1 个一级中心地、2 个二级中心地,因此只增加了 6 个三级中心地。这样,在 $K=3$ 的系统内,不同规模中心地出现的等级序列是:1,2,6,18,…

由市场原则形成的中心地等级体系的交通系统,是以高等级中心地为中心,有 6 条放射状的主干道连接次一级的中心地,又有 6 条也成放射状的次干道连接再次一级的中心地。由于此种运输系统联系2个高一级中心地的道路不通过次一级中心地，因此，被认为是效率不高的运输系统。

（2）交通原则。克里斯塔勒认识到，早期建立的道路系统对聚落体系的形成有深刻影响，这导致B级中心地不是以初始的、随机的方式分布在理想化的地表上，而是沿着交通线分布。在此情况下，次一级中心地的分布也不可能像K=3的系统那样，居于3个高一级的中心地的中间位置以取得最大的竞争效果，而是位于连接2个高一级中心地的道路干线上的中点位置。

和K=3的系统比较，在交通原则支配下的六边形网络的方向被改变。高级市场区的边界仍然通过6个次一级中心地，但次级中心地位于高级中心地市场区边界的中点，这样它的腹地被分割成两部分，分属两个较高级中心地的腹地内。而对较高级的中心地来说，除包含1个次级中心地的完整市场区外，还包括6个次级中心地的市场区的一半，即包括4个次级市场区，由此形成K=4的系统。在这个系统内，市场区数量的等级序列是：

1，4，16，64，…

次级市场区的数量以4倍的速度递增。与K=3的系统类似，由于高级中心地也起低级中心地的功能，在K=4的系统内，中心地数量的等级序列是：

1，3，12，48，…

依交通原则形成的交通网，因次一级中心地位于联系较高一级中心地的主要道路上，被认为是效率最高的交通网，而由交通原则形成的中心地体系被认为是最有可能在现实社会中出现的。

（3）行政原则。在K=3和K=4的系统内，除高级中心地自身所辖的1个次级辖区是完整的外，其余的次级辖区都是被割裂的，显然，这不便于行政管理。为此，克里斯塔勒提出按行政原则组织的K=7的系统。在K=7的系统中，六边形的规模被扩大，以便使周围6个次级中心地完全处于高级中心地的管辖之下。这样，中心地体系的行政从属关系的界线和供应关系的界线相吻合。

根据行政原则形成的中心地体系，每7个低级中心地有1个高级中心地，任何等级的中心地数目为较高等级的7倍（最高等级除外），即：

1，6，42，294，…

市场区的等级序列则是：

1，7，49，343，…

在K=7的系统内，由于其运输系统显示出每位顾客为购买中心性商品或享受服务所需旅行的平均距离较另两个系统都长，因此，行政原则下的运输系统被认为是效率最差的一种。

三原则适合条件：

在三原则中市场原则是基础，交通原则和行政原则可以看做是对市场原则基础上形成的中心地系统的修改，克里斯塔勒进一步分析了三原则的适用范围。

市场原则适用于由市场和市场区域构成的中心地商品供给情况，如资本主义自由竞争时期。交通原则适合新开发区，交通过境地带或聚落呈线状分布区域。在文化水平高、工业人口多、人口密度高的区域，交通原则比市场原则作用大。行政原则适用于具有强大统治机构的时代，或者像社会主义这样以行政组织为基础的社会生活。另外，自给性强，与城市分离，相对封闭的偏远山区，行政原则的作用也比较强。

此外，克里斯塔勒还认为，高级中心地对远距离的交通要求大。因此，高级中心地按照交通原则布局，中级中心地按照行政原则作用较大，低级中心地的布局用市场原则解释比较合理。

以上三个原则共同导致了城市等级体系的形成。克里斯塔勒认为，在开放、便于通行的地区，市场经济的原则可能是主要的；在山间盆地地区，客观上与外界隔绝，行政管理更为重要；年轻的国家与新开发的地区，交通线对移民来讲是"先锋性"的工作，交通原则占优势。克里斯塔勒得出结论：在三个原则共同作用下，一个地区或国家，应当形成如下的城市等级体系：A 级城市 1 个，B 级城市 2 个，C 级城市 6~12 个，D 级城市 42~54 个，E 级城市 118 个。

二、廖什对中心地理论的改进

在克里斯塔勒研究成果的基础上，廖什对中心地理论作了进一步的改进，他更多的注意力集中在企业区位问题上，通过逻辑推理，提出生产区位的选择和布局。

（一）假设条件

(1) 生产所需原材料充足，并且在平坦的平原上均匀分布；
(2) 沿区内各个方向的运输条件都相同；
(3) 具有相同消费行为的人口在平原上均衡分布；
(4) 每个人都有进行劳动和生产的机会。

（二）廖什的市场区位论

根据上述假定条件，廖什以某个生产啤酒的农户为例。当他生产的啤酒超出了自己的需要之后，其剩余部分将用来销售。如图6-2所示，在生产地P处，啤酒的销售量（也即需求量）为PQ。但随着距生产地距离的增加，必须增加运费，价格自然随之上升，需求量随之减少。到F点，需求量为零，也即啤酒生产的市场地域边界。QF为需求曲线，以PQ为轴，将QF需求曲线旋转一周，得到一圆锥体，即为廖什的需求圆锥体，也即为该啤酒厂的需求总量，需求圆锥体的底面，即以P为圆心，以PF为半径的圆形地域就成为啤酒生产的市场地域。

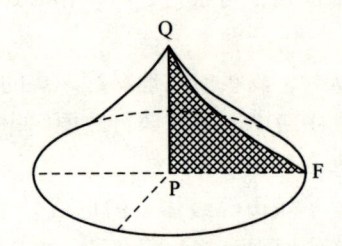

图6-2 廖什的市场区与需求圆锥体

同上述的农户一样，其他农户也加入啤酒生产时，在这一平原内形成了其各自连续的圆形市场地域［图6-3（a）］。为占有这些市场，各生产厂开始扩大规模，市场地域扩大，导致圆形市场地域相接［图6-3（b）］。即使如此，仍然在每3个圆形市场中间存在有供给空白区域，各自的市场地域进一步扩大到重叠，从而形成六边形的市场区结构［图6-3（c）］。六边形既具有最接近于圆的优点，也具有比三角形和正方形等其他多边形运送距离最短的特点，因此，需求可达到最大化。按照廖什的理论，区位空间达到均衡时，最佳的空间模型是正六边形。

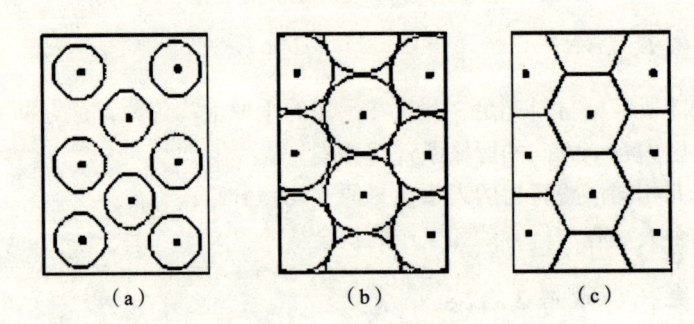

图6-3 廖什的市场区组织的发展过程

廖什最大利润区位论的市场不是韦伯学派的"点"状市场,也不是霍特林学派的"线型"市场,而是蜂窝状的正六边形"面"状市场。廖什的区位论在垄断竞争情况下,首先着眼于确定均衡价格和销售量,即平均生产费用曲线和需求曲线的交点,再通过此来确定市场地域均衡时的面积和形状。

第三节 东北地区主要城市群一体化发展历程

改革开放以来,缺乏大城市强有力的带动作用一直是东北老工业振兴之路的一个软肋,但是,近几年,伴随着沈阳经济区城市群、吉林中部城市群和哈大齐城市群的迅速发展和崛起,这一局面得到了根本的改善。东北三大城市群的构建在东北地区经济的发展和振兴过程中发挥着极为重要的作用。

一、沈阳经济区城市群一体化发展历程及现状

2010年4月6日,经国务院同意,国家发改委正式批复沈阳经济区成为国家新型工业化综合配套改革试验区,标志着沈阳经济区发展从此上升为国家战略,核心城市沈阳也成为国家级中心城市。这一重大决策旨在促进沈阳经济区逐步建立新型工业化体系,推进信息化和工业化的融合相互融合等重点领域取得突破,走出一条中国特色新型工业化、城镇化道路,带动东北等老工业基地全面振兴。在实践过程中,沈阳经济区内各城市的发展及沈阳城市群一体化的发展将为这一国家战略的实现提供有力的支撑。

(一)沈阳经济区城市群的发展现状

沈阳经济区城市群位于辽宁省中部,以沈阳市为核心,150公里为半径,包括沈阳、鞍山、抚顺3个特大城市,本溪、营口、阜新、辽阳和铁岭5个大城市,下辖7个县级市、16个县。沈阳经济区城市群总面积7.9万平方公里,人口总数近2363万人,城市化率达到65%。其经济总量占全省的65%和东北的1/3左右。沈阳经济区城市群工业基础雄厚,经济实力位居东北地区三大城市群之首(见表6-1)。

表6-1　　　　　2009年沈阳经济区城市群人口、土地、GDP情况

城市	GDP（亿元）	人口（万人）	土地面积（万平方公里）
沈阳	4268.51	716.5	1.298
鞍山	1730.47	352.0	0.925
抚顺	698.64	222.6	1.127
本溪	688.39	155.5	0.843
营口	806.96	235.0	0.974
辽阳	608.26	183.5	0.476
铁岭	605.71	306.1	1.294
阜新	287.97	192.3	1.036
总计	9694.91	2363.5	7.973

资料来源：表中《辽宁省统计年鉴（2010）》。

在振兴东北老工业基地的大背景下，经过近些年的发展，沈阳经济区城市群已经步入趋于成熟的发展阶段，即城市群发展的中期阶段，当前的沈阳经济区城市群已由外延式发展为主向内涵式发展为主转变，以沈阳作为经济区发展的核心城市，走一核心带动的城市群发展模式。现阶段沈阳城市群已进入良性发展轨道，其良好的发展环境及区域比较优势得到了充分的发挥。

1. 集聚效应明显

沈阳经济区城市群在以沈阳为中心，百公里半径内，汇集了3座特大城市（沈阳、鞍山和抚顺），3座大城市（本溪、营口、辽阳），2座中等城市（铁岭和阜新），7座县级市，441个小城镇。沈阳经济区城市群还是全国重工业基地，其钢铁产业、装备制造业、石油化工、汽车及汽车零部件加工、新型建材业、高新技术业都是该地区的优势产业。沈阳经济区城市群的重化工产业形成了完整的产业链条：矿产资源→能源工业→冶金→装备制造业。在这一地区聚集了能生产具有世界先进水平的数控机床，通用机械和大型成套装备，其生产能力在东北地区居首位。本地区拥有全国闻名的2座大型钢铁生产企业（鞍钢、本钢）和3座中型钢铁企业（北台钢、抚顺特钢和新抚钢），其生产力达到2000万吨，占东北地区钢铁产量的半数以上；同时，沈阳经济区城市群又是我国北方最大的石化工业基地、国家级精细化工和催化剂生产基地。石油加工能力达到2000万吨。

2. 发达的交通网络

沈阳经济区城市群构成了东北老工业基地与国际国内连接的最重要的交通和通信枢纽。经过近些年的建设和完善，以沈阳为中心的1小时经济圈交通网络已经基本形成，其交通网络的密度居全国前列，堪称东北地区首位：沈山、沈丹、

沈吉、哈大等6条铁路干线从沈阳通向四面八方；沈铁、沈通、沈抚、沈丹、沈大、京沈6条放射状高速公路互通互联形成了一体化网络；沈阳的桃仙机场已是区内航空网络的枢纽，目前已经拥有114条国际及国内航线，可达俄罗斯、日本、韩国等国家及国内各主要城市。密集的交通运输网络为沈阳经济区城市群的一体化发展提供了坚实的基础，为实现区域经济一体化提供了重要支撑。

3. 关联性较强的一体化产业结构

改革开放以来，经过30余年的发展，沈阳经济区城市群已经基本形成了分工明晰、职能明确的各城市之间的产业结构：沈阳在装备制造业、高新技术产业、商贸、物流、金融、信息服务业等方面具有比较优势；鞍山是我国最大的钢铁工业基地之一，素有"钢都"之称，冶金工业是其最具特色的主导产业部门；抚顺在石化工业上具有一定优势；本溪在钢铁工业方面特色较为突出；营口是辽中部城市群的海上物流门户，是辽宁沿海经济带"五点一线"的中心节点；辽阳是我国历史文化名城和重要的石化工业基地；铁岭是农产品基地和能源基地[①]。沈阳经济区城市群的八城市都是以工业作为自身发展的主导产业，在产业结构上具有很强的关联性，促使各城市间的产业协作和联系密切，比如鞍钢、本钢已实现了强强联合，然后又与新抚钢、北台钢、营口中板等实现整合发展；沈阳依托装备制造业和大型钢铁、石化企业，通过上下游产业的配合，与鞍山冶金成套设备制造业、抚顺石油炼化设备制造业和本溪、营口、辽阳等相关产业实现了协作发展，从而促进了城市群区域装备制造业的多样化发展和整体竞争力的提升；沈阳汽车及汽车零部件企业也具有一定的比较优势和规模，与沈阳周边的其他城市存在着密切的协作关系。

4. 综合经济实力居东北地区首位

沈阳经济区城市群经济发展水平较高，发挥着带动辽宁乃至东北地区经济增长的核心作用，其发展优势如表6-2所示。

表6-2　　　　　　沈阳经济区城市群各市2009年主要经济指标

城市	全社会固定资产投资（万元）	财政收入（万元）	社会消费品零售总额（亿元）	出口总额（万美元）	实际利用外资额（万美元）
沈阳	35199470	3202070	1778.6	352349	531038
鞍山	8750298	1231230	436	103906	74177
抚顺	4960093	537671	338.1	45881	31284

---

① 姜博："辽宁中部城市群空间联系研究"，东师大博士论文2008年。

续表

城市	全社会固定资产投资（万元）	财政收入（万元）	社会消费品零售总额（亿元）	出口总额（万美元）	实际利用外资额（万美元）
本溪	3400658	503177	167.4	64629	20108
营口	7625589	571465	211.4	120037	50491
辽阳	3466204	479746	177.1	87013	81718
铁岭	6960720	479851	193.2	42017	17197
阜新	2014566	185978	126.6	10608	6413

资料来源：《辽宁省统计年鉴（2010）》

（二）沈阳经济区城市群发展历程

1. 工业化城市起步期（1949~1960年）

从新中国成立至今，辽宁省一直是中国北方乃至全国重要的工业基地，形成了以冶金、化工、石油、煤炭、制造业等产业为主体的重工业体系。到第1个五年计划结束时，辽宁省固定资产原值占全国的27.5%，原煤产量占全国的17%，发电量占全国的27%。与工业快速发展同步的是大量工人、技术人员和管理人员进入城市，使城市人口和规模迅速扩大，到1960年全省城市共有10个，市区非农业人口为678万，城市人口的年递增率高达9.6%，城市经济得到了迅速发展。

2. 城市发展低谷期（1961~1978年）

在辽宁省城市经济刚刚起步之后就进入了一个低谷期。由于3年的自然灾害和10年的"文化大革命"数以万计的知识青年和城镇人口向农村转移，造成了城市化倒退的现象，城市的整体发展进入了停滞期。到1976年，辽宁10个城市非农业人口共有715万人，比1960年仅增加37万人，年均递增率仅为0.03%。城市非农业人口占全部人口的比重明显下降，到1978年为24%，城镇人口比重为36.6%，城市数量没有任何增加。

3. 城市化经济快速发展期（1979~2003年）

"文化大革命"的结束、改革开放国策的实行及市场经济体系的建立与发展，促进了全省各城市经济的发展，也加强了各城市之间的联系与沟通，为辽宁省城市规模和城市经济的发展提供了良好的契机，各方面都呈现出明显的上升趋势，城市一体化的趋势初见端倪。截止到2003年，辽宁全省共新增城市20余个，各类型城市共计31个，城市人口比重增加到90.94%。这一方面说明辽宁省城市经济进入了前所未有的快速发展时期；另一方面也说明各城市之间的一体化进程是城市经济得以快速发展的必由之路。

4. 城市之间一体化发展（城市群一体化）的加速期（2004年至今）

2003年，辽宁省委、省政府在深入分析国内外区域经济发展的经验和教训的基础上，根据辽宁经济发展的实际情况，提出了沈阳经济区一体化发展的战略构想。2005年，时任辽宁省委书记的李克强同志指出："要以沈阳为中心，辐射带动周边城市发展，形成在东北地区具有较强影响力、在全国有特色的重要城市群经济隆起带，并且形成东北亚合作的关键区域"，明确了沈阳经济区城市群未来的发展方向。2008年，辽宁省省委、省政府正式将辽宁中部城市群更名为沈阳经济区，并明确提出沈阳经济区一体化的总体战略：以沈阳为核心、以五条城际连接的交通网络为纽带、以产业结构优化组合为基础，建设东北亚地区重要的核心城市群。2010年4月6日，沈阳经济区正式成为国家级的综合配套改革实验区。

二、吉林省中部城市群一体化发展的历程及现状

吉林省中部城市群以长春和吉林两个大型城市为核心，包括四平、松原、辽源三个地级市，城市群内还包括10个县级市（榆树、德惠、九台、桦甸、蛟河、舒兰、磐石、公主岭、双辽、梅河口）、12个县（农安、永吉、梨树、伊通、东丰、东辽、长岭、前郭、乾安、扶余、辉南、柳河）。吉林省中部城市群在吉林省占据主要地位，是吉林省的经济、文化和政治中心所在。聚集了吉林省70%以上的生产要素和产值，成为吉林省经济增长最快，发展潜力最大的核心地域。

（一）吉林中部城市群的发展现状

1. 空间极化效应显著

吉林省中部城市群在吉林经济发展过程中占有极其重要的作用，通过极化作用影响和带动吉林经济的整体发展。其极化作用主要来自两个方面：首先，作为吉林省经济发展的增长极，其土地面积为10.66万平方公里，占吉林省总面积的57%，2009年年末人口约为1941.93万，占吉林省总人口的71.41%，GDP总量约为6244.65亿元，占吉林省的81.81%，是吉林经济的发展核心；其次，其城市群内部的空间结构极化效应明显，长春作为城市群的中心，其对整个城市群的引领作用十分突出，其他主要节点城市的经济中心地位也随着极化效应的凸显而不断增强。

2. 城市群一体化发展较快

伴随着吉林中部城市群一体化进程的加快，作为城市群增长极的长春市，其城市发展方式逐渐由集聚向扩散转变，并出现郊区化现象，城市空间迅速扩展，各类开发区、城市新区、卫星城镇不断涌现，城市区域化进程加快，对城市群内

部其他等级城市的辐射和带动作用不断增强；吉林市是吉林省第二大城市，是吉林省经济建设的又一个核心城市，与长春市遥相呼应，对群内其他城市也具有较强的带动作用；四平、辽源、松原构成了城市群内的重要的节点城市，架起了城市群内乃至整个吉林省内各城市与中心城市沟通与交流的桥梁和纽带。这些主要城市共同协作，通过扩散作用带动周边城市发展，有力地促进了吉林中部城市群一体化的发展。

3. 产业互补性强

吉林中部城市群在资源方面具有较强的互补性，形成了完善的资源配备模式。城市群内各城市的资源特色：长春和吉林作为城市群的核心，在技术、人才、管理、设备、非金属矿储量、旅游资源等方面具有突出优势；作为资源互补性较强的四平、松原、辽源决定了吉林中部城市群内部产业结构配置较为完善，如表6-3所示。

表6-3　　　　　　　吉林中部城市群主要城市产业布局情况

城市	支柱产业	主导产业	重点培育产业
长春	汽车、农副产品加工	光电信息产业、生物医药、产业现代物流业	能源产业、建筑和材料制造业、旅游会展业、文化产业、金融业
吉林	石化、农副产品加工	机械、建材、医药	汽车、冶金、轻纺、高新技、旅游业、现代流通、现代物流、信息服务、房地产业
四平	汽车改装、农副产品加工	机械加工制造业、汽车零部件加工	能源、冶金、化工、建材
松原	原油开采业、装备制造产业	石化、农畜产品深加工	生化制药、建筑材料、商贸旅游
辽源	采矿业、电力	新材料产业、农畜产品精深加工、医药工业、汽车零部件、纺织服装	新材料产业、新能源产业、生物健康产业、装备设备加工制造业、冶金建材业、纺织产业

从表6-3可见：(1) 吉林中部城市群的各主要城市的支柱产业各有侧重，长春重视汽车产业、吉林重视石化产业；(2) 各城市在产业选择和发展方向上与城市定位和其自身地域优势有关：长春基于科研、技术和交通优势，发展光电信息产业、生物医药产业、现代物流业；吉林基于拥有的矿产资源和生物资源，强调发展机械、建材和医药；(3) 在选择新兴和需要加大力气培养的产业上，各主要城市都立足于发展完善的产业体系，选择新兴的、自己欠缺的产业加以培育，如长春选择的旅游会展、吉林选择的汽车业和现代物流业。

所以，吉林中部城市群的产业布局和产业结构具有较强的层次感和互补性。各城市间的在主导产业选择与未来产业培育方面既具有自身的特点和优势，同时又与其他城市，特别是作为核心城市的长春和吉林联系紧密，形成紧密的产业链条。

（二）吉林中部城市群发展历程

1. 计划经济体制时期（1949～1978年）

新中国成立初期，作为东部重要的工业省份，吉林省成为我国工业化建设的重要地区，在"一五"时期，按照国家经济建设的统一部署，有11项国家重点建设的项目落户吉林省。这些项目的上马对吉林省城市建设提供了强有力的驱动力，使得吉林省城市经济迅速发展，同时城市化进程也不断加快，具体项目如表6-4所示。

表6-4　　　　　　　　吉林省"一五"期间国家重点项目

项目名称	中央立井	矿区湾沟竖井	水电站	热电站	铁合金厂	电缆厂
城市	辽源	通化	丰满	吉林	吉林	吉林
规模	90万吨	—	42.25万千瓦	10万千瓦	钛合金4.35万吨	石墨制品2.23万吨
项目名称	吉林染料厂	吉林化肥厂	吉林电石厂	吉林电极厂	第一汽车厂	
城市	吉林	吉林	吉林	吉林	长春	
规模	合成燃料及中间体7385吨	合成氨5万吨、硝酸铵9万吨	电石6万吨	—	解放牌汽车3万吨	

资料来源：陈才、李广全、杨晓慧：《东北老工业基地新型工业化之路》，东北师范大学出版社2004年版。

在计划经济时期，长春和吉林两市的核心地位得以确立，成为吉林省经济发展的重要增长极，同时其他城市经济在两市和国家重点项目的带动下也得以发展。虽然经历了短暂的曲折时期，但是总体发展速度居全国前列。

2. 改革开放初期（1979～20世纪90年代初期）

改革开放后，国家确立了以经济建设为中心的总体发展目标，推进整个经济体制和对外开放政策的深刻变革，对工业发展、产业结构和城市建设都产生了巨大的影响。吉林省作为国家工业建设的重要省份，其工业产业结构，产品结构调整取得了一定的效果，尤其是第一汽车制造厂、吉林化学工业公司等一批大中型骨干企业进行的改造和扩建，长春热电厂、黄龙食品工业有限公司等大型企业，以及中、泰、美合资经营的吉林正大饲料有限公司等外商直接投资企业的新建，为吉林中部城市群的经济发展提供了新的动力和支点，而工业化的发展又为城市化提供了铺垫、条件和基础，吉林中部城市群城市化水平由1978年的28.9%上升到1992年的36.21%。

3. 东北老工业基地振兴期（20世纪90年代初至今）

随着改革开放的不断深入，国内市场的进一步开放以及振兴东北老工业基地成为国家发展战略之后，吉林中部城市群各城市间的联系愈加紧密：（1）以长春一汽为主，以吉林轻型车和经济型轿车、四平改装车为辅，形成了汽车生产和研发的完整体系；（2）以吉林油田为基础，以吉化公司为龙头，产业链向高附加值的精细化工延伸，通过城市群内便捷的运输网络，以吉林、松原为中心对周边地域产生强烈的辐射作用；（3）以长春为主，松原、吉林、四平为辅，形成农产品加工产业群。

三、哈大齐城市群一体化发展的历程及现状

（一）哈大齐城市群一体化发展现状

哈大齐城市群总面积12.4万平方公里，占黑龙江全省面积的27%，人口约2000万人，占全省总人口的62%。2009年地区生产总值约占全省的2/3，是黑龙江省经济实力最强、工业化水平最高、经济辐射力最大、科技人才优势最明显的地区。区域内哈尔滨精密机械制造、飞机制造、工业机器人、大型发电机组等在全国居领先地位。

哈大齐城市群在空间的界定上共包括五个主要城市：哈尔滨、大庆、齐齐哈尔、肇东和安达。形成了"节点—走廊—网点"发展特点。"节点"是以哈尔滨作为该城市群的龙头节点，以大庆和齐齐哈尔作为城市群的骨干节点，城市经济区中的大庆核心节点和齐齐哈尔城市，以肇东和安达作为城市群的辅助节点。哈大齐城市群的发展现状具有以下明显特征：

1. 产业结构明晰

哈大齐城市群作为黑龙江省最具活力的地区，它的发展对于黑龙江全省的经济发展具有强大的推进作用。其城市群内产业结构分工明确，城市群内各城市充分发挥自身的区位优势，选择符合自身特点的产业作为主导，并以哈尔滨为核心，形成了城市间产业配套发展的模式，一体化的程度及层次明晰，城市群内各城市的产业发展情况如表6-5所示。

表 6-5　　　　　　　　　哈大齐经济区城市等级及产业现状

城市	等级	产业发展现状
哈尔滨	一级	四个集群优势较大的部门是木材加工及竹、藤、棕、草制品业，通用设备制造业，化学纤维制造业，烟草业；极具竞争力的行业有6个，分别是食品加工业、医药制造业、饮料业、城市供水业、燃气生产及供应业和交通运输设备制造业
大庆	二级	石油和石化为主导的第二产业占据了绝对的地位，已经形成了石油化工、合成材料、有机化工、农用化工、精细化工、塑料加工等门类齐全的石化工业体系
齐齐哈尔	二级	土质肥沃，四季分明，生态环境优越，精心打造绿色产业
肇东	三级	农副产品加工产业群、食品加工产业群、医药产业群、光电产业园、新材料产业群、石化产业群
安达	三级	牛奶之乡、肉牛基地、东北地区蔬菜生产基地

2. 发达的交通网络

在铁路方面，哈大齐城市群已初步形成以省会城市哈尔滨为核心，以大庆和齐齐哈尔为辅助城市交通网络。区域内的哈大、滨绥、滨洲、滨北、拉滨五条铁路纵横南北，密集的交通网络缩短了哈大齐城市群内各城市间的时空距离，基本形成了以大庆为中转站的两小时经济带；在公路方面，绥满公路贯穿整个城市群，是运输网络中重要一环；在航空方面，太平国际机场是东北第二大国际航空港，有飞往北京、上海、香港等30多个大中型城市的航班，同时还有定期飞往美国、俄罗斯、日本和韩国的国际航班，为哈大齐城市群的对外发展提供了便利条件。

3. 城市等级划分明确

从哈大齐城市群的整体规划来看，我们可以把城市群划分为三个等级：第一等级是核心城市哈尔滨，作为城市群内的增长极；第二等级是大庆和齐齐哈尔，作为城市群的次中心，与核心城市哈尔滨遥相呼应；第三等级城镇为肇东和安达，立主于发展配套产业，与核心城市相辅相成。哈大齐城市群已经形成了由特大城市—大城市—中等城市组成的较连续规模等级结构，特大、大、中城市的个数分别为1、2、2。其中，首位城市哈尔滨非农业人口305万，第二位的齐齐哈尔非农业人口129.8万，第三位的大庆非农业人口82.6万，这三大节点构成了该城市群等级结构连续性的关键，发挥着其聚集效应和扩散效应，并将通过城市网络依次有序地逐级扩散到整个体系，带动其周围腹地发展。肇东市、安达市非农业人口分别为23万、20万。

哈大齐城市群的建设模式的选择关系到全省经济的发展乃至东北老工业基地的振兴，因此该区域的发展要合理地选择城市群发展模式，既要考虑到城市群的发展现状、特点和定位，又要考虑到其所处的内外环境和面临的机遇与挑战。通过正确地引导处在初级发展阶段的哈大齐城市群向合理、健康、稳定的发展，带动黑龙江乃至东北、西北区域的整体协调发展。

4. 基础设施条件较好

2009年，哈大齐城市群人均拥有城市维护建设资金249元；每万人拥有公共交通车辆4.09标台、人均道路面积9.1平方米/人、排水管道长度38623公里；城市群内城市用水普及率近90%，超过哈尔滨乃至东北地区的平均水平；公共设施用地面积超过80平方公里，居全国前列。

（二）哈大齐城市群一体化发展历程

1. 工业化发展初期

在新中国成立初期，哈尔滨成为黑龙江省工业发展的重要核心。"一五"时期是哈尔滨经济发展最辉煌的时期之一。苏联援助我国的156项国家重点建设工程，有13项在哈尔滨的10个工厂安营扎寨。这些重点建设工程的建设和投产，促进了哈尔滨工业经济迅速发展。全国限额以上的694个建设项目，在哈尔滨"落户"的有29项。1959年在新中国成立10周年前夕，在松辽盆地终于找到工业性油流，遂以"大庆"命名油田，之后经过3年多努力，探明了大庆油田地质储量并投入开发，生产原油由几万吨发展到六千五百万吨，其产油量居世界前列，奠定了大庆作为全国最大的油田的地位。在新中国工业发展初期，国家出于战略上考虑，在齐齐哈尔集中投资建设了一批大型工业企业，"一五"期间国家156项重点工程，其中在齐齐哈尔有3项，从而使齐齐哈尔成为与共和国同步成长、同步发展的老工业基地，为国防建设和全国经济发展作出了突出贡献，所以它的工业基础雄厚，素有"钢铁机械城"的称号。

2. 改革开放时期

改革开放后，在改革大潮和建设社会主义市场经济思想的引领和推动下，哈大齐城市群进入了经济社会调速转型和加速发展的新时期，经济体制和运行机制发生重大变化，逐渐形成了以哈尔滨为核心的城市群一体化体系。城市群内各产业发展开始步入正轨。伴随着城镇化建设的不断加强，城市的规模和功能不断扩展，城市之间的联系也愈加紧密。在原来哈尔滨、大庆和齐齐哈尔得到进一步发展的同时，肇东和安达也迅速崛起。1986年9月8日，国务院批准，撤销肇东县，设立肇东市（县级）。肇东市工业经济经过渐进式发展，已基本完成了原始资本积累，全市基本形成了以一高（高新技术产业）二绿（绿色乳品、绿食品）三化（粮食化工、石油化工、医药化工）为重点的工业经济新框架，全市工业产值超亿元的企业有 9 个，以工业为主导的市域经济新体系已初步形成。1960 年 5 月 12 日，国务院批准，将安达县划归松花江区。同年 5 月 26 日，国务院批准，撤销安达县，以原安达县全部行政区域和肇州县部分行政区域设置安达市。安达工业基础比较雄厚，食品、医药、化工、机械等产业蓬勃发展，成为市域经济主导产业。

3. 哈大齐城市群一体化发展期

2002 年中央提出了"振兴东北老工业基地"的口号，标志着东北地区工业新一轮的高增长阶段的到来。哈大齐城市群适应国内及国际的消费结构和产业结构升级，其具有比较优势的装备、石化、食品和医药等产业面临着难得的市场机遇。同时，在区域一体化趋势不断增强的背景下，以信息技术、生命科学、新材料为先导的新技术革命加速发展，为哈大齐城市群以高新技术为引领，改造提升传统产业，发展高技术产业，实现跨越式发展提供了重要机遇。2004 年 11 月，黑龙江省委常委会提出建设哈大齐工业走廊的决策，这一决策是黑龙江省委、省政府着眼于建设资源节约型和环境优好型社会，振兴老工业基地，加快全省经济发展作出的重大战略决策。2005 年 9 月 16 日和 17 日，哈尔滨平房工业新区动力工业园区和大庆出口加工区分别举行了开工建设仪式，标志着哈大齐工业走廊建设正式启动。哈大齐工业走廊的建设将进一步推进哈大齐城市群的一体化趋势，使得城市之间的集聚效应得到充分发挥，城市间的联系也更加紧密。

第四节 城市群一体化与东北老工业基地振兴

一、东北地区三大城市群一体化发展模式选择

东北地区三大城市群根据自身发展情况和区位条件的不同，形成了三种不同的城市群发展模式，分别是核心城市带动模式，多中心发展模式和复合式发展模式。

（一）沈阳经济区城市群——核心城市带动模式

核心城市带动模式是以一个超大型城市作为地区经济发展的核心增长极，通过该城市的迅速发展和其辐射作用，以及产业结构在其周边城市的合理配置，来带动城市群整体经济的发展。沈阳经济区城市群是典型的核心城市带动模式，沈阳的 GDP 占整个城市群的 44.02%，是沈阳经济区城市群的核心城市。以沈阳这

个超大型城市为中心,通过沈阳经济的发展及其强大的辐射作用,带动周边城市经济发展。

(二) 吉林中部城市群——多中心发展模式

多中心发展模式的特点是不只有一个核心城市,而是由两个或两个以上城市作为城市群经济发展的带动者,而其他城市平衡发展,各司其职,形成较为完整的城市群一体化体系。吉林省发展的历史和现有条件,决定了吉林中部城市群走多中心的发展模式。吉林省以长春市和吉林市构成双核的辐射中心,四平、松原和辽源作为辅助城市,发展与双核心城市相配套产业,形成了完整的产业发展体系。

(三) 哈大齐城市群——复合式发展模式

复合发展模式是国内外最常见的发展模式,它是以一个超大型城市为核心增长极,发挥其带动辐射功能。同时,在城市群内又有一个以上的次一级城市,作为核心城市的辅助城市,一方面对中心城市起到补充和配套作用;另一方面对其他更小的城市经济发展起到带动和引领作用。哈大齐城市群内各城市具有明确的等级,也就自然形成了复合式的城市群发展模式。

二、东北地区城市群一体化发展的问题分析

(一) 核心城市带动力不足

一直以来,东北地区虽然作为我国最重要的工业基地,其经济发展主要依赖于工业产值的增长。但是东北地区同样是我国重要的农产品生产基地,其农业经济在国民经济中所占的比重较大,至今还有部分地区依赖于农业发展,致使东北地区城市化进程没有同步于工业现代化的发展,没能实现全方位的工业带动区域经济发展的格局。同时,东北地区的三大城市群的核心城市沈阳、长春、哈尔滨,自身仍处于改造和振兴过程中,其区域辐射效应和带动力远远落后于上海、北京等大城市,还不能独立承担起带动整个城市群经济快速发展的重任。此外,由于其他次一级城市在工业发展方面相对落后、产业结构调整缓慢、工业增长动力不足,还有部分资源型城市面临资源枯竭的问题都成为制约经济增长的难题,是东北地区城市群发展和一体化推进的主要障碍。

(二) 各城市间缺乏产业互补性,同质性严重

由于计划经济体制时期的历史原因和区域政府之间协调机制的缺乏,城市群

与城市群之间、各个城市之间各自为战，使得产业发展的同质性现象严重。众所周知，东北三大城市群有许多相似的开发区，并且这些开发区都把汽车、电子、高新技术、化工、绿色农业等作为重点发展的产业，造成区域产业结构趋同化，各城市之间产业互补性差，不能突出体现各分区域在区域合作中应当具有的合理地位与特色，还造成了盲目投资和重复建设，这在客观上阻碍了区域经济的协调发展。另外，东北三大城市群的传统工业和资源型产业占经济总量的比重较大，且整体技术水平仍处于传统机械化发展阶段，高新技术产业的投入不足，实力还比较薄弱，且高新技术产业与传统产业整合程度低。

（三）城市群与周边地区经济发展反差较大

近些年，伴随着国家推进一体化发展的不断深入，对城市群经济发展投入的不断增长，使得大部分的资源与资本向核心城市集中，导致城市群与周边各城市和地区之间经济发展的差距不断拉大，出现了城市群内经济快速发展，而周边地区发展缓慢的不均衡现象。由于城市化和工业化的快速推进，基础设施建设不能及时满足需要，同时也给区域资源和环境造成了严重的破坏，甚至以牺牲局部地区的环境和经济利益为代价来拉动核心城市的发展。

（四）缺乏有效的利益协调机制，地方政府各自为政

目前，实现东北经济一体化最主要的障碍在于协调各地方政府的利益。我国的政治体制和经济体制决定了各级地方政府和行政区仍然是区域经济活动最主要的组织主体和组织单元，主体的经济利益是经济活动的导向，这就导致了各分区域以地方经济利益作为经济发展的主要动力，而忽视了全局的整体利益。为了维护自身利益，各分区域采取地方保护主义政策，限制商品的自由流通，加剧了区域经济的封闭性，阻碍了区域统一市场的形成。还有一些地方和部门领导对区域合作的重要地位和作用认识不够，没有全局观念，搞地方封闭，各自为政，甚至造成各分区域展开争抢原材料、资金、技术、人才等各种生产要素的不正当竞争，使资源等各种生产要素不能按经济规律和市场机制跨地区自由流动与优化配置。

三、促进东北地区城市群一体化的措施选择

（一）消除制度障碍，建立系统完善的协调机制

要促进东北地区城市群一体化的发展，就要打破行政区域之间的隔阂，建立

有效的行政机制，协调各地区和城市间的产业结构和利益分配，消除区域之间的经济壁垒，首先从体制上实现城市群发展的一体化。单纯地在各城市和地区之间进行经济协调虽然能够解决市场分配问题，但却无法解决城市和地区之间利益的冲突和全局性的利益分配。这就需要出台具有强大约束力的政策，使得地方政府的利益和经济发展必须服从于东北老工业基地振兴的计划，也就是服从于各经济区和城市群整体发展的需要，而且在机制实行中要明确规划的主体和具体实施的程序，包括城市群整体规划、功能区的划分、具体的组织与协调、跨城市和跨区域市场的监管等。

（二）以产业链条和产业集群为载体，使城市群内各城市分工明确，相互协调发展

从新中国成立至今，工业一直是东北地区的优势产业，是东北经济发展的命脉所在。在城市一体化进程中，如何实现产业结构在城市群内的合理配置，加强区域间的产业协调是促进城市群一体化的重中之重。在东北三大城市群进行产业定位时，要在考虑了本地区比较优势的基础上，选择并扶植实力雄厚、技术进步快，能带动整个区域经济发展的优势产业作为主导产业。对于主导产业优势明显的地区和城市，应该加大主导产业在科技和现代化方面的投入，不断扩大和加强这一领先优势，吸引相关企业向这一地区集中，形成规模效应，同时通过产业链条的传递作用，引领产业链条上其他企业不断创新和发展。因此，应当立足于整个城市群，从城市群内各城市经济发展的实际情况出发，确立产业集聚发展的整体目标和重点发展的优势产业，以构筑产业集群促进城市群一体化的发展。

（三）推进城市化进程，建立统一开放的共同市场

新中国成立初期，国家就将东北打造成为全国最大的工业基地，拥有大量的国有企业和大型的工业企业。虽然改革开放以来，伴随着市场化改革的不断深入，涌现出了许多实力较强的非国有企业，但是东北地区的主要支柱产业中仍然保持着寡头或垄断的模式，如钢铁行业、煤炭行业、石化、制造业等。因此，东北地区城市群一体化的一个重要举措就是加大市场化的改革力度，在这些具有垄断性质的产业引进其他的所有制企业，同时吸引非国有资本的注入，提升东北老工业基地传统产业的市场竞争力，走市场化的发展路线。

（四）加强特色产业园区的建设，细化城市经济增长点和主导产业

特色产业园区就是将一定区域内从事某一产业生产的企业或在产业链中处于

上下游的企业聚集在一个园区内，从而有利于发挥规模优势，节约成本的产业发展模式，是区域产业发展到一定阶段的产物。特色产业园区的构建可以使企业根据自身条件和发展的需要共享完善的基础设施和生产环境，同时也加强了企业之间的沟通与合作。这就提高了区域产业集聚的组织化程度，推动了企业的技术改造和产业升级，从而有效地提高生产效率，促进经济发展。因此，促进和推动产业集聚的发展要加强特色工业园区的建设，吸引具有一定规模的相关企业向园区内集中，增强区域的产业竞争力。东北地区产业基础雄厚，尤其是工业发展，经过几十年的沉淀，已经形成了规模化、分工明确的产业结构。伴随着推进城市群一体化的力度的不断加大，突出城市群内各城市的产业特色，确立城市自身的经济增长点，充分发挥区位优势，构建城市的产业特色园区，作为城市乃至城市群一体化发展的有力支撑点。城市群内特色产业园区的建立，不仅突出了地方的产业特色，而且在各城市间形成了较为完善的产业结构，促进各城市之间的经济交流和协作，有力地推动了城市群一体化的发展。

（五）加强基础设施建设，提高城市的辐射能力

对于一体化进程来说，基础设施的建设起着至关重要的作用，包括交通网络的建设和城市公共基础设施的建设。加快交通网络的现代化建设，是增强实现城市间相互联系的重要条件，是为产业在区域内集聚提供必要的条件，也就成为推动城市群一体化的重要力量。在交通网络建设方面，东北地区三大城市群未来的发展目标就是加紧建设跨区域交通网络，并与城市体系的完善紧密结合，将城市群内各城市间的交通限定在 2~3 小时之内。在基础设施的方面，现代化的建设对于推动城市群一体化建设起到了重要的作用，重点有以下几个方面：应加强城镇光纤传输网、固定电话网、移动通信网、数据通信网的建设；要加大对城市供水、集中供热、污水及垃圾处理、城市交通、城市住宅，以及城市信息基础设施建设项目的投资。另外，中部城市群的基础设施要共建共享，稀缺资源要统筹利用，增强城市间的关联性。

第七章

产业结构一体化

第一节 东北地区产业一体化发展现状

一、黑龙江的产业发展现状

(一) 支柱产业

能源、装备制造、化工、食品和医药行业是黑龙江省的支柱产业,能源产业是黑龙江省最大工业产业。1980年能源占工业总产值比重为33.5%,2008年上升为43.4%。四大支柱产业占工业总产值的比重1980年为68.1%,2008年达到88.4%。

黑龙江省是国家开发建设最早的老工业基地之一,经过多年来的不懈努力,制造业已经形成了一定的规模。石化行业、装备制造业、食品工业和医药行业四大产业是黑龙江省制造业的支柱。从总产值的计算结果来看,石化行业占制造业的比重最大,合计达到33.75%,其中,石油加工26.33%、化学制品5.04%、化纤制品0.83%、橡胶制品0.51%、塑料制品1.04%;由普通机械制造、专用设备制造、交通运输、电机制造、电子通信和仪器仪表业构成的装备制造业的比重为24.88%;由食品加工、食品制造、饮料制造和烟草加工业构成的食品工业的比重为21.08%;医药业的比重为5.12%。四大产业合计达到84.83%。从总资产的计算结果来看,石化行业的比重为20.32%;装备制造业比重为36.46%;食品工业比重为16.38%;医药行业比重为6.13%。四大行业总计比重为79.29%。[①]

---

① 资料来源:《黑龙江省统计年鉴2005~2010》。

（二）新兴产业

当前，黑龙江省确定了六大战略性新兴产业，分别为：新能源、新材料、节能环保、生物、信息和现代装备制造业。各个产业均确定了重点推进项目（见表7-1），这些重点项目将撑起黑龙江省未来的工业脊梁。

表7-1　　　　　　　　　　　黑龙江省新兴战略产业

产　业	重点推进项目
新能源	水电、风电、太阳能、地热能和生物质能等清洁能源发电项目，积极开展核电站项目前期工作，并提升新能源开发、新能源装备、新能源材料、新能源衍生产业的规模与水平
新材料	新材料研发、新材料制造和产业化、新材料应用，集中打造镁合金材料、钛合金材料、新型合金钢、新型高强高效焊接材料、人工晶体、聚烯烃及改性材料等"六个优势特色基地"，建设高档石墨制品、大直径单晶及新型半导体材料、新型陶瓷材料、有机高分子材料、复合材料、特种铜合金材料、新型建筑材料等"七个优势特色产业群"
节能环保	重大节能、节水、综合利用技术改造项目和节能产业化项目，发育壮大节能环保产业
生物	生物医药、生物农业、生物化工、生物能源、生物环保，尤其要重点推进基因工程药、现代中药、抗生素、动物疫苗、新药开发，以及生物育种等领域，努力实现率先突破
信息	通信服务、信息服务和数据处理服务，推进数字集群通信产学研基地、敏感元件与传感器产业园建设
现代装备制造业	电站装备、石油石化装备、大型铸锻件生产、民用航空、重型机床的信息化改造，提升核心竞争力和规模水平。同时，大力开发食品装备、农机装备等产业，大力推进支线飞机、直升机、新能源汽车及新能源动力装备的生产制造，搞好大飞机配套的项目建设

资料来源：黑龙江省2010年《政府工作报告》。

二、吉林的产业发展现状

（一）支柱产业

吉林省传统三大支柱产业包括汽车产业、石油化工产业、农产品加工业。下面并分别进行考察。①

交通运输制造业产值占全省工业的44.95%，是吉林省的支柱产业。其中，汽车产业占96.9%，85.7%是整车生产。吉林省汽车产业具有以下特点：

（1）产业竞争力强于全国平均水平及上海、湖北和广东，但竞争力质量不高。从1998～2002年，吉林省交通运输设备制造业占全国市场的份额由0.0924上升到0.1213，扩大了0.0288，比上海（0.0074）、湖北（0.0005）强，比广东（0.0388）弱。但攀升的速率逐年下降，1999～2002年分别为0.0091、0.0124、0.0028和0.0046。这表明市场竞争的优势在逐年丧失。

（2）竞争力优势将进一步丧失。从汽车产业竞争力的构成要素上看，吉林省在经济规模、人力资源、研发力量、资本效率等方面都具有比较优势。平均企业资产规模3.81亿元，是全国平均水平的2.88倍，也高于上海、湖北和广东。净资产利润率为21.21%，高于全国平均水平64.67%，也高于上海的20.02%，但低于广东。在全国资产比重与市场比重的比值为1.3001，高于上海、湖北和广东。说明吉林省具备构造竞争优势的一些条件。但从汽车产业发展的内、外部环境和吉林省交通运输设备制造业的运行态势看，竞争能力的前景十分堪忧。

石油化工产业包括石油加工及炼焦业（以下简称石油）、化学原料及化学制品制造业（以下简称化工）和化学纤维制造业三个产业。吉林省石油化工产业具有如下特点：

（1）产业竞争力低于全国平均水平。近5年来，吉林省化工占全国市场份额由0.0358降到0.0289。而且竞争能力丧失速度逐渐加快。1998～2002年，每年市场减小的速率分别为0.0011、0.1134、0.1191和0.2361。而同期的山东、江苏市场份额分别由0.0830和0.1667上升到0.1029和0.1904。

（2）未来竞争力进一步下降的可能性比较大。一是构成竞争力的核心要素不具备比较优势。首先，地理区位不如上海、山东和江苏。这三个省都有海港，可以直接海运天然气、原油。按当前的生产技术，生产乙烯使用的原料，天然气比原油价格低10%，管道运输原油比海洋船运成本高20倍，铁路运输更高。其次，产业运行效率低。二是核心资产的盈利能力和成长性受主原料短缺的抑制。吉林省石化产业存量核心资产全部在吉林石化分公司。生产ABS、乙二醇、苯胺、AES、醇醚、丁辛醇、醋酸、醋酐、苯乙烯、乙醇、乙丙橡胶、苯酐、有机硅、聚乙烯、苯酚丙酮、苯酚丙酮、丙烯酸、酯和丁苯橡胶的技术水平和能力领先全国。生产这些产品的主要原料就是乙烯，乙烯生产的原料就是天然气或原油。但

---

① 《振兴吉林省五大支柱产业研究报告》，吉林省省情研究网。

吉林目前的油气产量却无法满足其加工能力。三是产业组织效率难以在短时期内提高。导致吉林省产业组织效率低的原因很多，根源在体制。而要解决体制问题，绝非3~5年可以办到。四是吉林省石油产业规模非常小，难以对石化基地竞争力作出较大贡献。

农产品加工业包含食品加工业、食品制造业、饮料制造业、烟草加工业、纺织业、皮革毛皮羽绒及其制品业和中药等七个产业。吉林省《振兴吉林老工业基地调整改造规划》将中药划归到"现代中药和生物药基地"，重点发展领域是产值占农产品加工业64.88%的食品加工业和食品制造业。吉林省农产品加工业特点如下：

（1）产业竞争力高于全国平均水平，强于黑龙江，弱于山东、河南和内蒙古。山东、河南的竞争力远远超过吉林省。黑龙江和内蒙古是吉林省的竞争对手。三省的市场占有率、资产占全国的比重、人力资源等都比较接近，特别是自然资源及区位条件几乎相同。从近5年三省发展状态上看，食品加工业吉林省占全国市场份额增加了2.2%，内蒙古增加了11.45%，而黑龙江则降低了37%。食品制造业吉林省则由0.0156上升到0.0324，增加了0.0168；内蒙古由0.0142增加到0.0336，增加了0.0194；黑龙江由0.0268上升到0.0297，增加0.0029。

（2）竞争力将震荡式上升。一方面吉林省拥有构成未来市场竞争力核心要素的比较优势。首先有丰富农产品资源，能支撑食品工业长期高速发展。粮食产量、商品率和人均商品量连续几年全国第一。牛、猪、羊和禽类存栏数持续维持较高水平。其次有一批技术和产能领先全国的加工企业，有利于形成市场的竞争力。最后有强大的研发能力，可持续保持技术领先。另一方面较低的产业效率和营销水平，一直困扰着吉林省农产品加工业的发展。

（二）新兴产业[①]

吉林省新兴产业有现代中药和生物制药产业及光电子信息等高新技术产业。中药已成为全球性新药开发产品，而且竞争非常激烈。日本、韩国有100多家汉方药，德国、法国等欧洲国家也大量生产天然植物药。在全球300亿美元的市场中，中国仅占3%左右，而且进口植物药大于出口，竞争力在逐步下降。吉林省的医药保健品在国际市场具有一定的竞争力，如人参、鹿茸等产品，主要借助于资源的不可替代性优势，大规模的国际市场开发，受医药商业欠发达的限制，暂时还不具备能力。

同时，中成药加工企业面临被外埠企业取代的危机。我国吉林、四川、云南

---

① 《振兴吉林省五大支柱产业研究报告》，吉林省省情研究网。

和甘肃四大药业种植基地的资源差异比较大，而且具有不可替代的特点，因此，四川、云南和甘肃在药业种植及依靠当地药材资源形成的中成药加工业对吉林省的竞争威胁并不大，最大的威胁来源于那些依靠吉林省药材资源（自己没有药材资源）、中成药加工能力、企业经营能力以及医药商业和吉林省比较接近或比吉林省发达的地区，如江苏、浙江、广东、北京、上海等地。这些地区的企业，非常有可能利用吉林省种植业发展迅速、产量增加，而就地消化量又比较少的特殊时期，对吉林省中成药加工企业形成替代。若此，吉林省中药产业的发展将相当不容乐观，非常有可能由"中药工业强省"退化为"中药农业强省"。

《振兴吉林老工业基地规划纲要》确定吉林省光电子信息等高新技术产业基地发展内容是：光电子信息及软件产业、新材料产业和现代农业技术。根据省内高新技术企业分布情况，我们选择电子及通信设备制造业和仪器仪表制造业作为分析的样本。

吉林省拥有一些国际级水平的科研成果，但缺乏与之相关联的国际级高科技企业，也没有相应的企业集群，产业形态比较落后。目前还不具备以产业的形态参与国际市场竞争。

（1）竞争力全都低于全国平均水平。占吉林省高新技术产品比重比较大的电子及通信设备制造业，竞争力不仅低于全国平均水平，而且占有全国市场份额的比重也非常小。1988年为0.0057，2002年降到了0.0016，减少了72%。而同期的广东、北京、浙江和上海分别增长了128.22%、164.84%、47.55%和16.09%。湖北和山西发展速度相对较慢，但其市场份额远远高于吉林省。2002年，湖北占市场份额的0.0105，是吉林省的6.56倍，陕西的0.0102倍，是吉林省的6.38倍。仪器仪表也低于全国平均水平。从1998~2002年，占全国市场的比重由1988年的0.0046下降到2000年的0.0040，下降了13%。而同期的上海、北京、天津和浙江却分别增加了26.05%、173.68%、12.61%和135.76%。这两个产业，在吉林省制造业中发展较快，被称为优势产业；但与全国更快的发展相比，是落后的。

（2）竞争力有可能进一步下降。其原因：一是吉林省的产业基础条件比较差，产业资本规模小。2002年，电子及通信设备制造业占全国比重只有0.0102，分别是上海、湖北、广东、陕西、浙江和北京的8.16%、72.09%、3.48%、43.17%、21.38%和16.46%。仪器仪表产业也只占全国的0.0113，分别是上海、北京、天津和浙江的10.52%、31.88%、29.9%和14.28%。特别是很多高新技术或产品，大都处于实验室状态，没有产业化，更没有形成上下游的企业群，产业竞争力很弱。二是产业运行效率较低。电子及通信设备制造业净资产利

润率是 -0.79%，成本费用利润率是 -2.08%，流动资金周转次数 0.41，全国平均水平分别是 11.56%、4.44% 和 1.97。上海、湖北、广东、陕西、浙江和北京上述指标基本超过或接近全国平均水平。仪器仪表产业也一样，净资产收益率 0.43%，是全国平均水平的 4.08%；流动资金周转次数 0.92 次，而全国同期为 2.24 次。三是占有市场份额呈下滑态势。从 1998~2002 年，电子及通信设备制造业市场份额减少速率分别为 20.30%、23.57%、27.15% 和 37.16%；仪器仪表产业分别是 11.5%、4.56%、1.31% 和 4.44%，略好于电子及通信设备制造业，似有到底的迹象，但其存量仅相当于电子及通信设备制造业的 1/4，全省制造业的 0.2%，难以遏制整体下滑的态势。四是吉林省具有比较优势的科研人员以及相关成果一方面存在着向市场竞争力转化的障碍；另一方面又大量向外埠转移，而且暂时缺乏有效的解决办法。

通过对构成五大基地竞争力的评估和分析，我们可以很清楚地看到：吉林省具备发展这五大产业（基地）的资源禀赋、企业规模、人力资源、技术进步的比较优势；但将这些比较优势转化为市场竞争力的能力较低，经济结构不合理是导致转化能力低的直接原因，而经济运行机制效率低则是导致经济结构不合理的深层次原因。

三、辽宁的产业发展现状

(一) 支柱产业[①]

从 2005 年辽宁工业的实际情况看，石化、冶金、装备制造、电子信息、汽车工业已成为辽宁工业的支柱产业。在辽宁工业体系中具有举足轻重的战略地位。这些产业的振兴和发展，对于提高辽宁的经济竞争力，具有十分重要的意义。

1. 石化工业

近年来，辽宁石化工业有了较快的发展。石化工业的产值、利税约占辽宁省规模以上工业企业的 1/3。辽宁石化工业现有辽河油田、辽阳石化、抚顺石化、大化集团等规模以上企业 666 家，其中，精细化工企业 260 家。农药、染料、油漆、炭黑产量分别各占全国总量的 2.8%、4.6%、1.2% 和 12%。辽宁的胶粘剂、表面活性剂分别占全国总量的 17%、14%，乙草胺农药、荧光增白剂等产品的国内市场占有率分别达到 65%、60%；原油加工量、丙烯、硼砂、石蜡、烷基

---

① 辽宁省社会科学院：《辽宁支柱产业发展现状及发展前景展望》；2006 年。

苯、合成脂肪醇、三聚氯氰、晴氯纶等产品产量均居全国第一位；原油和纯苯产量居全国第三位，乙烯产量居全国第八位。辽宁现有国家精细化工重点实验室、国家催化剂技术重点实验室、国家农药工程研究中心、国家染料工程中心和 30 余家省级企业技术研发中心。利用丰富的资源，辽宁已初步形成采油、炼油用的精细化工产品，农药及中间产品，涂料、染料、颜料产品，添加剂产品，生物化工产品，炭黑、橡胶助剂产品，无机精细化工产品，煤化工产品等八大精细化工产品群体。2004 年辽宁石化工业完成工业总产值 2307.28 亿元。

2005 年以来，石化行业的成品油、烧碱、树脂及轮胎生产状况良好。预计全年生产原油 1250 万吨，同比下降 2.6%；完成原油加工量 5400 万吨，同比增长 6.7%；生产尿素 140 万吨，同比增长 8%；生产子午线轮胎 680 万套，同比增长 17%。辽宁石化产业投资力度不断加大，重大项目进展顺利。2005 年 1~6 月石油和天然气开采业投资同比增长 40.2%；化学工业同比增长 50.4%。目前，辽阳石化 14 万吨乙二酸改造、沈化股份的 8 万吨 PVC 糊树脂改造、大连振邦的 1.5 万吨烘烤型氟涂料等项目相继竣工投产。沈阳蜡化 CPP 制乙烯及 27 万吨 PVC 总体改造、大连双岛湾 130 万吨/年乙烯工程、抚顺石化 100 万吨/年乙烯改造、辽阳石化 550 万吨/年炼油工程等一批重大石化项目已步入实质阶段。由于 2005 年国际原油价格长时间在高位运行，8 月份国际原油的期货价格已突破 60 美元/桶，国内成品油出厂价格的上涨幅度跟国际原油价格上涨幅度相比偏低，炼化企业效益受到一定影响。2005 年 1~9 月，石化工业实现利润总额 38.53 亿元，比上年同期减少 74.90 亿元，实现利税总额 131.82 亿元，比上年同期减少 69.02 亿元。预计全年实现销售收入 2430 亿元，同比增长 18%；实现利润 90 亿元，同比下降 35%。

2. 冶金工业

辽宁冶金工业的综合实力在全国居第二位，辽宁黑色金属、有色金属和冶金辅助原料矿产丰富，铁矿已探明的保有储量 110 余亿吨，占全国的 1/4，产地 70 余处；菱镁矿已探明的保有储量 25.7 亿吨，居中国首位，产地 12 处。辽宁钢铁工业在中国占有重要的地位，钢铁产量约占中国的 1/6，并已经形成了从采选到冶炼加工，从普钢、特钢到精密合金延伸加工等比较完整配套的生产体系。可生产 3000 多个品种、2 万多个规格。中厚板产量全国第一；热、冷轧薄板、镀锌板产量全国第二。辽宁有色金属产量约占中国总产量的 1/10，主要产品有铜、铅、锌、镉、铋、钴、铝、镁、钛、金、银、铂等以及多种规格的管、带、板、棒、锭、箔等。辽宁省是全国拥有大、中型冶金工业企业最多的一个省。在全国 10 大钢铁联合企业中，辽宁就占 2 个。辽宁冶金工业的骨干企业主要有：鞍山钢铁公司、本溪钢铁（集团）公司、葫芦岛锌厂、抚顺铝厂等。2004年冶金工业完成工业总产值1659.82亿元，生铁产量2525.86万吨，粗钢2595.51万吨，钢材2598.07万吨，10种有色金属52.15万吨。

2005年以来，由于受国家一系列宏观调控措施的影响，钢材的总体价格从第二季度以来继续不振，下半年辽宁省钢铁企业的生产增速会有所减缓。2005年1~10月，冶金工业完成工业增加值420.71亿元，同比增长24.3%。生铁产量2582.11万吨，同比增长25.8%；粗钢产量2520.61万吨，同比增长19%；钢材产量2585.12万吨，同比增长19.5%，10种有色金属42.0万吨，同比下降4.5%。预计全年完成生铁产量3000万吨，同比增长18%；钢产量3000万吨，同比增长15%；钢材产量3000万吨，同比增长15%；实现销售收入2100亿元，同比增长11%，实现利润140亿元，同比持平。辽宁钢铁出口大幅增长。下半年以来，辽宁省冶金产品出口增长继续呈逐月下降的趋势，8月份重点钢铁企业钢铁产品出口15.33万吨、创汇8565万美元，分别比上月减少了7.31万吨、2594万美元，比上年同月减少了6.34万吨、2375万美元。辽宁省冶金行业的更新改造速度加快，2005年1~6月，金属冶炼及压延加工业完成投资增长55.9%。辽宁省两大骨干钢铁企业实现联合重组。2005年8月，鞍山钢铁公司和本溪钢铁公司联合重组为鞍本钢铁集团，重组使两大钢铁企业实现资源更大范围内的优化配置。目前，鞍本钢铁集团已具备了产钢2000万吨的生产能力，年销售收入将达到1000亿元。预计到2010年，鞍本钢铁集团将成为年产钢3000万吨以上，有望进入世界500强，形成具有国际竞争力的大型钢铁集团。

3. 装备制造业

目前，辽宁装备制造业大体处在国际20世纪90年代初期水平，在重大成套装备和基础装备方面具有国内领先水平。在装备制造业178小类产品中，居于全国前六位的辽宁有58小类，占32.6%。数控机床及数控系统、船舶、铁路机车、输变电及控制设备、燃气轮机、石化及其他工业专用设备、矿山、冶金和起输设备、环保设备、轴承以及轻型客车、车用柴油发动机等产品均居全国前列，国内市场10.6%的数控机床由辽宁提供，铁路内燃机车辽宁企业累计总产量占全国总拥有量的40%以上，轴承系列产品国内市场占有率15%。辽宁省民用船舶的制造能力占全国总量的22.29%，在某些船舶产品的制造上已经跻身世界前沿。辽宁装备制造业企业拥有15个国家级技术中心、45个省级技术中心及一批国家级科研院所和一批具有科研开发能力的大专院校。2004年装备制造业完成工业增加值581.9亿元，占规模以上工业增加值的25.8%。

2005年受国家宏观调控的影响，冶炼设备、水泥设备订货合同趋少，运行速度有所减缓。数控机床、输变电设备、石化通用设备市场需求旺盛，生产继续保持增长态势。2005 年 1~10 月，辽宁装备制造业完成工业增加值 593.10 亿元，同比增长 21.9%。主要装备产品产量：金属切削机床产量达 9.30 万台，同比增长 28.0%；数控机床 1.19 万台，同比增长 52.0%；制冷空调设备产量为 40.38 万台（套），同比下降 5.9%；水泥专用设备 2.79 万吨，同比下降 9.9%；金属冶炼设备 5.43 万吨，同比下降 21.4%；民用钢质船舶 139.81 万吨，同比增长 21.4%。装备制造业更新改造步伐加快。林德工艺装置有限公司、巴尔的摩空气盘管制冷有限公司、大连三洋压缩机有限公司等合资企业的六个重点增资扩产项目开始启动。2005 年装备制造业预计将实现销售收入 2500 亿元，同比增长 18%；实现利润 65 亿元，同比增长 2.4%。

4. 电子信息产业

"十五"以来，辽宁将电子信息产业作为支柱产业大力发展，年增长速度达到了 29%，远远高于其他产业。目前，辽宁省信息产业中已经形成东软集团、沈阳新松机器人自动化股份有限公司、大连华信公司、大连大显股份公司、长白计算机集团、丹东东宝电器集团等一批在国内具有一定实力的骨干企业。电子产品规模不断扩大，主要生产影视及音响设备、计算机及外部设备、有无线通信设备、电力电子设备及电子元器件基础产品等五大类 20 余种产品。在金融电子、电力电子等领域研究与开发能力较强，部分产品在国内处于领先地位。近年来，辽宁省软件产业取得了飞速发展，已经形成了以大连、沈阳、鞍山三个比较成型的软件产业基地。大连软件园，是信息产业部和原国家计委批准的 11 个产业基地之一。沈阳软件园，以改造和提升传统产业的核心竞争力为主要特色，重点开发应用软件和嵌入式软件。鞍山软件园离沈阳 90 公里的地方，是鞍钢的所在地，以开发冶金装备软件为主要特色。目前，全省有东软、华信、海辉等近 500 户软件企业，有东北大学、大连理工大学等院校为软件产业培养专业人才。2004 年，辽宁省软件产业实现销售收入 150 亿元，软件从业人员超过 4 万人。辽宁的信息化基础设施建设也日渐完善。截至 2004 年年底，辽宁省光缆总长度达到 12 万公里。电话用户总数 2755 万户，普及率 65 部/百人；互联网用户 462 万户，宽带接入 98 万户。2004 年，辽宁省电子信息产业销售收入（不含通信运营业）达到 654 亿元，进入了全国十强行列。其中，电子信息产品制造业销售收入 504 亿元，位居全国第九位；软件业销售收入 150 亿元，位居全国第八位。

2005 年 7 月，8 个城市在沈阳举办了首届辽宁中部城市信息产业联席会议，辽宁中部城市沈阳、鞍山、抚顺、本溪、丹东、营口、辽阳、铁岭共同签署了《辽宁中部城市信息产业合作框架协议》，该协议的签署和实施必将有力地促进辽宁中部城市信息产业的合作与发展。2005年招商引资工作进展顺利。总投资11.7亿美元的8英寸0.25微米集成电路芯片生产线重大项目落户浑南新区，预计项目2008年全部达产后，将实现产值56亿美元。另外，沈阳浑南高新区与深圳中兴发展有限公司在深圳签署合作协议，中兴公司将投资10亿元，在沈阳浑南高新区建设沈阳中兴软件产业园，2010年全部建成，年销售收入可望达到30亿元。2005年5月8日，中国中小企业沈阳网正式开通，目标是力争用3年时间打造成沈阳市中小企业门户网站，帮助3000户企业建立企业自己的网站，为企业发布信息、展示产品等。2005年5月24日，辽宁省百万家庭上网工程正式启动，是继百万农民上网工程和百户企业信息化示范工程之后，第三个信息化普及工程。以上几个网络工程的陆续开通，必将促进全省全民素质水平和社会文明程度的提高，促进信息产业发展，促进政府社会管理和公共服务水平的提高。目前，辽宁省电子信息产业投资增长较快，2005年1~6月，以信息传输、计算机服务、软件和电子设备为代表的高新技术产业投资23.3亿元，增长36%。2005年辽宁省电子信息产品制造业将稳步增长，预计全年将实现销售收入（不含运营业）800亿元，增长速度达到20%以上。其中制造业600亿元，增长19%；软件业200亿元，增长33.3%。出口46.2亿美元，增长10%。

5. 汽车工业

辽宁的汽车工业是从改革开放以后逐步发展起来的。目前，辽宁汽车工业以轻型车、卡车、越野车、大中型客车、农业运输车、汽车发动机6大门类生产为主，已成为国家轻型车的生产基地。轻型客车、车用柴油发动机系列产品市场占有率连续多年位居全国第一。目前，辽宁共有车辆生产企业82家，其中产值列前5名的企业分别为沈阳华晨金杯汽车有限公司、华晨宝马汽车有限公司、沈阳兴远东汽车零部件有限公司、丹东曙光汽车集团股份有限公司和金杯通用汽车有限公司。全省汽车零部件企业大约有140多家，其中具备一定规模的汽车零部件企业60家。2004年生产汽车14.13万辆，轿车2.66万辆。

2005年全省汽车生产运行平稳，预计全年整车产量15万辆，同比增长15.7%，其中轿车2.98万辆，同比增长10.6%。汽车行业整体的内部成本持续上升，外部销售状况受宏观环境影响，持续疲软。全行业的整体效益将受到一定影响。汽车及零部件出口增长较快，上半年，辽宁省共出口汽车整车2188辆，出口贸易额为1866万美元，分别同比增长2倍和2.3倍。其中，1300余辆柴油货车出口到叙利亚、越南、科威特，460多辆汽油小客车进军到尼日利亚、南非等非洲市场，99辆大客车出口到阿拉伯联合酋长国。辽宁汽车零部件出口贸易额为1.39亿美元，同比增长54%。其中，有13种产品出口超过百万美元，制动摩擦片、车窗玻璃升降器和车辆制动器等零件出口超千万美元。拥有自主知识产权品牌的华晨集团与埃及和越南正式签约，在两地建CKD厂，出口散件，中华轿车将在当地进行整车组装生产。2005年10月13日，投资27亿元的上海通用（沈阳）北盛汽车二期项目建设正式拉开帷幕，整个项目建成后，将使通用北盛的整车生产能力由目前的5万辆提升到15万辆。

（二）新兴产业

老工业基地辽宁确定了9大新兴产业，在财政资金、金融信贷、项目用地和人才保障等方面予以重点扶持。到2012年，新兴产业产值年均增长25%以上，2012年产值比2009年翻一番，使新兴产业成为全省工业的主导产业。

辽宁确定的新兴产业共包括先进装备制造业、新能源产业、新材料产业、新医药产业、信息产业、节能环保产业、海洋产业、生物育种产业和高技术服务业等9大类。辽宁明确今后整合各类财政专项资金，划出一定比例，支持新兴产业基地内的基础设施、重点项目、科研开发、公共服务平台和创新能力建设。利用资本市场进行融资，对新兴产业上市企业给予奖励。地方商业银行在总贷款规模中，划出一定比例的资金，用于支持新兴产业发展。

截至2012年，9大新兴产业产值将比2009年翻一番，各地区新兴产业聚集区初具规模，突破100项具有重大支撑和引领作用的关键技术，实施100个技术水平国内领先国际先进的产业化项目，使新兴产业成为全省工业的主导产业。到2015年，新兴产业产值在2012年比2009年翻一番的基础上，再翻一番。培育形成100个具有自主知识产权、销售收入超过10亿元的新兴高技术领军企业，建设形成100个主题特色鲜明、创新能力较强的新兴产业聚集区，一些新兴产业规模和水平跻身全国乃至世界前列。

通过上面的分析，我们看到东北三省的产业结构有很多共同点，同时也存在许多互补支出，东北三省产业发展情况，如表7-2所示。

表7-2　　　　　　　　东北三省支柱产业和新兴产业

省份	支柱产业	新兴产业
辽宁	石化、冶金、装备制造、电子信息、汽车工业	先进装备制造业、新能源产业、新材料产业、新医药产业、信息产业、节能环保产业、海洋产业、生物育种产业和高技术服务业
吉林	汽车产业、石油化工产业、农产品加工业	现代中药和生物制药产业及光电子信息
黑龙江	能源、装备制造制造、化工、食品和医药行业	新能源、新材料、节能环保、生物、信息、现代装备制造

第二节 产业一体化发展的模式与特征

一、珠三角的产业一体化[①]

过去30年,珠三角坚持改革开放,快速实现了以工业化为主体的经济腾飞,成为全球重要的制造业基地之一。目前,珠三角制造业总体上呈现出"两走廊、多基地"的发展格局,形成了珠江口东岸的电子信息产业和珠江口西岸的优势传统产业走廊,以及各具特色的装备、汽车、石化、船舶制造等产业基地,广州、深圳、佛山和东莞四市制造业产值占珠三角的80%;服务业总体呈现以广州、深圳为核心,多点集聚发展态势,两个核心城市服务业产值占珠三角的60%;现代农业总体呈现非均衡分布状态,广州、肇庆、佛山、江门、惠州等地农业产值占珠三角的85%以上。三次产业之间、行业之间、企业之间产业关联度日益提高,分工协作体系初步形成。城市之间竞合关系逐步确立,初步形成了广佛肇、深莞惠、珠中江三大经济圈。

强化广佛肇、深莞惠、珠中江三大经济圈产业的优势互补与合理布局。广佛肇经济圈以广州为中心,重点布局发展现代服务业和以装备制造业为核心的先进制造业;深莞惠经济圈以深圳为中心,重点布局发展现代服务业和以战略性新兴产业为核心的先进制造业;珠中江经济圈以珠海为中心,重点布局发展以重大成套装备为核心的先进制造业,依托优势布局发展战略性新兴产业,配套发展现代服务业。三大经济圈适度布局发展现代农业。

发挥中心城市在资源整合、产业集聚和功能提升中的核心作用。广州依托国家经济中心城市、综合性门户城市和区域文化教育中心的优势,着力打造国际产业服务中心;深圳依托经济特区、全国经济中心城市和国家创新型城市的优势,着力打造国际产业创新中心;珠海依托经济特区和科学发展示范市的优势,着力打造国际重大装备制造业中心;佛山、东莞依托制造业发展优势,着力打造国际产业制造中心;惠州依托大石化优势,着力打造世界级石化产业基地;中山、江门依托特色产业发展优势,着力打造国家级先进制造业基地;肇庆依托区位优势和国土资源优势,着力打造传统产业转型升级集聚区和重大装备制造配套基地。

[①]《珠江三角洲产业布局一体化规划(2009~2020)》。

（一）现代服务业布局

加强与港澳台地区及国际合作，充分发挥广州、深圳两个中心城市的要素集聚和辐射效应，以广州中新知识城、南沙，深圳前海、河套地区，珠海横琴新区等主要园区为载体，积极构建现代服务业核心集聚区和对外辐射功能区，尽快形成以广州、深圳为核心，以多基地为支撑，辐射全省的现代服务业发展总体布局。

1. 金融服务

以广州、深圳两个区域金融中心为主体，以佛山、东莞和珠海等城市为节点，整合金融资源，着力建设珠三角金融改革创新综合实验区，形成"两中心、三节点"的总体空间布局。

2. 信息服务

以广州、深圳为龙头，率先构建全覆盖的"无线城市"，建设基于"三网融合"的信息服务平台和与国际接轨的信息服务体系，重点打造南方物流信息交换中枢和国际电子商务中心，将珠三角建设成为亚太地区和全球重要的信息服务和网络经济聚集区。

3. 专业服务

以广州、深圳为核心，依托各类科技园区和产业集群，着力建设全国领先的科技服务中心和中介服务体系，形成"两核多点"的总体布局。

4. 教育服务

重点打造一批领先全国的教育培训中心，积极推进与港澳地区合作，促进珠三角教育服务与国际接轨，发展国际化职业教育培训基地，形成以广州、深圳、珠海为龙头，佛山、东莞和肇庆协同发展的总体格局。

5. 会展服务

着力建设以广州和深圳为核心，珠海、佛山、东莞、惠州、中山、江门共同发展的珠三角国际会展产业带，形成"两核、多点、一带"的总体布局。

6. 流通服务

以大型国际空港、海港和公路、铁路综合枢纽为支撑，构建以广州、深圳、佛山为核心，其他城市为节点，辐射全国、世界一流的现代物流中心，形成"两核、多点"的总体布局。

7. 外包服务

依托广州、深圳、珠海等国家级软件和服务外包产业园进行总体布局，通过专业化分工协作，构建产业集中度较高、关联密切、特色鲜明的珠三角现代外包服务产业集群。

8. 旅游服务

建立珠三角三大经济圈旅游业一体化合作机制，依托资源优势，共同打造区域旅游品牌。加强与港澳地区的协作配合，加强旅游项目对接，在广州、深圳、珠海兴建国际邮轮母港、停靠港，大力发展高端邮轮旅游，与港澳地区共同打造亚太地区具有重要影响力的国际知名旅游区。

9. 文化创意

以广州、深圳、佛山为中心，辐射带动东莞、珠海、中山，打造珠三角工业设计圈；以广州、中山为龙头，打造珠三角动漫游戏游艺产业集群；加快建设广州、深圳两大国家级文化创意产业基地，形成"一圈、两基地"的总体布局。深化粤港澳文化创意产业合作，以深圳前海、珠海横琴新区等为载体，共同打造"亚洲创意中心"品牌。

（二）先进制造业布局

依托大型生产和制造中心、产业基地、产业集群，延伸产业链，细化产业分工，完善产业配套，形成珠江口东西两岸和沿海产业发展轴"三轴"联动、协同发展的一体化布局。

1. 交通及海洋装备制造

汽车产业重点构建"两核一圈"的基本空间布局，打造华南国际汽车制造基地。依托广州和深圳的轿车整车生产及核心技术研发，辅以广州、佛山、东莞的客车、载货车和专用车生产，形成以广州和深圳整车为核心，辐射带动佛山、珠海、中山、惠州、东莞、肇庆、江门，以及粤东西北的清远、韶关等地汽车零部件供应圈的配套发展格局。以珠三角城际快速轨道交通网络建设为契机，以广州为中心，江门为配套发展轨道交通车辆总装、维修及配套装备制造产业，建设服务华南、辐射全国的轨道交通制造产业集群。整合提升摩托车产业，以江门为核心，强化摩托车及其零部件产业集聚发展，扶持江门建设"中国摩托车产业示范基地"。加快建设以广州、中山、珠海、江门为主，各有侧重、错位发展的珠江口千万吨级修造船与海洋工程装备产业带。广州加快建设以中船南沙龙穴造船基地为龙头，以国际三大主流船型和高技术船舶，以及大功率中低速柴油机等船舶关键配套装备为重点，总装、配套与维修联动发展的大型船舶制造基地；中山建设以成品油轮、化学品船等高科技船舶及海洋工程大型铸锻件生产为主的临港船舶制造基地；珠海建设以具有现代化技术水平的海洋工程装备及游艇制造为主的世界级海洋工程装备基地；江门重点发展中小型船舶、特种船舶、中高档游艇和船舶修拆等产业，建设广东中小型船舶及配套产业基地。

2. 通信设备制造

以深圳为龙头，广州、惠州、东莞、佛山为支撑，构建具有较强核心竞争力的全球通信设备制造和创新基地。以深圳为核心、龙头企业为依托，打造包括深圳、东莞、广州、佛山的智能交换系统、通信核心网系统、综合接入系统和通信导航系统等基础通信设备产业带；以惠州、深圳、广州、东莞为中心，打造辐射带动粤东西北的新一代通信终端设备产业基地；以深圳、广州为中心，打造涵盖惠州、东莞等地的数字对讲和数字集群调度系统的专业无线通信产业带。

3. 电力设备制造

完善产业链条，强化产业联系，建设以广州、佛山为核心，辐射带动全省的电力设备产业集群。重点构建以广州南沙、江门台山核电核岛设备制造为龙头，珠三角其他地区为配套的核电装备制造产业集群；以中山风电设备制造为龙头的珠江口西岸风电产业带；以广州、佛山和肇庆的高压、超高压输变电重大成套设备为核心，延伸发电设备下游环节，带动中山的分马力电机、中低压输变电设备，深圳、珠海的电力系统自动化设备和微、特电机，东莞的光纤、光缆，江门的中低压输变电设备、电气控制和电线电缆集群发展，并进一步辐射带动粤东西北的汕头、清远等地相关设备制造业发展，推动形成产业链完备、特色鲜明、优势互补的区域电力设备制造业分工协作格局。

4. 通用和专用设备制造

构建以广州、佛山、深圳和东莞为主要节点的通用和专用设备产业带。重点建设华南地区数控系统技术研发中心，形成以广州为主，辐射带动佛山、深圳、东莞的数控系统及机床产业发展的区域布局；引导形成以广州为中心，辐射带动中山等地的锻压及成形设备产业链；形成以深圳、广州为中心，与东莞互补互促的激光和激光加工设备产业布局一体化格局；构建和完善以广州为中心的农机装备制造产业链；依托重点企业，形成以广州整梯生产、立体停车设备制造为重点，辐射带动中山、佛山南海的高速电梯制造，推动形成楼宇及起重装备制造产业集群；构建以广州为中心的货币专用设备及相关机械制造产业集群；建设形成以深圳、东莞为主的精密封装、组装及检测设备，以肇庆为主的片式元器件生产设备的电子专用设备产业集群；引导形成以佛山为主的建筑材料生产专用机械和建筑工程用机械产业集群；以深圳、江门为重点，发展石油钻采专用设备制造业；以佛山为重点，发展纺织机械产业集群；以广州、肇庆、中山为重点，建设印刷包装机械、气动元件和真空设备产业集群；以广州、中山为重点，建设食品饮料加工机械产业集群；以广州、佛山、深圳、东莞为重点，建设塑料加工机械和大型及精密模具设计与制造产业集群。加快建设深圳高档医疗设备生产基地，形成以深圳为中心，辐射带动佛山、珠海以及粤东西北的医疗设备产业集群。

5. 石油化工

强化石油化工产业空间集聚，延伸和完善下游产业链，构建以惠州炼化一体化为龙头，辐射带动珠江口两岸地区精细化工差异化发展的格局。惠州重点建设大亚湾石化深加工和精细化工高度集聚的世界一流综合性化工区，并向东莞延伸产业链。广州重点发展有机化工原料深加工、功能性新材料、生物化学品等高技术精细化工产业。珠海做大做强PTA（精对苯二甲酸）产业，重点发展环境友好的新型专用化学品和新型材料，加快建设临港化工基地，并向江门延伸产业链。深圳重点发展高性能电子化学品、生物化工、高分子新材料，打造具有国际竞争力的精细与专用化学品基地。佛山依托涂料、变性淀粉和塑料助剂等产品发展优势，建设新型涂料和助剂发展基地。中山大力发展胶粘剂、汽车涂料和家用卫生用品等优势产业，建设国内领先的专用化学品生产基地。东莞以立沙岛精细化工基地为依托，重点发展以新领域精细化工、化工新材料和基础有机化学品为主体的石化深加工产业群。江门重点发展为造纸、塑料、印染等多行业配套的化学专用助剂产品。

6. 钢铁

抓住宝钢重组韶钢、广钢的契机，建设以汽车、家电和造船用钢为主的广州高端板材制造基地，与湛江千万吨级现代化钢铁基地一起，形成优势互补、错位发展的钢铁产业新格局。

（三）战略性新兴产业和高技术产业布局

以深圳和广州高技术产业集聚区为核心，以国家级、省级高新区和多个国家级高新技术产业集群为载体，建设我国乃至世界重要的战略性新兴产业和高技术产业高地，尽快形成由深圳、广州两个核心城市，佛山—广州—东莞—惠州—深圳高技术产业密集带构成的"两核、一带"的总体布局。

1. 电子信息

增强自主创新能力，强化产业集聚辐射功能，提升珠江口东岸电子信息产业带发展水平。加快建设珠三角国家级信息产业基地，形成全球电子计算机制造、家用视听设备制造、电子元器件制造、汽车电子制造、娱乐玩具电子制造等五大基地，以及广州、深圳、珠海集成电路设计产业化基地和国家级软件产业园区。

2. 新能源

以广州、深圳为重点，加快建设电动汽车生产基地；以深莞惠和佛山、中山为重点，加快建设国家太阳能光伏高技术产业基地；支持深圳率先建成国家新能源产业基地和低碳经济先锋城市，支持江门开展低碳经济城市试点，支持肇庆建设低碳经济实验区，加快建设低碳经济强省；促进广州、深圳、佛山、东莞环保节能产业加快发展，打造世界级新能源和环保节能产业基地。

3. 新材料

广州重点加快建设国家火炬计划新材料特色产业基地、新材料国家高技术产业基地、全国最大的改性塑料生产基地和碳纤维生产应用三大基地，形成国家级新材料产业重要基地。深圳重点依托有关产业基地和重点企业，加快建设光电子信息材料、纳米材料、新型建筑节能材料、新型特种功能材料基地。佛山重点建设先进金属材料、特种功能材料基地；东莞重点建设电子基材研究生产基地；肇庆重点建设高纯稀土金属、电子信息、金属和特种功能材料基地；中山重点建设新型电子材料、特种功能涂料、环境友好材料基地；江门重点建设纺织化纤、稀土发光、磁性材料、高性能结构材料基地，形成分工合理的珠三角新材料产业发展布局。

4. 生物医药

以广州、深圳两个国家生物产业基地，中山国家健康科技产业基地和华南现代中医药城、佛山高新技术产业开发区医药健康产业园、珠海生物医药科技产业园和肇庆星湖科技产业园为支撑，打造国家生物医药和现代中药重大创新产业基地。广州加快国际生物岛、华南新药创制中心建设，以广州药业、白云山等一批医药上市公司为龙头，推动生物医药和现代中药产业发展，创建国家中药现代化科技产业基地。深圳重点依托生物医药产业园，以及生物医药企业加速器等一批公共服务平台，打造世界知名的国家级生物产业基地。

5. 海洋产业

以广州、深圳、珠海、惠州为重点，依托国家南方海洋科技创新基地、广东海洋与水产高科技园和深圳国家级海水综合利用产业化基地等载体，支持发展海洋环保、海洋新能源等领域的创新开发和重大产业化项目。广州以海洋生物技术产业开发示范基地、生物岛以及南海海洋生物技术国家工程中心等基地为依托，加快培育海洋生物医药与保健品产业，建成我国重要的海洋生物技术和产业化基地。深圳重点推进海水淡化和直接利用工作，建设大规模海水淡化和海水直接利用产业化示范工程和滤膜法海水淡化技术装备生产基地，积极培育海洋化工、海洋环保、海洋新能源等新兴产业基地。

6. 航空产业

依托珠海航空产业园，以通用飞机产业基地为核心，打造集飞机制造、发动机和机载配套一体化发展的航空制造产业链，形成展览、维修、培训、保障服务等服务业配套发展的华南航空产业集聚区。广州、深圳依托临空产业和优势产业园区，配套发展航空零部件加工、机载电子、航空材料和航空装备制造等产业，形成以珠海为龙头，广州、深圳为依托的"三角形"航空产业空间布局。

（四）优势传统产业布局

坚持以市场为导向，突出优化提升、高端集聚，引导产业合理布局，加快形成"一核多极，辐射全省"的总体空间格局。依托佛山在多个传统产业的突出优势，促进其发展成为传统产业发展对外辐射的核心区；支持珠三角其他市在特色优势传统产业或产业链重要环节形成产业集群，成为多个发展极。大力推进珠三角优势传统产业的加工制造环节向粤东西北地区有序转移，促进区域协调发展。

1. 家用电器

重点构建"一带一基地"的空间布局。依托骨干企业，建设以佛山顺德和南海大小家用电器、珠海空调器、中山空调器及小家电为主的珠江西岸家用电器产业带，打造全球制造中心、设计中心和营销中心，引领带动珠江东岸以深圳、东莞、惠州为主的出口家电产品生产基地，以及粤西经济型家电产业集群发展。促进专业化分工和产业链延伸，引导家用电器加工制造环节由珠三角逐步向粤东西北扩散和转移。

2. 纺织家具

以广州、深圳总部经济和时尚设计创意，以及中高端时尚服装和品牌服装制造为龙头，辐射带动其他地区纺织服装产业发展，形成优势突出、特色鲜明、错位发展、分工合作、上下游互动的良性发展格局。广州重点打造珠三角服装交易、展示、信息发布中心，大力发展服装业总部经济。深圳打造研发、设计、生产、营销中心。佛山着力建设完善针织服装产业体系，大力发展高档面料、家纺布艺产业，形成纺织服装上游配套供应中心。东莞发展成为国际性的纺织服装信息中心、生产中心和贸易中心。中山重点建设具有全国影响力的休闲服装、内衣、牛仔服装加工制造集聚基地。惠州重点打造丝光棉生产基地。江门重点打造特种纤维生产基地。

3. 食品饮料

重点构建以广州、东莞、深圳、佛山、肇庆为主的饮料制造集聚带，以广州、佛山、东莞、江门、惠州、中山为主的食品加工制造集聚带。发展一批广东凉茶、啤酒、饮料、保健功能食品、添加剂、调味品、肉制品等为主的食品饮料产业集群和集散地。

4. 建筑材料

建设形成以佛山、深圳为中心，辐射国内外的新型建筑材料产业集群。重点建设佛山世界级现代陶瓷产业基地，强化总部经济功能，辐射带动肇庆、清远、河源、江门等地陶瓷产业发展；形成以深圳玻璃技术研发为中心，辐射带动广州、东莞、佛山、中山、江门的玻璃深加工业发展，打造产业链上下游分工合作、紧密衔接的珠三角玻璃及玻璃深加工产品集群。发展以中山为中心的管桩建材和木地板产业集群。

5. 金属制品

建设形成珠江口西岸的佛山、江门、中山、肇庆以铝型材、不锈钢产品、小五金、集装箱制造为主，东岸的深圳、东莞以集装箱制造、五金模具和五金制品为主的集聚化发展格局。重点建设珠江口西岸国家级金属材料加工与制品产业基地，努力打造成为全国重要的有色金属材料与制品研发、制造、会展交易中心，并以此辐射带动粤东揭阳、粤西阳江、粤北云浮等地的五金不锈钢深加工产业群加快发展。

6. 造纸

推动产业集聚和技术升级，形成以广州、深圳、东莞、中山、江门、肇庆为主的纸制品集聚区，东莞、珠海、中山和佛山为主的包装纸板集聚区，广州和江门为主的新闻纸和文化用纸集聚区，江门、东莞、中山为主的生活用纸集聚区。重点建设东莞的高档包装纸板生产基地和纸制品出口生产基地、江门的银洲湖高档纸和纸板生产基地、肇庆的纸制品生产基地。

（五）现代农业布局

以肇庆、江门、惠州为重点，加快发展面向珠三角和港澳地区的农产品生产、加工、供应和绿色食品流通中心、生态观光旅游农业中心，形成"一环多点"的总体布局。以广州、深圳、佛山、珠海、中山为重点，建设新兴都市型现代农业基地；以广州花都、佛山顺德为重点，建设花卉观光基地；以深圳国家农业科技园区为重点，建设畜牧良种工程基地；以江门、广州、惠州、佛山及肇庆为重点，建设瘦肉型猪生产基地；以广州、佛山、肇庆、惠州、珠海、江门为重点，建设水产养殖基地。整合港、澳、台地区物流、技术和信息资源，打造海峡两岸和香港、澳门现代农业合作示范区。

1. 蔬菜和优质稻产业

重点建设肇庆万亩优质供港蔬菜水果示范基地、广州蔬菜良种选育及繁殖基地、佛山现代农业生态园区优质蔬菜生产基地、江门（鹤山）现代农业示范区和

第七章　产业结构一体化

优质蔬菜种植基地，形成以广佛肇为主的优质蔬菜产业带。以惠州博罗、惠东和龙门，广州增城，肇庆德庆和怀集，江门台山为重点，建设优质稻生产基地。

2. 畜禽和水产业

以深圳国家农业科技园区、江门和肇庆国家标准化生猪养殖基地、开平马冈鹅养殖生产基地等为依托，打造珠三角优势畜牧业产业区。加强大型养殖场建设，以佛山、江门、肇庆为重点发展生猪养殖业，以广州、深圳、珠海、肇庆为重点发展奶牛养殖业，建成优势畜禽产业基地。依托广州特种水产种苗基地、佛山顺德和南海优质鱼养殖基地、中山脆肉鲩鱼养殖基地、肇庆罗非鱼产业园区和罗氏虾产业园区，建设广佛肇综合开发型、都市型渔业产业带。加快建设深莞惠优势海水种苗生产基地、龟鳖类养殖基地和珠中江大宗优势鱼类、观赏鱼养殖基地。

3. 花卉园艺及观光休闲农业

以广州国家级花卉标准化示范区、佛山海峡两岸农业（兰花）合作试验区、顺德和南海花卉苗木生产基地、中山花卉苗木标准化示范基地、龙门台湾农民花卉基地等为依托，建设优势特色现代园艺产业带。以广州从化花卉生产与旅游综合示范区、肇庆凤凰、沙浦生态观光基地、江门新会"自然生态游"现代农业基地，以及珠海金湾台湾农民创业园等为重点，加快发展观光休闲农业。

二、长三角的产业一体化[①]

长三角是我国经济发展最活跃的地区，是我国经济增长的引擎。但随着土地资源的日益紧张，劳动力成本的不断上升，长三角的经济增长也面临着诸多困境。如何突破这些发展的"瓶颈"，实现经济结构的转型和升级是摆在学者、官员、企业界人士面前的有待破解的重大课题。目前，通过产业一体化，实现城际之间产业的融合和互补实际上已经为这些问题找到了解决办法。下面，我们介绍长三角的产业一体化经验，主要包括三大主导产业的空间布局与优化组合，分别为电子信息产业、汽车产业和石油化工产业。

（一）城际电子信息产业链的空间布局与优化组合

长三角城市群城际电子信息产业链主要包括：集成电路产业链、计算机产业链、信息家电产业链和光电子产业链。长三角城市群设计了电子信息产业链在城

[①] 朱英明：《长三角城市群产业一体化发展研究》，载《产业经济研究》2007年第6期。

市间空间布局和优化组合的整体思路，即以上海、南京、杭州、无锡、苏州、常州、宁波等城市作为城际电子信息产业链布局的核心，涉及的具体产业（产业园）主要包括：上海国家级 IC 设计产业基地和国家级软件园、南京国家级软件园、杭州国家 IC 设计和制造产业基地与国家级软件园、无锡国家级软件园、国家级 IC 设计产业基地和国家集成电路设计产业化基地、苏州国家级软件园、常州国家级高新技术产业开发区（常州高新区）电子园、宁波保税区电子信息产业园、国家（嘉兴）机电元件产业园等国家级电子信息产业基地（产业园）等。这些产业都是电子信息产业链中的价值高端环节，另外，将城际电子信息产业链的价值中低端环节布局在其他城市中。在城际电子信息产业链各环节的城市中，以产业规模大、科研开发能力强的骨干电子信息企业为龙头，力争形成以骨干电子信息企业为核心的特色产业链环节。

（二）城际汽车产业链的空间布局与优化组合

长三角城市群城际汽车产业链为：汽车零部件和整车研发—汽车零部件制造—汽车整车制造—汽车贸易服务业—汽车再造业。长三角城市群为城际汽车产业链空间布局和优化组合所制定的总体思路是：依托于已经具备了自主研发能力的大型汽车企业集团，构建具有国际级研发能力的零部件和整车产品开发中心，并以该中心所在的城市为产业链空间布局的重点，在比较优势原则的指导下将汽车产业链中的其他环节布局在长三角的其他城市。这样，就能够提高产业链上游产业的专业化水平、配套能力和规模经济性，大力发展各种新兴的汽车服务贸易业务，进一步拓展产业链下游产业链环节。

（三）城际石油化工产业链的空间布局与优化组合

长三角城市群城际石油化工产业链包括两个次级产业链：石油化工研发—石油与天然气开采—原油加工与石油制品制造；石油化工研发—石油与天然气开采—基础化学原料制造—合成材料制造—精细化工产品及有机化学新材料—石化服务贸易。

长三角城市群为其石油化工产业链空间布局和优化组合制定的总体思路为：依托于长三角城市群在石化产业方面的三种优势（即原料、技术和客户优势），布局重点城市为目前石化产业重点企业所在城市，另外将石油化工产业链的不同环节布局在其他城市。石油化工产业链的基础环节为上中游环节并以精细化工为引领，产业链下游环节是发展重点，努力形成绿色、环保、生态的城际石油化工产业链。

三、东北地区的产业一体化现状与评价[①]

（一）东北地区产业一体化现状

东北地区的合作模式是浅度竞争型合作。近几年来，东北地区的区域内部经济协调得到加强，各层次、各领域的合作也在不断向广度与深度推进，主要体现在以下一些实践：

1. 政府重视沟通协调

为适应区域经济一体化的要求，东北三省在省级决策层和政府相关部门中建立了磋商机制，就重大发展问题定期进行沟通，打破信息不畅、各自为政的状况，建立生产要素自由流动的统一市场。三省已经明确在国家总体规划下，统筹区域重大发展规划，避免重复建设和项目撞车问题，提高规模经济效益，形成科学的分工协作机制，在竞争中求得各自的发展。

2. 城市跨省谋求合作

2004年4月，首届东北四城市市长峰会举办，来自哈尔滨、长春、沈阳和大连四个城市的市长齐聚长春，共同签署《东北四城市协同合作，全面推动老工业基地振兴的意见》（以下简称《意见》），重点强调合作的重要性和方向，构建了一个区域合作的渠道和平台。作为今后加强合作、携手振兴的行动纲领，《意见》的内容相当广泛，包括在市场、产业、基础设施、开放环境、会展旅游和信息等方面融合；在政府层面、学术层面、民间层面等稳步扩大同东北其他城市之间的沟通和联系与合作。2005年6月7日，以"携手领跑大振兴，共建东北大物流"为主题的第二届东北四城市市长峰会在大连举办。本次峰会还特别采取"4+3模式"，邀请鞍山市、吉林市、齐齐哈尔市三个城市参加峰会，以扩大区域合作伙伴范围，增强对整个东北地区的辐射带动作用。这次峰会的重要成果之一，是制定和签署了《关于共同加快物流业发展的战略合作协议书》，决定共同推动四城市物流产业的发展，建设保税物流通道和内陆港口，促进海铁联运和东北集装箱班列的发展，提出以大连为门户，以沈阳、长春、哈尔滨为腹地，建设东北快速出海大通道。

3. 企业联合重组步伐加快

改革开放后，东北地区已经出现了省际合作的范例。如吉林中国第一汽车集

---

① 丁晓燕：《东北区域合作与经济一体化发展评估与分析》，中国网。

团公司（简称"一汽集团"或"一汽"）在辽宁和黑龙江都建立了全资子公司，成为其专业化生产基地。哈尔滨轻型车厂1993年加入"一汽集团"，成为"一汽"的全资子公司，是轻型车生产基地。辽阳汽车弹簧厂1998年通过资产划转的方式成为"一汽"全资子公司，是"一汽"的汽车钢板弹簧专业化生产基地，大连客车厂也是"一汽"的一家全资子公司。企业之间的专业分工与合作是实现区域经济合作的一种模式。近几年来，产业整合呈现加速发展、协作分工的良性态势。辽宁特殊钢集团有限责任公司与黑龙江省北满特钢集团成功重组，年产特殊钢能力达到300万吨、销售收入超过100亿元，成为中国最大的特种钢生产企业，这是东北大型国有企业跨地域联合重组的重要举措。"一汽"和"一重"也在大连设立大件和零部件的出口加工基地。沈阳的变压器厂收购了长春的变压器厂，哈啤集团收购了长春的银瀑啤酒。

4. 统筹基础设施建设取得重大进展

目前，东北三省和铁道部已经开始建设哈大高速铁路客运专线。这条轴线纵贯哈大经济带，集中了东北汽车、机械装备、石油化工和冶金工业的主体企业，是东北经济区的脊梁。另外，黑龙江和吉林已分别表示愿意参与大连港和营口港的建设。

5. 人才交流开始起步

2005年11月18~20日，第三届东北三省联合人才交流大会先后在沈阳、长春、哈尔滨三地举行。这是东北地区规模最大、参加企业最多和提供工作岗位最多的大型人才招聘会。三场招聘会所提供的就业岗位都超过1万个，涉及各层次管理人员、营销人员、职员以及各专业技术人员等岗位。据了解，这种三省联合招聘人才的方式吸引更多用人单位到场招聘，为求职者提供更多就业机会。

此外，东北三省启动国内首个跨省联合开展生态环境监测评估一体化工程，对各种生态要素进行分析和评估，为区域生态建设和环境保护提供科学依据；联合国开发计划署的图们江区域开发项目，为内蒙古、东北三省开展区域经济合作提供了平台；三省科技部门建立了技术转移联盟，进一步整合区域科技优势资源，促进科技成果向生产力转化。

（二）东北区域一体化发展的基本评价

随着振兴东北老工业基地战略的实施，东北区域一体化发展的态势正在不断显现出来，合作发展与联动发展已经成为一个建立在竞争基础上的主旋律。对此，可以对东北区域一体化发展的现实态势作出如下基本评价：

1. 基础设施一体化已初步形成

在东北区域内，铁路、公路、机场、港口、邮电、通信、电力等都已初步互联成网。目前，区域内基本上形成了以铁路、公路为主，包括航空、海运、管道在内的交通运输网。区域内铁路运输营运里程占全国的18.3%，铁路的密度是全国平均水平的2.2倍，是全国铁路分布密度最高的地区。一些新的大型区域基础设施项目，如"东边道"铁路、城际高速客货运通道、沿海沿江港口群建设等，也在酝酿、规划和建设之中。这说明，东北区域内基础设施建设已率先出现一体化的网络态势。

2. 产业分工体系已初露端倪

在经济发展中，东北地区形成了各具特色的分工格局。其中，辽宁省在钢铁、有色冶炼、机械制造、石油化工、建材、纺织、海产品、水果等方面有较大的优势；吉林省在交通运输设备和农机制造、基本化工、医药、粮食深加工等方面有较大优势；黑龙江省则在石油、木材、煤炭、机电、食品等领域有较大优势。同时，在一些产业领域和企业层面上，不同规模城市之间的产业能级梯次正在开始形成，产业链的互相融合也在不断扩大。

3. 一体化发展要求已形成共识

在全球经济一体化，以及"长三角"、"珠三角"加速发展、中部崛起、西部大开发等背景下，形成经济运行的新环境，使得东北各省市以及各个城市面临着发展压力，并产生一体化发展的共同要求。在如此共识下，东北各省市高层沟通的渠道和机制正在形成，一些区域性的组织正在发挥着重要的作用。

4. 政策环境有利于推进一体化

国家实施东北地区等老工业基地的改造与振兴战略，不仅是东北老工业基地发展的政策资源，也是东北区域一体化发展的一项重要战略资源。东北地区在产业发展、项目融资、国有企业转制等方面得到国家更多的政策支持，有利于东北区域加快发展步伐，加强区域合作。

第三节 国外城市圈一体化的经验总结[①]

一、美国、法国和日本城市圈一体化中的政府协调制度

在美国，地方政府之间存在着"一种受竞争和协商的动力体系支配的对等权

---

① 赖诗攀：《城市圈一体化中城市政府合作路径探讨》，载《滨州职业学院学报》2006年第8期。

力的分割体系",对于都市圈中那些日益复杂的都市圈公共事务管理和公共物品供给,是任何一个城市政府都难以应对的,因此,只有通过各个城市政府之间的有效协调和通力合作才能够实现共同发展。美国地方政府之间的协调机制构成了美国城市圈中政府协调制度的参照系,这种机制不属于任何一种市场机制或科层制,而是一种"网络化机制"。而在法国和日本,强调权威机构协调和政策发展规划的作用是其政府协调制度的主要特点。

总体上说,国外城市圈一体化中城际政府协调制度的具体做法主要有:

(1) 设立协调机制。即通过签订具有约束力的双边或多边法律协定或行政协定来实现合作,如美国的州际商品贸易和会条款、州际大型项目建设与管理,以及超越本州利益的项目建设等。

(2) 设立协调机构进行协调。如美国的州际组织(负责管理州际的教育、河流、交通、港口、渔业和能源等项目);法国设立相应的中央机构以协调各地之间的资源配置等。

(3) 建立公共物品供给的合作网络。这种合作主要通过合作协定的形式进行,具体有:政府间的服务合同,由本地政府向为本地居民提供了服务的外地政府支付费用;联合服务协定,多个政府协议共同合作向所辖居民提供某种服务;政府间服务转移,出于实际需要将一个政府的职责长期转移给另一个政府,其领域主要是卫生、福利和公共工程。

(4) 赋予地方政府较大的自主权。如日本1952年9月通过修订《地方自治法》扩大了地方权力,法国也通过改革改变高度中央集权,赋予地方政府较多的自主权,而美国建国以来就以地方自治为传统。

二、国外城市圈一体化中城际政府合作的启示

(一) 城市政府合作的开展需要赋予地方政府较大的自主权

在美国,地方自治的传统在其建国之后就形成了,地方政府拥有地方重大政策的决定权,自主协调不同城市间的发展,当然,这也是由其联邦制所决定的。而在法国和日本,为了强化地方政府的作用,在城市圈发展的过程中都进行了权利下放的改革。而这种地方自治的传统在加拿大温哥华的城市圈共管协调制度中更是起到了关键性的作用,如果没有相应的自治权力,很难想象在不断地请示汇报中如何进行有效的合作与协调。

（二）要结合机制和机构的优点，进行合理的职能定位

国际上的城际政府合作有着不尽相同的模式，在具体的合作形式上也是千差万别，都是努力地结合本地区的具体情况，发挥本地机制和机构的优点。例如，美国就是签订行政协定的方式来管理跨州的项目，而州际事务则是通过设立委员会来管理的；法国政府则是设立计划总署来协调地方政府之间的关系，同时通过大区制度协调城市发展；而机制与机构的优点则被加拿大的城市群公关协调制度集于一身。另外，城际政府合作的职能被他们定位与城市圈的一体化中的宏观经济协调（统一市场的创建）、社会管理（教育、河流、交通灯）和公共服务的提供商，而对于城市圈内部具体的经济和社会生活则是不干预的，这样就很好地掌握了城市圈一体化中政府合作的职能定位。

（三）构建多中心的服务网络

在城市圈的发展过程中，它们不仅仅依赖中央政府这个单中心在行政隶属关系的基础上以行政命令的方式运行，而更注重构建中央与地方、地方与地方、政府与非政府组织之间合作的"多中心"（polycentric）服务网络，加拿大的城市圈共管自治协调制度就采取了这样的方式。

第四节 东北地区产业结构一体化发展的路径与保障

一、构建政府间协调机构

（一）健全政府内部制度环境

1. 在科学发展观的指引下完善地方政府绩效评估制度

要在一体化发展过程中促进城市政府的合作，需要有科学的发展观，以及科学发展观指导下的政府绩效评估制度。虽然科学发展观的提出和新的地方政府绩效评估体系的出台正在为城市政府合作提供制度基础，但是其贯彻落实还需要一段时间，通过加强科学发展观的制度化和政府绩效评估制度的完善，为城市政府合作与协调提供良好的制度环境仍是当务之急。

2. 改变"单中心"体制，建立"多中心体制"

城市圈的一体化需要激发中央政府、地方政府与社会等多方的积极性，不应

该只依赖中央政府这个单中心在行政隶属关系的基础上，靠行政命令的方式集中提供，而应该借鉴国外经验注重构建中央与地方、地方与地方、政府与非政府组织之间合作的"多中心体制"，由中央提供政策和财政支持，授予地方政府必要的决策权，以便地方政府之间能够开展良好的合作，并与非政府组织展开合作，共同参与城市圈的一体化建设。

（二）具体模式：城市圈董事会制度

通过对国内外城市圈一体化中的城际政府合作经验可以看出，城市圈董事会制度是一种有效形式，它能够很好地促进城市圈一体化的形成。城市圈董事会的成员即为城市圈中的各个城市，而股东则由各个城市依据标准选出的代表担任，董事即代表其所在城市的利益。在董事会下设立执行委员会来执行董事会的决议。各城市可按各地财政收入或各自城市在董事会中董事的人数等方式来缴纳董事会经费。

城市圈一体化发展需要不同城市在平等互利原则下进行合作协调。城市圈董事会制度可以保证各个城市拥有平等的地位和相同的发言权，可以在民主的基础上统一规划城市圈的发展，既拥有机制的灵活性，同时又有机构的执行性。

从现有的研究成果来看，不论是空间经济学、经济地理学还是新古典理论，其观点都强调了产业集中过程中所表现出来的正外部性，但却鲜有文献对组成区域个体的补偿机制和整合后的利益分配机制进行有益的探讨。正是因为这种从个体利益出发的分析方式造成了集体非理性，也就导致了难以形成城市圈一体化的困境。而城市圈董事会制度，可以按照各个城市的贡献分配利益，恰恰弥补了城市政府合作利益分配机制的缺乏，更加有利于激发城市政府开展城际合作的积极性，有利于推动城市圈一体化的快速发展。

（三）职能定位：注重宏观环境的创造

在城市圈的一体化中包含了五个层次，分别为市场一体化、生产一体化、基础设施一体化、生态环境和政策制度一体化。政府和市场要在城市圈的一体化中共同发挥作用。那么，什么是城际政府合作的职能所在呢？

政策制度由政府制定，属于政府内部事务，因此，政策制度的一体化理所当然地应该成为城际政府合作的第一项职能。而基础设施和生态环境是具有明显外部性的公共物品，市场手段无法解决，也应该作为城际政府合作的第二项职能。

在我国，地方政府之间缺乏协调、各自为政，从个人理性出发的自利行为结果造成了集体的非理性。因此，通过市场来破除行政壁垒无疑困难重重，因此，有必要通过城际政府合作来解决这一难题。然而，完全把市场一体化的任务寄托与政府协调也是不行的，而应该在政府与市场之间进行必要的分工。政府的职能仅在于破除行政壁垒，而解决市场一体化发展的根本途径还在于市场本身。

而如果在统一市场建立之后由市场自发调节，可能耗费的时间要长一些，但是却可以"润物无声"地完成产业调整，最大限度地减少市场主体的损失。无疑，把产业一体化作为城际政府合作的职能不是明智的选择。

那么，生产一体化到底要依赖市场还是政府呢？对这一问题的回答可谓见仁见智。机构决定论者主张通过政府干预完成，而机制决定论者则认为应该由市场机制的自发调节完成。在机制论者看来，产业限制是通过政府协调完成产业一体化的关键之所在，然而，产业限制无疑会打消地方政府的积极性，这对经济发展的影响是难以预料的。因此，通过政府机构来实现产业一体化尽管能够在短时间内取得立竿见影的效果，但风险过大。而如果在统一市场建立之后由市场自发调节，可能耗费的时间要长一些，但是却可以"润物无声"地完成产业调整，最大限度地减少市场主体的损失。无疑，把产业一体化作为城际政府合作的职能不是明智的选择。

因此，城际政府合作的职能还是应该限制于宏观环境的创造，主要包括市场壁垒的消除、基础设施和生态环境建设的一体化和政策制度的一体化。

二、发挥中心城市作用带动区域产业一体化发展

（一）中心城市对周边地区的辐射与拉动作用[①]

中心城市是指在全国或区域经济活动中处于重要地位，具有综合功能，起着经济活动枢纽作用的城市。中心城市和城市的经济区域两者高度相互依赖，但中心城市在区域内占主导地位和起支配作用。而经济辐射能力是指在城市群中的中心城市对周边城市和地区的综合影响能力和发展带动能力。在对中心城市经济辐射能力比较之前，有必要对中心城市的划分给出明确的定义，中心城市从区域空间角度可以划分不同的层次，从经济区域上看，既可以是某一中小经济区域的经济中心，也可以是一个更大经济区域的经济中心（跨省甚至跨国）；从行政区划上看，既可以是全国的中心——首都，也可以是某一省的中心——省会，还可以

---

① 钟鸣长：《中心城市经济辐射能力差异比较研究》，载《经济探索》2009 年第 11 期。

是某一地的中心。

（二）促进中心城市的产业结构协调与升级将起到事半功倍的作用

完善东北地区城市体系、构建东北地区城市群，能够直接推动东北地区区域一体化的进程并能对整个区域经济的迅速隆起和竞争力的快速提升起到巨大作用。因此，东北老工业基地要实现整体振兴，必须进一步通力合作、联手构建以中心城市为核心的、由不同等级规模的城市所组成的城市区域体，并形成高度发达的分工协作关系以及巨大的整体效应。在发展中东北地区应形成几大城市群以带动全区域的整体发展。这就要体现出中心城市的辐射与拉动作用，中心城市的功能越是强大，区域一体化的成效就越是显著。因此沈阳、长春、哈尔滨、大连等城市就要进一步发挥区域大型中心城市的综合功能，拉动整个区域的增长。另外，如大庆、吉林、鞍山、锦州等城市也要加快建设，尽早与中心城市共同形成城市群，达到组团式城市群在结构和功能上的完善，实现知识资源、人才资源、技术资源、产业资源和设施资源互补，彰显协作效益，分散协作风险。充分发挥哈尔滨、长春、沈阳、大连这些中心城市的聚集和辐射作用，以哈尔滨、长春、沈阳、大连等城市为依托，加强同周边城市及内蒙古东部地区的产业联系与合作，形成大、中、小城市经济融合、功能协调的区域体系。

第八章

东北地区区域行政一体化研究

第一节 区域行政一体化的研究综述

一、区域行政一体化的宏观理论研究

(一) 行政一体化的理论依据

蔡岚(2005)、包珍贞(2008)、王思民(2009)等总结了行政一体化的理论依据：一是政府行为的经济人属性。地方政府行为追求所辖地区利益最大化和地方政府官员利益的最大化。二是竞合理论。该理论强调为了竞争必须合作。在竞合状态下，不同地方之间的利益及目标不完全一致，合作能够产生价值，合作与分工越好，创造的价值就越大。三是"囚徒困境"理论。该理论强调斗则两伤，和则两利。即在团体理性、效率、公正、公平前提下，合作博弈是一种"双赢"策略，它通常能获得较高的效率和效益。四是集体行动逻辑理论。该理论由曼瑟尔·奥尔森提出，他认为个人从自己的私利出发，常常不是致力于集体的公共利益。因此，为了实现区域的公共利益，规避集团成员"搭便车"行为的普遍产生，必须在现行体制下，通过区域内地方政府的合作，构建切实可行的行政一体化机制，才能走出集体行动逻辑的困境。

(二) 区域间行政一体化的动因分析

综观当代世界的区域一体化组可以发现，每一种区域一体化的出现都有其独特的催生动因。杨爱平(2007)总结了当代区域一体化兴起的多元动因：一是政治安全的区域诉求。通过"政治目的下的区域一体化"，减少邻邦间的政治摩擦、

减缓社会及政治压力、巩固民主与政治制度、提升"弱小政体"的谈判和讨价还价能力。二是经济全球化诱发。只有加强区域内政府间合作，才能逐步削减行政区域之间的市场壁垒，实现经济利益上的互惠共荣，从而通过提升区域整体竞争力来参与全球的经济竞争。三是国家间（国内）政策一体化推动。通过调整、协调或对国家政策和执行机制的相互认可来减少管理体制所带来的市场分割的负面效应。四是解决流域的公共治理问题。流域内社会、经济、环境等各种棘手的公共问题的合作治理诉求，要求各行政区政府打破行政区划的刚性界限，实现区域一体化治理。

（三）区域间行政一体化的类型与模式

上述的多元力量和复合动因，催生了当代区域间行政一体化的不同类型。杨爱平（2007）总结成了三大类型，如表8-1所示。

表8-1　　　　　　　　不同政府合作类型的特点及实践

类型	特点	实践举例
宏观区域政府间合作	州际区域内超国家的巨型政府间联合体	"欧盟"、"亚太经合组织"、"南方共同体市场"、"北美自由贸易区"等
次区域政府间合作	毗邻国家间的小规模政府间联合体	"大湄公河"次区域经济合作、"新—柔—廖"次区域经济合作、"斯堪的纳维亚区域合作"、"莱茵河上游的区域合作"等
微观区域政府间合作	国家内部的地方政府间联合体（中央政府可能参与）	黄河、长江和珠江流域治理中的行政一体化、"泛珠三角"区域行政一体化、粤港政府间合作供水等

资料来源：杨爱平：《论区域一体化下的区域间政府合作——动因、模式及展望》，载《政治学研究》2007年第3期。

针对微观区域政府间的合作，结合我国实际，庄晓华（2006）对我国政府之间的合作模式进行了总结，主要有：第一，签订协议、意向书等。第二，成立协会。第三，举办论坛或召开会议（包括联席会议、协调会、座谈会等）。第四，组建联合体、协作区、经济圈等。第五，建立都市联盟（各城市联合）、城市圈等。第六，采取联合行动。地方政府基于跨地区的事务而采取的联合行动，涉及环保、交通、打击犯罪、疾病预防与控制等。第七，参观访问或者考察学习。第八，设办事处或联络机构。

（四）我国区域行政一体化中的问题及对策研究

我国区域行政一体化虽然已取得了很大进展，但仍存在一些不利因素。蔡岚

(2006)、汪伟全（2007）、苏丽（2009）、常青（2009）和李尧远、任宗哲（2009）等对区域行政一体化存在的问题及对策进行了分析，主要包括：缺乏合作的利益共享意识，"本位主义"阻碍合作机制；跨区域地方行政一体化的组织体系不完善，且协调能力较弱；合作结果难以度量的特性以及契约精神在地方政府层面的欠缺；相关法律制度缺位且合作规则不完善，使政府间合作成本增加；中央层面缺乏强有力的宏观政策支持与制度创新等。而对于一些区域政府间不合作的原因，高伟生、许培源（2007）结合转轨时期地方政府的行为取向，运用博弈论的方法对区域内地方政府政策之间的合作与竞争关系进行研究，得出任期限制与政绩要求是导致区域经济体内各地方政府不合作的根本原因。针对上述问题，提出的主要对策包括：重塑地方行政一体化治理理念，修正地方官员的发展观；设立跨行政区划的协调管理机构，协调地方政府合作；重构统一的区域政策制度，以强化地方行政一体化的规范化、法制化；构建地方行政一体化治理的监督约束制度，以合约的形式约束地方政府，惩罚不合作者；大力推动非政府组织的发展；应完善市场竞争规则，建立区域政府间的信息共享机制等。

二、不同级别的区域行政一体化实践与理论研究

（一）超国家的宏观区域间行政一体化

对超国家的宏观区域间行政一体化主要是对欧盟的研究。王伟奇、唐祖爱（2008）对欧盟各国的行政一体化进行了研究。指出虽然欧盟各国极力维护主权独立，但为了实现社会一体化，欧洲国家努力从一体化的组织机构、一体化法律和政策的制定权限，以及它们与各主权国家间的关系等方面加强法制建设。欧盟"社会一体化"的实现机制包括：建立具有"宪法地位"的"超国家性质"的一体化组织；建立统一的区域财政补偿机制；欧盟在一体化进程中拥有强大的法律手段，并且这些法律对其成员国具有直接的效力和优先适用性。

（二）毗邻国家间的次区域行政一体化

杨爱平（2007）对毗邻国家间（trans-national）的次区域行政一体化进行了介绍，如大湄公河次区域行政一体化模式，其特色是市场引导、以项目开发为主导和贯彻了比较优势的合作法则等；莱茵河流域治理中的行政一体化模式，其特色是成立了"莱茵河保护国际委员会"、签署了具有法律效力和制度约束力的

"伯尔尼公约"、设有由政府间组织（如河流委员会、航运委员会等）和非政府组织（如自然保护和环境保护组织、饮用水公司、化工企业、食品企业等）组成的观察员小组，监督各国工作计划的实施等。

（三）国家内省级层面

1. 长三角

唐亚林（2005）对长三角组建都市联盟问题进行了分析，根据都市联盟产生的理论与实践基础指出长三角不具备建立超省级的跨区域行政一体化组织——都市联盟的可能性，主要原因中国相对缺失地方自治基础；压力型政府绩效评估指标体系，难以催生跨区域行政一体化的真正动力；跨区域行政一体化的共识还没有真正形成，更没有成为长三角地区所有地方政府部门及其工作人员的自觉选择。因此，加强该地区行政一体化必须转换思路，创新思维，不能过于迷恋用行政手段来解决跨区域发展问题，尤其是不能迷恋用组建超省市都市联盟的方式来解决长三角行政封锁、"行政区经济"等问题。同时，要积极借鉴国外发达国家大都市区行政一体化的成功经验，为我所用，全面推进长三角一体化进程。最后建议大力推动非政府组织的成长。王雯霏（2006）、包珍贞（2008）、徐吉（2009）、于绪艳（2009）分析了长三角区域行政一体化的制度困境：缺乏完善的合作协调机制；地方利益割据，政府间关系松散；长三角区域经济合作非均衡制约；中央政府对地方宏观调控协调能力缺乏。建议建立"双赢"的利益协调机制的同时加强对话磋商；搭建有力的多层次组织机构平台，推动区域行政一体化机制的形成；优化区域经济结构和城市功能定位，走可持续发展的区域行政一体化道路；发挥非政府组织的交流协调作用；通过区域法制协调，实现区域法律资源的共享；建立科学的政绩评价体系，规范地方政府行为，构建新型地方政府间关系，实现地方政府间的博弈由个体理性向集体理性转变，维持政府间的长期互动模式。

2. 珠三角

陈瑞莲、刘亚平（2007）从区域公共管理的视角分析了泛珠三角区域行政一体化。研究指出现有主要制度安排包括论坛和合作洽谈会、高层联席会议制度、日常办公制度、部门衔接落实制度；主要方式学习考察、对口支援、干部交流、信息共享、项目合作等。最后，从合作理念的创新；从行政区行政到区域公共管理，合作模式的创新；从各自为政到联合治理，合作机制的创新；从科层制到网络制，合作规范的创新；从人治到法治，合作政策的创新；从内部政策到区域公共政策六个方面探索了泛珠三角区域政府在合作上的创新与路径。

3. 川渝

杨顺湘（2006）、课题组（2007）对川渝间行政一体化进行研究，指出川渝间行政一体化的途径，就是依靠对区域整体利益所达成的共识，将合作方式由民间推进到官方，运用组织和制度资源去推动区域经济一体化，形成区域经济联合体，从而塑造区域整体优势。推动区域经济一体化，直接取决于能否建构川渝行政一体化机制的思路，克服区域经济协作体制障碍，打破现有的行政封锁和地方保护主义；取决于川渝地方政府在各自的范围内进行有效的制度创新，为川渝经济社会资源的优化配置提供一个一体化的制度平台。

4. 东北地区

韩刚、杨晓东（2008）对东北地区的行政一体化进行研究指出，东北三省政府间合作面临着产业同构、地方之间的经济差距与不平衡发展、地方行政一体化不可预期性及契约精神在政府层面的缺失等问题。因此，应以建立区域合作协商机制、区域合作规则机制、区域政府利益分享和补偿机制等制度创新为突破口，来推进东北三省区域行政一体化。贾日昕（2008）分析了东北区域协作开发的领域：自然资源的协作开发；生态保护和环境建设方面的协调；交通运输、通信等基础设施，金融、信息等现代服务领域的协作开发；联合对外开放，共同开拓国际市场。具体合作机制构建包括：加强区域经济协调发展整体规划功能及地方性法规的建立；建立跨省信息交流平台；建立跨省行政区的经济协调发展管理机构；建设区域开放合作体系，提高对内对外开放层次。

（四）国家内市级层面

1. 闽南

周小华（2005）对闽南区域行政一体化进行了研究，认为该地区行政一体化存在如下问题：政府非制度性合作协调机制制度化程度低；行政一体化的议事和决策机制不健全，组织形式松散；行政一体化共识缺乏，统一合作战略规划分散；中央政府角色缺位未能及时提供有效的制度保障。建议构建行政一体化机制包括：平等互信的政治对话机制、互惠互利的利益协调机制、科学规范的硬约束机制、快速高效的信息联通机制以及合理有效的组织协调机制。

2. 武汉城市圈

刘习平、杨伟（2009）指出，武汉城市圈的行政一体化已取得重大进步，例如建立了武汉城市圈行政一体化的最高领导机构、建立了政府合作网络信息交流平台、初步签订了武汉城市圈行政一体化项目协议、行政一体化的范围在进一步扩大等，但是仍存在诸多合作困境：思想观念落后是阻碍武汉城市圈行政一体化的根本原因；各自为政的行政管理体制是各政府合作的最大"绊脚石"；城市圈各地方经济发展的非均衡给行政一体化带来了挑战；现行的地方政府官员政绩考核制度阻碍了行政一体化的步伐；协调方式单一，严重制约行政一体化向纵深发展；合作协调机制不完善使武汉城市圈行政一体化举步维艰；区域利益协调和补偿机制不健全使行政一体化困难重重。主张武汉城市圈形成"共赢"的发展理念、构建统一协调的市场竞争规则、建立跨行政区域的组织协调机构、利用非政府组织协调政府间关系、建立科学的地方政府政绩考评机制、建立双赢的利益分享和补偿机制等推动行政一体化进一步发展。

3. 宁合昌

张培刚等（2009）对宁合昌行政一体化进行研究，指出区域发展水平的梯度性、区域资源禀赋的互补性、交通联系的日趋紧密性是其合作的现实基础。倡导以整体利益优先、互惠互利、优势互补、市场主导、政府推动、多边协调、联动发展的基本原则进行合作机制架构；成立宁合昌"新三角"区域综合协调委员会及常设机构；组织编制《宁合昌"新三角"区域规划》，尽快制定《宁合昌"新三角"区域规划条例》；构建区域基础设施共建共享、互惠互利的协作机制；因地制宜，制定适合不同地区的发展政策。

4. 长株潭

傅永超（2006）对长株潭行政一体化进行研究，指出长株潭政府落后的合作已经成为长株潭一体化进程缓慢的本质原因。并运用府际管理理论，构建了长株潭行政一体化模式的基本思路：建立三市"法制有效"的政务环境；建立三市"一致经营、利害均沾"的经济环境；建立三市"一体化管理"的生态环境；建立三市"联通共享"的电子政务环境。

第二节 东北老工业基地区域一体化中地方行政一体化概况

一、东北地区地方行政一体化的背景及条件

（一）东北地区地方行政一体化的背景

首先，世界大背景。自李嘉图提出比较优势理论以来，世界范围内的贸易与

第八章　东北地区区域行政一体化研究

合作趋势便不断加强。第二次世界大战后，这种趋势更加明显，如欧盟的发展壮大、北美自由贸易区发展壮大、东盟发展壮大等。这种国家间的政府合作对于区域间的优势互补以及处理区域公共问题具有重要作用，尤其是对解决区域经济发展中的投资贸易、公共防务安全、环境保护与治理、资源合理有效配置、信息与知识的交流共享等方面意义重大。进入21世纪以后，世界全面进入知识经济时代，经济全球化、区域一体化方兴未艾，政府合作越来越成为一种世界性趋势与潮流。

其次，国内背景。2003年10月，党中央、国务院发布了《关于实施东北地区等老工业基地振兴战略的若干意见》，标志着党中央、国务院继沿海开放、西部开发战略之后，从全面建设小康社会全局和区域经济协调发展考虑作出了又一重大战略决策——东北地区等老工业基地振兴战略。这个战略的实施，为自然地理单元完整、自然资源丰富、多民族深度融合、开发历史近似、经济联系密切、经济实力雄厚的东北大经济区域的政府合作提供了政策依据与指导。

（二）东北地区地方行政一体化的条件

第一，地域毗邻。从国外欧盟、北美地区的一体化以及国内长三角、珠三角一体化过程我们可以清楚地看到，地域毗邻的条件对地区一体化以及政府合作提供了便利的客观自然条件。同时，黑龙江与俄罗斯接壤，边境贸易比较发达；而辽宁南濒浩瀚的渤海和黄海，是东北地区通往关内的交通要道，也是东北地区和内蒙古通向世界、连接欧亚大陆桥的重要门户和前沿地带。这种不同的区位优势更有利于省际间的政府合作。

第二，相似的历史文化。自20世纪初，东北地区便经历着相似的历史境遇，如伪满洲国的建立、共同的抗日情结、新中国工业摇篮的荣耀以及共同为建设独立、完整的国民经济体系，推动我国工业化和城市化进程作出的历史性重大贡献以及改革开放以来因市场化改革滞后所遭受的传统体制束缚等；同时，东北地区具有基本相同的"东北话"语言体系、"二人转"等民间艺术以及文化传统和风俗习惯。这都为区域政府的合作提供了有利的文化环境。

第三，相似的社会经济条件。辽宁、吉林和黑龙江地区在社会经济很多方面具有相似性，比如城镇和农村地区的恩格尔系数（30~40之间）、城镇化率（50%左右）、三次产业的产值比重（工业占比50%左右）和就业比重以及国有及国有控股工业企业总资产占规模以上工业企业总资产比重（50%以上），等等。如表8-2所示。

表 8-2　　　　辽宁、吉林和黑龙江地区某些类似的社会经济指标

2008年	恩格尔系数 城镇	恩格尔系数 农村	城镇化率（%）	三次产业 产值比例	三次产业 就业比例	国有及国有控股工业企业总资产占规模以上工业企业总资产比重（%）
辽宁	39	40.6	49.9	9.7:55.8:34.5	31.9:27.5:40.6	54
吉林	34	39.6	53.2	14.3:47.7:38	44:19.6:36.3	59.6
黑龙江	36.3	33	55.4	13.1:52.5:34.4	43.4:20.8:35.8	69.8

资料来源：根据《2009年辽宁统计年鉴附录》、《国家统计年鉴》计算所得。

第四，资源的优势互补。东北地区的土地、矿产、水利、林业、草地、旅游等自然资源含量丰富，而且分布状况比较独特，使各省之间形成了较强的互补优势，有利于对资源的合作利用与开发。在农业生态资源、旅游资源、石油资源、天然气资源、煤炭资源、野生动植物资源等方面三省都比较丰富而且各具特色可以联合开发并进行合理的产业链分工，有利于实现规模经济。例如，在旅游资源方面，黑龙江的边境旅游资源以及历史遗迹和民俗风情具有特色，吉林地区的草原旅游资源丰富，辽宁地区的滨海自然资源（海蚀景观资源以及滨海湿地景观）相对具有特色，可以实现省际联合开发。同时，黑龙江石油、石墨、矽线石、颜料黄黏土、长石、铸石用玄武岩、玻璃用大理岩、水泥用大理岩、玻璃用脉石英、陶粒用黏土、饰面用辉长岩等资源储量居全国前列；吉林的油页岩、炼镁用白云岩、冰洲石、硅灰石、硅藻土、浮石、火山渣、镍、钼、隐晶质石墨等矿产资源居全国前列；辽宁地区石煤、油页岩、地热、铀、铁、锰、硼、金刚石、滑石、玉石、溶剂灰岩等矿产资源居全国前列。这种不同省份在资源种类和储量上各具优势的特点，为东北地区的合作提供了资源基础。

第五，具有工业基础优势。东北是我国的老工业基地，也是全国重要的重工业基地，具有很强的制造业生产基础。在金属制品、普通机械制造、专用设备制造、交通运输设备制造、机床制造、电气机械仪器制造、仪器仪表等行业具有很大的生产能力。省际间也有相互关联的特色产业，各省之间在达到共同利益基础上可以互相合作提供原料、技术等从而达到整体利益的提高。黑龙江省以大庆为核心的石化产业可以为东北地区的石油化工及相关行业的发展提供大量的原材料。吉林省以"一汽集团"为主体的汽车工业体系规模不断壮大，可以通过省际间的经济合作带动黑龙江省和辽宁省汽车及零部件的生产。辽宁省已形成了以鞍钢为主体大型钢铁工业体系，钢铁产量占东北三省很大比重，可以为整个东北地区供应钢铁。各省之间这些工业基础互为补充，优势互补为东北地区政府进行经济合作提供了工业基础条件。

第六，中央政府的协调与支持。辽宁、吉林、黑龙江作为国家振兴东北老工业基地策略的实施地区，在国家政策方面享有同等程度的优惠。同时，为实施东北地区等老工业基地振兴战略，加快东北地区等老工业基地发展，国家成立由国务院总理温家宝同志任组长的国务院振兴东北地区等老工业基地领导小组，主要负责组织贯彻落实中共中央、国务院关于振兴东北地区等老工业基地的方针、政策和指示；审议东北地区等老工业基地振兴战略、专项规划、重大问题和有关法规；研究审议振兴东北地区等老工业基地的重大政策建议，协调东北地区等老工业基地经济社会全面发展。

第七，共同的网络支持。由新华网、辽宁省、吉林省、黑龙江省人民政府主办，国家发展改革委、国家能源局等单位支持的振兴东北网（网址：http://www.chinaneast.gov.cn），具有政策规划、高层关注、专家献策、网友建言、东北旅游、工作动态、投资东北、领导活动、生态环境、区域合作、能源交通等专栏，为地方政府合作提供了有益的、坚实的信息支持。

二、东北地区区域行政一体化的现状

（一）东北地区行政一体化现状

振兴东北老工业基地战略实施以来，各地区之间的政府合作不断增加并且不断深入，尤其2009年以来更为明显，具体合作项目见表8-3。

表8-3　　　　　　　　2009年以来东北地区政府合作大事记

时间	合作形式	合作区域	推动者级别	合作内容简介
2009年1月12日	沈阳经济区	沈阳、鞍山、抚顺、本溪、营口、阜新、辽阳、铁岭	省市级	工商管理、教育、交通、社会管理、旅游、生态环保、要素市场等"无缝对接"
2009年2月14日	签署了水上交通安全监管合作机制备忘录	黑龙江、吉林、内蒙古	省级	建立跨省海事区域联动机制，使共管水域和相邻水域的水上安全监管工作长期保持协调配合
2009年3月30日	领导小组成员单位联络员会议	辽宁、黑龙江、吉林、内蒙古	东北振兴司	研究东北老工业基地当前积极应对金融危机、保持经济平稳较快发展问题

续表

时间	合作形式	合作区域	推动者级别	合作内容简介
2009年4月1日	联合开展春运期间治超专项行动	黑龙江、吉林、辽宁、内蒙古	省级	"统一时间、统一安排、统一步骤、统一标准"打击和遏制超限运输行为,有效保护公路基础设施
2009年4月18日	签署了东北区域旅游合作框架协议	辽宁、吉林、黑龙江、内蒙古	省级	建立旅游协调会议和旅游局长联席会议制度,制定区域旅游发展规划,实现区域内无障碍旅游
2009年7月29日	签署旅游发展合作协议	大连市与黑龙江省的哈尔滨、齐齐哈尔、牡丹江、大庆、伊春五市	地市级	加强彼此间的旅游经济合作,实现旅游资源、产品、信息和市场共享,促进旅游业的共同发展
2009年8月27日	市长峰会	长春、哈尔滨、大连、沈阳、鞍山、吉林、齐齐哈尔	省市	加强工业化、城市化进程中的环境保护,建设生态型宜居城市
2009年9月9日	东北老工业基地区域发展论坛年会	辽宁、吉林、黑龙江、内蒙古	各省政协	围绕东北老工业基地全面振兴,以沿海沿边与腹地互动为主题进行深入探讨,寻求四省区发展的契合点
2009年9月25日	东北东部12市(州)结盟	鹤岗、佳木斯、双鸭山、七台河、鸡西、牡丹江、吉林、延边、白山、通化、本溪、丹东	市(州)	承诺资源共享,进行优势整合,消除地方保护壁垒,逐步建立起非排他和无歧视的共同市场,促进生产要素在区域内合理流动
2009年10月16日	辽宁沿海城市经济联合体市长高峰论坛	大连、丹东、营口、盘锦、葫芦岛、朝阳、锦州	市级	打破行政区划壁垒,促进区域各类资源的整合与共享;联合举办对外招商活动,打造对外招商的共同品牌;推进区域旅游合作
2009年10月24日	成立旅游联合体,发表《丹东宣言》	大连、丹东、锦州、营口、盘锦、葫芦岛	市级	联合开发滨海大道沿线旅游资源,打造无障碍旅游带
2009年8月17日	召开领导小组会议,通过《关于进一步实施东北地区等老工业基地振兴战略的若干意见》	辽宁、黑龙江、吉林、内蒙古	国家级	坚定不移地贯彻落实中央关于应对国际金融危机的方针政策和一揽子计划
2010年4月28日	东北四省区合作框架协议	辽宁、黑龙江、吉林、内蒙古	东北振兴司	实现规划、交通、能源、生态、工业、农业、商贸、对外、物流、旅游、金融、科技、教育、卫生、文化合作

续表

时间	合作形式	合作区域	推动者级别	合作内容简介
2010年5月24日	建立协作机制；统一执法标准	辽宁、黑龙江、吉林	省级	在查处违法行政方面，对执法监督、执法标准进行协同
2010年5月28日	签署《东北四省区产权交易区域合作框架协议》、《东北四省区产权交易市场合作协议》	辽宁、吉林、黑龙江、内蒙古	省级	加强产权市场政策支持、业务指导，统一信息发布，合作处置资产，搭建东北统一产权交易大市场
2010年5月11日、18日	成立东北东部区域合作秘书处、东北东部区域合作总部大厦奠基	鹤岗、佳木斯、双鸭山、七台河、鸡西、牡丹江、吉林市、延边朝鲜族自治州、白山、通化、本溪、丹东、大连	州市	加强区域内经济合作，为合作提供组织保证
2010年7月1日	签署合作框架协议	大连市、丹东市	市级	合作范围涵盖了规划、物流、工业、农业、旅游、商贸、会展、金融、科技、媒体等诸多领域，力图通过长期务实合作机制的建立，推进区域经济一体化进程
2010年7月3日	签署了推进一体化发展合作框架协议	长春、吉林	市级	规划重大基础设施建设，产业、项目、开发区建设，新城新区建设，生态环境建设和保护工程，公共服务、信息资源，包括教育、卫生、文化、科技各个领域展开全面性对接
2010年8月3日	东北内蒙古四省区五市党委政研室主任会议	辽宁、吉林、黑龙江、内蒙古、沈阳、大连、长春、哈尔滨、呼和浩特	省市	就各省区市"十二五"发展规划总体思路进行了交流研讨
2010年3月17日	通过《东北地区旅游业发展规划》	辽宁、吉林、黑龙江、内蒙古、大连市旅游局、发展改革委	省市部委	加快发展东北地区旅游业
2010年5月4日	建立起行政违法案件查处合作机制	辽宁、黑龙江、吉林	省级	在三省范围内，对行政处罚持异议的群众，可以进行异地投诉

续表

时间	合作形式	合作区域	推动者级别	合作内容简介
2010年5月28日	东北三省七市网络协作体成立；共同签署了协议书	沈阳、长春、哈尔滨、大连、鞍山、吉林、齐齐哈尔	市级	确立了七城市间网络发展成果和网络资源共享机制，各城市网站相互链接、互派采访、互开专栏制度，以及协作体轮值制度、年会制度，定期开展学习、培训和对外交流活动
2010年8月5~6日	东北地区旅游业发展座谈会	辽宁、吉林、黑龙江、内蒙古、大连等省市旅游局	省市	探讨如何打造大东北无障碍旅游区
2010年8月19~20日	第六届东北四城市"4+4"市长峰会	长春、大连、哈尔滨、沈阳、鞍山、吉林、齐齐哈尔、满洲里	市级	八城市共同签署了《关于共同提升东北地区对外开放水平的战略合作协议》，提出发挥各自优势，在产业分工与协作、要素流动与调剂、跨区域基础设施的共同建设与改造、打造招商共同体等领域开展全面合作，促进东北地区从有限开放向全面开放转变。通过强化大连—沈阳—长春—哈尔滨这一区域发展主轴，推动东北"四大经济区"实现联动发展，建立我国参与东北亚区域经济合作的前沿平台，在更大范围、更广领域、更高层次上融入东北亚和全球经济体系
2010年8月26日	黑龙江、吉林、辽宁、内蒙古自治区四省区首届森林防火联防协作工作会议	黑龙江、吉林、辽宁、内蒙古	省区	通过了四省区森林防火联防协作方案，并就切实做好四省区间森林资源毗邻地区的森林防火工作，建立省际之间的森林防火联防联扑协作机制和落实联防工作等进行磋商交流
2010年9月21日	环渤海区域合作市长联席会	环渤海各城市	市级	发出了《环渤海区域合作沈阳倡议》，倡导建立区域间产业合作的协商和沟通机制
2010年9月27日	第二届东北东部（12+1）市（州）区域合作圆桌会议	鹤岗市、佳木斯市、双鸭山市、七台河市、鸡西市、牡丹江市、吉林市、延边朝鲜族自治州、白山市、本溪市、丹东市、大连市	市（州）	共同签署了《东北东部12市（州）区域合作框架协议》，确定了区域合作圆桌会议机制

资料来源：根据振兴东北网相关新闻资料整理。网址：http://www.chinaneast.gov.cn/。

（二）东北地区区域行政一体化特点分析

首先，合作形式灵活多样。东北地区行政一体化的形式既有召开会议、峰会、年会、高峰论坛等形式，又有签署协议书、合作框架协议、合作协议、备忘录、宣言等形式；既有成立联盟、经济区、联合体、秘书处及总部等形式，又有推行统一标准、建立合作机制、联合专项行动、区域联动等形式。

其次，合作地区比较广泛。虽然我们只是列出了东北地区区域间的行政一体化，但是行政一体化的地区仍然比较广泛。既有黑龙江、辽宁、吉林、内蒙古等省与省之间的合作，也有城市与城市、省与市之间的行政一体化；既有同省内城市与城市之间的行政一体化，又有不同省份的城市与城市的行政一体化；既有仅仅两个城市之间的行政一体化，也有多达十二个城市之间的行政一体化。

再其次，行政一体化的推动者级别不同。既有国家发改委东北振兴司推动的省级行政一体化，也有省级政府、政协、国资委等部门推动省级行政一体化；既有省级政府推动的市级行政一体化，也有市级政府自发进行的市级行政一体化。

最后，合作领域非常广泛。东北地区政府合作的领域几乎涵盖了工业、农业、金融、文化、教育、卫生、环境、旅游、科技、会展、媒体等各个领域。其中，合作比较多的有旅游、经济合作等。

第三节 东北老工业基地区域一体化中地方行政一体化问题及原因分析

一、东北地区区域行政一体化存在的问题

（一）区域行政一体化参与者的硬性制度约束不足

从2009年以来东北地区行政一体化的大事记来看，东北地区的行政一体化大都通过协议、会议、宣言等形式来展现，而以协议、会议或者宣言等形式进行的合作往往对各参与主体的缺乏相应的硬性制度约束。参与主体是否履行协议内容或者变相履行协议内容很大程度上依赖于参与地区行政长官的诚信水平以及履行协议的成本收益分析。当参与地区的行政长官具有较高的诚信水平时，他们会按照协议内容规定严格执行，不论是履约收益大于履约成本抑或履约收益小于履

约成本。但当参与主体地区行政长官并不具有很高的诚信度时，他们由于缺乏硬性的制度约束往往根据成本—收益分析相机抉择。即当履行协议对本地区经济社会的收益大于成本时，履行协议内容的积极性就比较高，效果也会好；但是当履行协议对本地区经济社会的收益小于成本时，相关利益受损方在履行过程中的积极性就可能大打折扣，导致道德风险的产生，效果也会随之变差。

（二）东北地区行政一体化的实际效果评价机制欠缺

从 2009 年以来东北地区行政一体化的大事记来看，不论是省与省之间的合作，还是市与市之间的合作；不论是上级政府推动的合作，还是地方政府自发施行的合作；不论是工业、农业、旅游等经济方面的合作，还是科学、文化、教育等其他方面的合作；不论是签署协议等形式的合作，还是统一行动等形式的合作，东北地区行政一体化的积极性都比较高。在这些合作当中，合作内容越是具体明确，合作的效果就往往越容易评价，比如"统一时间、统一安排、统一步骤、统一标准"打击和遏制超限运输行为的合作，合作内容很具体，合作效果也很明显。但是，当合作内容很宽泛时，如何对合作效果进行正确评价就变得很困难了。如果缺乏有效的评价机制，各地区的合作往往会流于形式，开开会，签签协议就算是合作了，尤其是当合作可以获取上级政府在资金、政策、税收等优惠时，各地区对形式上的合作就更加趋之若鹜了。

（三）东北地区行政一体化的广度和深度有待进一步完善

虽然从东北地区行政一体化的总体情况来看，区域行政一体化涉及的领域几乎涵盖了社会经济生活的所有方面，但是不同的区域行政一体化往往有不同的合作广度和深度。具体到某一区域来看，行政一体化的深度比较有限。同时，区域政府合作还会产生这样的问题：政府合作的边界应如何确定？毕竟我国经济体制改革的目标是建立社会主义市场经济体制，使市场在国家宏观调控下对资源配置起基础性作用。建立健全国家的宏观调控体系对克服市场本身的自发性、盲目性等缺点至关重要，但是如何将区域行政一体化限制在国家的宏观调控体系范畴仍是一个有待探讨的问题。正如林涛等（2008）在分析长三角地区行政一体化中所提醒注意的那样，区域一体化是"市场竞争和区域经济的'一体化'，要改变过去市场即政府，地域为主导的观点，树立市场'一体化'的观念，区域经济'一体化'的实质和要害是市场一体化。否则，就回到了计划经济的老路上去了。"[①]

---

① 林涛、刘峰、龚卢芳：《长三角经济一体化中区域政府的合作分析》，载《江西科学》2008 年第 8 期。

可见，东北地区区域行政一体化的范畴有待进一步明确界定，应该确立行政一体化是为确立"市场"一体化目标服务的思想，行政一体化的结果应该是使市场在资源配置中的作用明显提升和完善，而不是政府越俎代庖。

（四）东北地区行政一体化的市场推动力量有待推升

东北地区的行政一体化绝大多数是由政府部门推动的，不论是政协、政府还是党委、发改委，不管是国家级别的、省级的还是副省级、地市级的。这种由上级政府或者同级政府推动的行政一体化必将首先反映政府部门的意志，而由于政府部门本身具有的经济人特性，他们的意志并不能做到完全公正地代表本地区所有市场主体的意志，必然会夹杂政府部门自身私利的诉求。这种情况下的行政一体化既有可能是所有市场主体利益的帕累托改进，也有可能是厚此薄彼的利益再分配。如果是后者，行政一体化则必将侵害某些市场主体的利益，加剧市场竞争以及资源配置的不合理性。而由市场自下而上推动的行政一体化可以有效反映各市场主体的利益诉求以及资源配置的真实情况，但这种形式在区域行政一体化的实践中并不多见，即由企业组织或者非政府组织推动的行政一体化实例仍然比较少。

（五）东北地区区域行政一体化的地区不均衡性

从东北地区的副省级以及地市级行政一体化的情况来看，行政一体化频数较多的往往是沈阳、大连、长春和哈尔滨等省会及副省级城市，这些地区往往是某省内的政治、经济、文化、金融中心。这些地区与其他地区的合作有利于发挥增长极的扩散带动作用。但是，这种扩散效应往往受地理位置（沿海岸线、周边地区或沿边境带等）的影响，即离增长极越近的地区所得到的利益越大，而远离增长极的地区则往往收益较少。例如，辽宁省沈阳经济区的八个城市，皆是离沈阳较近的地区。这种过分注重地理位置的行政一体化很容易使那些地理位置不佳的地区在一定程度上被忽略，比如辽宁的朝阳地区。朝阳经济发展本来就比较缓慢，急需与发达地区进行资金、技术、人才等资源的交流与合作，但由于地理位置的局限，在某些重要的区域合作中往往被忽视，最终会导致落后的恶性循环。这种由于地区地理位置欠佳而被忽视的现象在黑龙江和吉林也在某种程度上存在，但是省级政府并未进行相关制度创新以对这种现象进行改善。

二、东北地区区域行政一体化问题的成因分析

（一）传统计划经济体制的流毒

为了减弱高度集中的计划经济体制对社会生产力发展的阻碍，1992年，党

的十四大报告中正式提出:"我国经济体制改革的目标是建立社会主义市场经济体制"。此后,我国经济体制改革的步伐不断加快。经过近20年的改革,市场体系已经不断完善,市场机制对社会资源的配置作用也有了巨大提升。但是,传统计划经济体制的不良影响依然存在。例如,政府对社会资源配置依然有着巨大影响力,并常常在与市场机制的竞争中占优。即便在经济比较发达的长三角,"强政府"现象也很明显(包珍贞,2008),更何况传统经济体制改革相对滞后的东北地区。

首先,"强政府"的存在容易产生"诸侯经济",各地区按行政划分各自为政,只顾自己本地区经济的发展,对本地区的企业进行保护,对本地区的市场进行垄断,死守着自己的"一亩三分地",这种状况极大限制了整个区域要素的自由流动以及合理配置。"诸侯经济"也极大地束缚了地区政府的合作观念,对区域合作的积极性较低。其次,"强政府"的存在,在一定程度上束缚了市场推动要素的发展。政府和市场在对资源配置中更多是一种此消彼长的关系,政府掌控过分强大的资源,自然就容易导致市场力量的萎缩。"春风无力百花残"。市场力量难以发挥,企业在竞争中的首要策略也就不是寻求企业与企业的合作,而是更加积极地寻求与政府的"合作",更确切的说是企业"委身"政府获取"靠山"。企业对政府的依赖或者"顾忌"使之无法完全独立表达自身的合作意志,也就没有能力去推动地方政府为实现企业利益而去与别的地方政府进行合作。最后,"强政府"的存在,也容易使政府的合作受政治体制本身因素的影响,比如行政长官的任期。当任行政领导签署的行政一体化协议可能并不被接任者所认同或完全接受。

(二) 不同区域之间经济利益矛盾

经济利益始终是区域政府选择合作与否的重要考量。如果合作是一种经济上的帕累托改进,而且各政府也都认识到了这一点,那区域政府合作的积极性也将明显提高。如以旅游为例,由于旅游资源在人文和自然方面的独特性,降低同质竞争的可能,有利于不同旅游景点之间的强强联合,实现规模经济,这对于各个地区来说是一种帕累托改进,因此东北地区政府比较热中在旅游方面的合作。但是可以进行帕累托改进的领域毕竟有限,更何况很多长期看具有帕累托改进的领域又往往不被重视,很大程度上影响了区域政府合作的广度和深度。

更多的情况下,区域政府之间存在经济利益上的不协调,例如,区域经济的非均衡发展(有的地区是某一区域的增长极,而有的地区可能是区域内经济落后地区)、地区之间经济总量的竞争、地区之间的产业同构(如黑龙江、辽宁以及吉林地区在汽车产业、石油化工产业的同构现象等)、地区之间市场的争夺、地区之间对上级优惠政策的争夺、地区之间对优良竞争性资源的争夺、地区之间对财政经费(区域政府合作的搜寻成本、谈判成本、履约成本以及监督成本等)分担的竞争等。经济利益的不协调使区域政府间的合作难以向纵深发展,不利于实现区域经济资源的自由流动与优势互补,不利于改善地方政府"重复投资"现象,不利于改善区域经济发展的不平衡性。

(三) 区域行政一体化相关法律法规供给不足

市场经济是一种法治经济,市场经济主体离不开法律法规的约束与规制,不论是企业行为还是政府行为,不论是政府独立行为还是政府合作行为。东北地区的政府合作除了同级政府自觉推动就是由上级政府推动的。但不论哪一种合作,都无法实现对参与主体行为的硬性约束,无法避免参与主体的机会行为,这最根本的原因就在于区域政府合作的相关法律法规供给不足。

我国是单一制国家,按照《中华人民共和国宪法》第89条规定:中央政府(国务院)"统一领导全国地方各级国家行政机关的工作,规定中央和省、自治区、直辖市的国家行政机关的职权的具体划分"。与此同时,我国地方政府组织法还规定"县级以上的地方各级人民政府领导所属各工作部门和下级人民政府的工作,有权改变或者撤销所属各工作部门和下级人民政府的不适当的决定"。我国现行宪法和地方政府组织法虽然从不同的角度规定了中央政府与地方政府的法律关系及地方政府在国家政治经济生活中的地位和作用,但对于地方政府之间如何发展横向对等关系,各地方政府在区域经济合作中的地位,以及区域管理机构的法律地位等方面却缺乏相关的法律依据。[①]

(四) 政绩评价体系不健全

东北地区的"强政府"对经济发展具有至关重要的影响,而地方行政长官作为政府的领导,在很大程度影响政府的决策。当地方行政长官为了能获得更大的晋升机会,他就可能通过政府行为来实现政绩评级指标的要求。现在政绩评价体系中一个最重要的评价指标就是经济绩效,因此,地方行政长官有极大的动力来最大可能地提升短期经济绩效以使自己在"政治锦标赛"中胜出,而很少顾及全局及长远利益。反映在区域政府合作现象中,一方面就是区域政府合作更多倾向于短期经济效益明显的项目,如旅游领域、合作招商领域等;另一方面就是区域

[①] 郭泽保:《区域经济、社会发展的重要途径——府际关系视域下地方政府合作》,载《福建金融管理干部学院学报》2009年第6期。

行政一体化中的违约及"有权必争，有责推诿"零和博弈现象。

政绩评价体系不健全不仅反映在过分注重经济指标，还表现在市场主体在政府绩效评价中的"发言权"缺失。政府绩效评价的一个很重要的主体应该是辖区内公众，但由于主客观原因无法直接在公众的基础上收集对政府绩效的判断，各地的政府绩效评估多数是在自我评估。由于公众对政府政绩评价影响力较弱，因此在政府区域合作中发挥的作用也就相应不足，很少有能力为实现自身利益而推动行政一体化。

第四节 东北老工业基地行政一体化的相关博弈分析

一、区域政府博弈的要素分析及假设

（一）区域行政一体化的博弈要素分析

"博弈"的英文单词是 game，意为对策、游戏、弈棋、赌胜。从科学研究的角度，博弈的具体含义是指代表不同利益主体的决策者，在一定的环境条件和规则下，同时或先后、一次或多次从各自允许选择的行动方案中加以选择并实施，从而取得各自相应结果的活动。[1] 博弈论是研究决策主体的行为发生直接相互作用的时候的决策以及这种决策的均衡问题，因此博弈论又称"决策论"。迄今已形成一套完整的理论体系和方法论体系，被广泛应用于经济学、军事、政治科学、人工智能、生物学、火箭工程技术等。[2]

一个完整的区域行政一体化博弈需要以下几个关键要素：

（1）Players：博弈参与主体（或称局中人、策质、博弈方、对弈者、游戏者等），即在区域行政一体化博弈中所涉及的地方政府，他们通过策略选择实现收益最大化。

（2）Knowledge：博弈信息，参与博弈的地方政府可获得的关于博弈的经济环境、博弈中应遵循的规则约束、博弈中其他地方政府的行为及特征、博弈支付结果等的知识。

（3）Orders：博弈顺序，在博弈过程中各个地方政府是同时决策还是非同时

---

[1] 戚译、朱修君：《经济博弈论》，浙江大学出版社2000年版。
[2] 张维迎：《博弈论与信息经济学》，上海人民出版社1993年版。

决策，这会对博弈结果产生影响。

（4）Strategies：博弈策略，参与博弈的地方政府在特定的博弈环境下可以选择的行为方案，即可对是否参与合作、如何参与合作、参与合作的广度和深度等进行选择。

（5）Payoffs：博弈支付，参与博弈的地方政府在进行博弈过程中通过策略选择所得的预期收益，并据收益选择最优策略。

（6）Rules：博弈规则，参与博弈的地方政府在进行博弈过程中所遵循的具体规定，例如，地方政府在合作中的先后顺序、行动前可获得信息、不同行动的奖惩等相关规定。

（7）Equihbrium（s）：博弈均衡，在博弈规则的约束下，所有参与博弈的地方政府的最优策略组合。

（8）Outcomes：博弈结果，各地方政府在博弈中选择的策略、得到的支付（收益或者损失）以及最终策略对各地政府及整个区域经济的影响。

（二）区域行政一体化博弈的相关假设

（1）地方政府的"经济人"假设。该假设指，地方政府以最大化自己的经济绩效为目标，同时，地方政府进行决策时能够充分分析所面临的博弈环境以及与其他地方政府的相互作用和影响，并作出理性选择。

（2）"强政府"假设。该假设指，地方政府对社会资源的配置具有巨大影响力，甚至可以说，政府行为决定整个地区经济的发展。该假设有利于保证政府独立博弈主体地位，在策略选择时，可以从自身收益最大化出发，而较少受外在因素影响。该假设较符合东北地区的实际情况。

（3）有限博弈假设。该假设主要根源于政府行政长官的任期限制。由于地方政府官员任期有限，同一条件的博弈过程不可能无限重复，而只能是有限次博弈。该假设有利于避免参与博弈的地方政府对合作方采取"以牙还牙"策略的顾忌，当处于无硬性惩罚约束以及背弃承诺而获取收益的环境时，他们就积极采取机会主义。

二、区域行政一体化的相关博弈

（一）区域行政一体化的"独立—合作"博弈

在一个区域内，并非每个地方政府都有足够的合作意识与热情参与合作。当某个地方政府经过成本—收益分析发现合作无益的时候，他们会采取独立态度；同时，某些具有竞争优势地方政府为了扩大市场或者弥补自身的资源"瓶颈"则可能积极寻求地方行政一体化。

假设区域内有两个独立的博弈参与主体：地方政府1、地方政府2（政府的多寡对结论并无影响）。两个政府的行动方式可以是选择独立或者选择合作。当两个政府各自独立，每个政府的收益为6；当两个政府都有采取合作意向时，每个政府的收益为10；当一方政府坚持独立，而另一方政府有合作意向，但可能因为合作收益较小等原因而坚持独立时，独立政府收益仍为6，而意欲合作的政府需要付出搜索成本，收益变为5，如表8-4所示。

表8-4　　　　　区域行政一体化中的"独立—合作"博弈

		地方政府2	
		独立	合作
地方政府1	独立	6, 6	6, 5
	合作	5, 6	10, 10

在一次博弈中，（独立，独立）与（合作，合作）为两个纳什均衡。即当一方政府坚持独立时，另一方政府也应该选择独立；当两方政府都有合作意向时，则两方选择合作，每个地区获取最大收益10，同时，该区域整体收益也是最大的。所以，当两个地区经济发展水平差异较大、产业同构或者重复建设严重时，合作的可能性比较小；当两个地区产业、资源等可以优势互补或者通过合作可以实现规模收益时，合作策略符合每个地区的经济收益最大化目标。

（二）区域行政一体化中"鹬蚌—渔翁"关系的博弈

在一个区域中，存在竞争关系的两个地方政府之间往往会面临处理与第三方关系的问题，经常会出现鹬蚌相争渔翁得利的情况。

假设区域内有三个独立的地方政府：地方政府1、地方政府2、地方政府3而博弈参与主体为地方政府1和地方政府2。他们对与地方政府3的关系作出竞争还是合作的选择。当他们都与地方政府3竞争时，每个地方政府的收益为4；当他们都与地方政府3合作时，每个地方政府的收益为8；当一方政府与地方政府3合作，而另一方政府与地方政府3竞争时，与地方政府3合作的政府的收益为6，与地方政府3竞争的政府的收益为4。

在一次博弈中，（与地方政府3合作，与地方政府3合作）是唯一的纳什均衡，因为与地方政府 3 合作是两个地方政府的上策——不管另一方地方政府选择与第三方政府合作还是竞争，本方政府都将选择与地方政府 3 进行合作。所以，地方政府 1 和地方政府 2 最优的选择都将是与地方政府 3 合作。

当区域内两个地方政府地位相似且竞争比较激烈时，他们都会积极选择与其他地方政府的合作以便提高自己在与对手竞争中的竞争力。例如，大连和沈阳地区存在激烈竞争，而这两个地区也都积极与周边地区进行合作。而位于这两个地区之间的其他政府比如营口，则可以很容易获得两个竞争地区的合作"橄榄枝"，并从两个地区都获得利益，如表 8-5 所示。

表 8-5　　　　　区域行政一体化中竞争双方与第三方关系的博弈

		地方政府 2	
		与地方政府 3 竞争	与地方政府 3 合作
地方政府 1	与地方政府 3 竞争	4，4	4，6
	与地方政府 3 合作	6，4	8，8

(三) 区域行政一体化的"囚徒困境"博弈

区域行政一体化在大多数情况下会产生经济收益或者政治收益，尤其当合作受到上级政府的鼓励或者奖励时。在某种程度上，地方政府比较热中区域行政一体化，至少形式上的合作比较积极，我们从东北地区行政一体化的大事记中可见一斑。但是，当形式上的合作确立以后，实质合作进展情况又会如何呢？

假设博弈参与主体为地方政府 1、地方政府 2。两个政府就消极合作还是积极合作作出抉择。如果两个政府之间积极合作，各可以得到 7 的收益；如果一个积极合作，一个消极合作，积极合作的一方得到 5 的收益，消极合作的一方得到 8 的收益；如果两个政府都消极合作，各得 6 的收益。

在一次博弈中，消极合作是各政府的严格占优策略，(消极合作，消极合作) 为纳什均衡，收益为 (6,6)，总和为 12，但从区域整体利益最大化目标来看，双方积极合作的结果 (7,7) 是对消极合作结果帕累托改进。但是在一次博弈中，双方博弈结果导致"囚徒困境"的产生，这源于双方的机会主义倾向。因为在一次博弈中，地方政府都将从自身收益最大化出发来选择策略，在没有硬性惩罚约束、补偿机制以及不存在无限重复博弈的情况下，选择机会主义是符合理性原则的。虽然现实行政一体化并非无限期的，也不仅仅是一次性的，大多数情况是多次进行的，但是不管进行多少次，只要不是无限次，在最后一次博弈中采取机会主义总是最优策略。当博弈双方得知最后一次博弈时对方都将采取机会主义，那么他们将在倒数第二次博弈中采取机会主义，依次向前推，结果是只要在有限次重复博弈中，采取机会主义始终是最优策略。根据"囚徒困境"博弈性质，高伟生等（2007）推论得，任期限制导致合作次数受限，进而导致机会主义倾向；任期限制与政绩要求是导致区域经济体内各地方政府消极合作的根本原因之一，如表8-6所示。

表8-6　　　　　　　　区域行政一体化中的"囚徒困境"博弈

		地方政府2	
		消极合作	积极合作
地方政府1	消极合作	6, 6	8, 5
	积极合作	5, 8	7, 7

在区域行政一体化的实践中，这种"明修栈道暗度陈仓"的消极合作比较常见。例如，两个地区签署协议对产业发展共同协商以实现合理分工与优势互补，但是每个地区其实都希望发展那些对GDP拉动比较大的产业（如汽车等），以便在"政治锦标赛"中胜出。这样，合作就成了一种仅仅是形式上的消极合作，对地区经济发展并无多大益处。之所以采取形式上的合作，要么是为了获得上级政府的优惠政策，要么是上级政府的行政命令，要么是"装饰门面"的政绩工程。

（四）存在违约惩罚机制的区域行政一体化博弈

当两个地方政府确立形式上的合作之后，在有限次博弈的假设下，建立一种硬性惩罚约束机制将有利于促进地方政府间的积极合作。

假定地方政府1与地方政府2都期望对方能积极合作，但是由于合作结果的不确定性，在确定形式上的合作关系时往往需要签署一个可信的具有硬性约束的合同，对采取消极合作的一方实施惩罚，并将惩罚所得全数补偿积极合作的一方。对违约行为的制裁或惩罚可有上级政府或者法院等第三方仲裁机构来执行实施。

当两个地方政府积极合作的收益比较大时，积极合作将成为两个地方政府的最优策略；但当积极合作的收益较小或者存在较大不确定性时，惩罚机制的设置必须有利于避免机会主义。

如表8-7所示，当双方都进行消极合作时，收益为（6,6）；当其中一方采取消极合作时，可以增加1个单位的收益，单因违约将被惩罚2个单位给另一方，则积极合作方的收益为8，消极合作方的收益为5；当双方进行积极合作时，收益为（7,7），相对而言收益较小。可见，由于惩罚力度较大，即便积极合作收益较小，但（积极合作，积极合作）仍是两方优势策略。

表 8-7　　　积极合作收益较小，但惩罚力度相对较大时的博弈支付

		地方政府 2	
		消极合作	积极合作
地方政府 1	消极合作	6, 6	5, 8
	积极合作	8, 5	7, 7

再看表 8-8 的情况，当双方都进行消极合作时，收益为 (6, 6)；当其中一方采取消极合作时，可以增加 1 个单位的收益，单因违约将被惩罚 0.3 个单位给另一方，则积极合作方的收益为 6.3，消极合作方的收益为 6.7；当双方进行积极合作时，收益为 (6.6, 6.6)，相对而言收益较小。在这样的博弈环境下，一方选择了消极合作，另一方必将选择积极合作；同样，如果一方选择了积极合作，则另一方必将选择消极合作。这种惩罚机制的设计就是失败的，它不鼓励双方同时选择积极合作以实现区域整体收益的帕累托改进。

表 8-8　　　积极合作收益较小，惩罚力度相对较小时的博弈支付

		地方政府 2	
		消极合作	积极合作
地方政府 1	消极合作	6, 6	6.7, 6.3
	积极合作	6.3, 6.7	6.6, 6.6

可见，要么两个地方政府积极合作收益相对较大，要么对机会主义的惩罚力度相对较大，才能保证两个理性地方政府采取积极合作以实现区域整体收益的最大化。

第五节　区域政府合作领域、机制设计与制度创新

一、东北地区区域政府合作领域分析

（一）规划合作

为了实现东北地区跨行政区经济合作，促进生产要素合理流动，提高一体化发展水平，东北地区可以通过合作加强在能源、科技、教育、文化、卫生等领域

规划协调。例如，加强重大基础设施建设规划的衔接，推动重大基础设施项目的实施；加强产业发展规划的沟通和协调，推进产业对接和合理分工；可以共同研究和出台区域性政策，推动经济协调发展，提升整体战略地位等。

（二）交通合作

交通作为一种重要的基础设施，其发达完善对于扩大和深化区域交流合作具有重要意义。各地区可以通过合作构建东北地区综合交通运输体系，统筹研究区域内铁路、航空、公路、水路等运输方式的综合布局，共同推进交通项目建设，实现区域内多种运输方式的货运无缝连接、客运零距离换乘，提高运输效率。

（三）能源合作

东北地区能源分布不均衡，各地区可以通过合作来调整能源结构、优化能源布局。例如，通过合作加强东北地区电网建设，建立平等竞争、统一开放的电力市场，优化电力生产、输送方案，提高效率等。

（四）生态合作

生态安全与健康对各地区经济可持续发展都具有巨大的推动作用，各地区有必要积极加强这方面的合作。可以考虑联合开展水、大气和生态环境的保护工作，可以考虑构建跨区域生态环境保护协作机制；可以加强环境保护技术交流与合作，共同推广清洁生产和节能减排技术，推动环保产业发展；可以在界江、界河和跨省区河流积极开展水资源保护与开发利用、防汛抗旱减灾、水土保持生态治理等方面的合作等。

（五）工业合作

东北地区进行工业合作，主要是根据地区的比较优势，实现强强联合。例如，相关地区可以在装备制造业、汽车、钢铁、石化、食品、医药等领域加强合作，包括产学研合作以及企业间技术、生产、投资合作等；可以通过合作实现不同地区间上下游产业的联合（如黑龙江东部煤炭资源与辽宁、吉林化工产业优势强强联合，联动发展煤化工），完善产业链；甚至可以考虑通过政府合作打破省区、行业、所有制界限，加快推进企业兼并重组，共同打造区域产业和产品品牌，树立区域产业形象等。

（六）农业合作

东北地区农业资源丰富且极具特色，实现区域政府合作的主要方面可以有：

以农作物良种研发为主的科技合作，区域一体化农产品市场体系和农业信息体系建设的合作，农业专业合作社跨地区组织建立联合社以推进贸工农一体化建设方面的合作，举办区域农业论坛和农贸会展等方面的合作等。

（七）商贸合作

东北地区在商贸方面的政府合作包括：可以协商创建"东北地区共同市场"电子商务平台、消费信息服务及消费信用体系平台，整合网上劳动就业和人才交流市场；可以发展区域知识产权、资本、房地产等交易市场；相互支持搞好重大商贸活动，逐步整合会展资源和活动，共同打造区域性国际化会展品牌等。

（八）对外合作

东北地区地处东北亚的中心地区，对扩大东北亚地区合作具有优越的地理位置，各地方政府可以通过合作"抱团"开展与俄罗斯、蒙古、日本、韩国、朝鲜等周边国家和地区的经贸合作，协调对外经贸、跨境旅游、口岸管理等谈判立场，维护国家利益和区域共同利益。

（九）物流合作

东北地区区域政府在物流方面合作的着力点包括：可以共同推动各地区铁路、城际高速公路和海陆空联运港等物流大通道建设；可以协调进行城际物流节点设施建设；可以积极合作发展现代运输、仓储和跨地区物流中介产业，建设物流公共信息平台和公共配送设施，构建区域联动综合物流体系等。

（十）旅游合作

旅游是东北地区相关政府合作比较频繁的领域，因为东北地区旅游资源丰富且各具特色，区域合作可以实现旅游资源和产品的优势互补。今后可以进一步加强合作的方面包括：联合策划和推广跨地区精品旅游线路，建立东北地区无障碍旅游区；协调对外谈判立场，开发和拓展边境旅游、过境旅游等特色旅游项目；构建区域旅游网络营销系统和商务服务平台，共同开展宣传促销，打造东北旅游品牌等。

（十一）金融合作

东北地区在金融方面的政府合作可以有：协调各地区金融方面相关政策，鼓励银行、证券、保险、期货、信托等地方金融机构跨区经营与合作，推进区域金融服务一体化；共同推进产权交易平台建设，实现互联互通、区域整合和功能拓展；建立东北地区信用联动机制，促进区域信用体系建设，改善信用环境，加快推进信用、金融等信息的交流与共享机制，为金融机构跨省区经营和企业异地融资提供服务；推进区域性金融生态环境建设，共同防范和化解金融风险；推动区域内金融人才交流与合作等。

（十二）科教文卫合作

在科技方面，科技是第一生产力。要完善东北地区的科技合作，各地政府应该充分发挥本地区人才优势，依托本地区高等院校、科研院所、技术研发企业，共同构建区域科技创新体系；推动区域产学研交流与合作，支持科研成果转化，建立区域科技项目合作机制和成果转化平台，发展高新技术产业和新兴产业，加快区域产业升级，形成一批代表区域科技水平、具有自主知识产权的关键技术和名优产品，增强区域综合竞争力；合作建设东北地区信息平台等。在教育方面，通过区域政府合作推动学术交流和教育资源共享，推进一批区域合作项目，提高高等教育及职业教育的质量和管理水平。在文化方面，通过合作推动共同文化市场的繁荣，建立区域文化交流与协作长效机制，推动文艺演出、影视制作、新闻出版等优势特色产业的合作。在卫生方面，可以通过政府合作推动不同地区间公共卫生服务体系、医疗服务体系和药品供应保障体系等方面的一体化建设。

二、东北地区行政一体化原则及机制

（一）东北地区区域行政一体化应遵循的原则

（1）自愿参与，地位平等。各地方政府在相互尊重、谋求共同发展的前提下，应积极参与相关领域的合作。在合作过程中，不论经济实力强弱，都应该坚持自愿参与，地位平等的原则。在此原则下，才能进行多层次、宽领域的协商与合作，才能保证参与合作的地区获取合作收益。

（2）市场为主，政府为辅。在区域行政一体化过程中，应首先积极发挥市场机制在资源优化配置中的主导和基础作用，不断构建完善的区域经济市场体系和市场竞争环境。同时，各地政府应进行准确定位，强化政府间的沟通协调以及规划指导和政策引导，为区域内各类市场主体开展合作搭建平台、创造条件。

（3）优势互补，互利共赢。各地区要不断强化"合作"和"共赢"观念，从整体的和长远的利益出发，发挥各地区区位优势、资源优势、产业优势、环境优势及其辐射和牵动作用，实现优势整合效应，提高区域优势影响力和竞争力，促进各地区共同协调、健康、快速发展。

（4）公正开放，诚信法治。各地区行政一体化应在公正开放的环境下进行，共建公正和谐的竞争与合作秩序，积极消除地方保护壁垒，逐步建立起非排他和无歧视的共同市场，促进生产要素在区域内的合理流动。同时，各地区行政一体化应积极遵循诚信法治的原则。人无信不立，政府也一样。因此，在合作中应努力遵循相关承诺及协议规定，避免机会主义。另外，区域行政一体化也应该充分尊重相关法律的至上性、权威性和强制性。

（5）灵活多样，务实渐进。区域行政一体化可以采取多种形式，如签署协议、召开会议、结成联盟、专业论坛等，积极鼓励多边与双边合作。在合作的实施过程中，应做到经济领域与其他领域合作兼顾，先易后难，逐步推进，力求在具有牵动作用的合作项目上先行突破，然后以点带面实现整体突破。

（二）东北地区区域行政一体化机制构建

1. 政府对话协商机制

区域行政一体化难免会出现问题和矛盾，针对问题和矛盾，进行低成本的处理方式就是建立政府对话协商机，如联席会议制度。联席会议可以着重研究协调跨省区重大基础设施项目、产业布局、生态建设、对外开放以及区域协调发展等问题；可以建立秘书长协调会议制度和日常工作联系制度，负责行政首长联席会议议定事项的协调落实和日常工作；加强各地区有关部门、行业间经常性联系，签署有关合作协议，通过专业论坛、行业会议等平台，开展双边和多边的区域交流与合作。

2. 利益协调机制

区域行政一体化最终都是为了实现本地区经济发展。但是，在区域行政一体化中，各地区都会面临成本分摊和利益共享等问题，而且各地区都想尽量少分担成本而多获取收益，这个过程中出现的摩擦就需要通过利益协调机制进行协调。通过利益协调机制，一方面对各地区在区域合作中承担的成本进行合理评估，并按相应标准进行合理补偿；另一方面，对合作收益进行合理分享，避免出现成本收益的"剪刀差"以及"两极分化"，最终实现合作的公平公正性，为互利持久合作打下基础。

3. 组织协调机制

区域行政一体化离不开相应的组织载体进行协调，具体的协调机构大体可分为三类：上级政府区域协调管理机构、同级地方政府组建的协调管理机构以及民间跨地区组织机构，它们具体的特点和职能如表8-9所示。

表 8-9　　　　　　　　　　　不同组织形式的特点和职能

组织形式	特 点	职 能
上级政府区域协调管理机构	可以通过行政手段协调地方政府合作；一般掌握大量资源配置权等	提出区域经济发展与区域经济协调的意见与建议；执行经立法程序通过的区域经济发展政策、规划与其他规划，与地方政府合作共同协调不同地区利益主体间关系并约束地方政府行为；组织实施跨区域重大项目，组织研究重大区域问题；审查和监督区域内地方政府之间自主达成的区域合作规则的执行情况等
同级地方政府组建的协调管理机构	具有通过互利合作而实现利益最大化的相互需要；通过信息沟通，建立双边或多边协商机制，降低交易费用等	组织协调实施跨行政区的重大基础设施建设、重大战略资源开发、生态环境保护与建设以及跨区生产要素的流动等问题；协调合作区域内各地经济发展规划和产业结构；协调合作区域内市场竞争规则和政策措施，并负责监督等
民间跨地区组织机构	以民间力量推动经济合作，具有成本低、见效快的优势；民间组织自身的思想框框少，没有地区利益等方面的影响等	以区域经济专家学者为主体的组织，可以为政府决策提供咨询参谋；跨区域的行业、同业协会，可以共同制定区域行业发展规划、区域共同市场规则，推进区域市场秩序建立，探索区域各类市场资源的连接和整合等；民间区域协调仲裁委员会，可以裁决地方保护与区域合作的相关纠纷

资料来源：本表根据马洪双在《如何构建区域政府合作机制》中的论述整理修改而成。

4. 合作约束机制

区域政府合作由于很多是同级之间进行的，同级之间无法通过行政方式来进行硬性约束。当硬性约束缺乏时，机会主义倾向很容易就会产生。为了避免这种情况的发生就有必要建立合作约束机制，主要是建立健全法律法规，运用法律手段对区域内地方政府的行为进行规范限制。这就需要合作区域的上级政府积极对地方政府的合作实施情况进行调研，把握合作中可能出现的问题，通过立法或者出台政策对参与合作的地方政府行为进行约束，保障区域政府合作的顺利进行。

三、提高区域行政一体化绩效的路径选择

（一）完善东北地区的政府职能

在我国现阶段，政府对地区经济发展的作用至关重要，尤其对传统体制改革相对滞后的东北地区更是如此。这种独特的现实必然要求政府在促进地区经济发展的过程中，不断实现观念的与时俱进，不断提升自身执行力，不断完善政策制

定和实施中的理性，在弥补市场失灵的同时最大限度地克服政府失灵。首先，在区域行政一体化不断往纵深发展的大背景下，各地区政府应该首先增强自身的合作意识，不断扩大合作领域和合作范围；其次，在行政一体化的过程中，各地政府的职能履行与政策制定及实施，应积极遵循民主集中制原则，集思广益，确保政府行为的公正性与准确性，以实现本地区广大人民群众福利的最大化；再其次，各地政府可以把某些相关合作项目、合作进展的信息进行公开，请社会监督，以便扬长避短，获取尽可能大的合作收益；最后，随着市场经济体制改革的不断深入，各地政府应逐渐弱化地方政府的经济职能，强化社会职能，把政府职能的重点转移到完善市场秩序、环境以及完善基础设施和公共服务上来，鼓励政府向服务型政府的转变。

（二）明确东北地区各区域的经济定位

从世界范围来看，经济全球化的趋势已势不可挡，各种资源在全球范围内流动以期获取最高收益。每个国家和地区都应该顺应潮流积极参与国际合作，利用国际资源和国际市场推动本国和本地区经济发展。在这个过程中，各国家和地区都应该明确认清自身的优势和不足，在世界分工中找到自己的合理定位。同理，在东北地区区域一体化的进程中，各个地区也应理性分析由于历史原因或者客观条件造成的资源、产业等方面的优势与不足，明确自身的经济定位，积极参与地区间合作，在区域合作分工的链条中找到属于自己的一环。这样才能更好地融入区域经济发展，更好地利用区域资源与区域大市场。另外，进入21世纪以后，强强联合的"长板理论"观念越来越盛行，一个地区只有把自己的经济方面优势不断发挥到极致，才会吸引别的地区与之进行合作以便实现互通有无，强强联合，不断增强合作双方的区域竞争力，实现合作双方利益的最大化。

（三）完善东北地区法律法规体系

当经济和社会发展到一定程度以后，法律法规在经济社会生活中的地位将越来越高，发挥的作用也就越来越强。在区域行政一体化过程中，同样需要法律法规等制度性的规则来进行保证与激励，以降低合作风险与成本，实现资源的最优配置。首先，强化《宪法》权威。《宪法》是我国的根本大法，规定国家的根本任务和根本制度，即社会制度、国家制度的原则和国家政权的组织以及公民的基本权利和义务等内容。同时《宪法》具有最高法律权威和最高法律效力。《宪法》是制定普通法律的依据，普通法律的内容都必须符合《宪法》的规定。与《宪法》内容相抵触的法律无效。因此，各地区在制定相关法规时必须遵循《宪法》规则,并在区域行政一体化中通过法律法规传导《宪法》精神,以《宪法》诉讼、行政诉讼等方式防范、惩戒破坏区域行政一体化的行为;其次,建立东北地区共同认可的法规制度。由国家或者三省相关部门协商建立东北地区共同认可的具有较高法律效力的法规制度,一方面为区域行政一体化提供激励与保证,威慑合作中的机会主义倾向;另一方面可以不断消除东北地区政策、行政等壁垒,确保市场开放与资源共享。

(四) 完善东北地区政府绩效评价体系

公共选择学派认为政府也都是"理性人",都有实现自身收益最大化的冲动。但是政府作为公众的代表,其自身的行为必须符合公众的利益。政府自身收益和公众利益经常产生冲突。如何使约束政府行为是以公众收益最大化而不是自身收益最大化为出发点呢?一个有效的措施就是完善政府政绩评价体系。当政府官员的升迁是仅仅由上级政府根据地区经济绩效确定时,那么,急功近利地实现地区经济增长便是地区政府的理性选择,但这从长远甚至当前来看往往不符合公众的利益;当公众的评价对官员的晋升具有重要影响的时候,那么,政府的行为被约束在公众利益范畴之内的可能性就大大增强。因此,要改善"唯上"、"唯 GDP"的政府绩效评价体系。

首先,完善政绩考核的评价主体。根据利益相关的程度,与政绩评价的主体主要有以下几种:上级主管部门、媒体、非政府组织、公众等(见表 8-10)。通过政绩考核评价主体的扩大,实施多角度、全方位的评价,使评价结果最大程度上实现客观、公正、高效。

其次,完善政绩评级指标体系。该体系既要考核经济指标,又要考核社会、文化和环境等方面的指标;既要考核本地区的经济社会相关指标,还要评估本地区的行政行为对相邻地区造成的正负外部性;既要考核行政效率,又要考核行政公平;既要考核经济增长速度,又要考核经济质量、社会效益等指标。同时,还要力保实现指标通用性与差异性的完美结合。

表 8-10　　　　　　　　　参与政绩考核评价的主体

政绩评价主体	主要特点
上级主管部门	上级主管部门进行的是组织内部的自我评价,属于内部评价主体。这种评价具有很强的权威性,但内部评估存在严重的信息不对称,下级部门存在弄虚作假的驱动力
权力机构	人民代表大会在我国国家制度的安排中十分重要,但在实际执行过程中由于内部任职人员很多来自于政府,很难对政府绩效作出客观评价
非政府组织	非政府组织往往在缺乏正式制度的领域作用较大,其行为出发点是公众利益,但非政府组织争取维护的公众利益往往缺乏整体考虑

续表

政绩评价主体	主要特点
新闻媒体	媒体是宣传的喉舌，也是主要的信息披露与传播机构，还起到了非常重要的舆论监督作用。但媒体本身又有一定的立场，要受到宣传部门的监管
公众	公众是政府一切行为的最终承受者，他们必须有足够的渠道对政府行为作出评价，政府绩效评估要以社会公众为本位。由于认识水平和利益相关程度的不同，公众评价很难取得全面、一致、准确的结果
第三方评估机构	第三方评估机构按照科学的标准和方法、严格的程序，收集来自各方面有关政府工作的信息，可以克服政府内部评价的局限，具有一定的超脱性。该机构的雇用者可以是内部评价主体也可以是外部评价主体，它们进行的是市场化运作，本身与政府或者其他雇用者不存在利害关系，其成功的基础是准确性与客观性，但也存在信息失真的问题，出于成本的考虑，他们做的多是抽样调查，样本本身存在一定的局限
民主党派	其对政府绩效评估的效果在于其参政热情的高低

资料来源：于绪艳：《长三角区域经济一体化中地方政府合作机制研究》，吉林大学硕士学位论文2009年。

（五）积极完善东北地区互动交流平台"振兴东北网"

信息交流是区域行政一体化的一个前提，很大程度上决定着行政一体化的广度与深度，甚至是合作的成败。东北地区现有的比较权威的互动信息交流平台"振兴东北网"对现有的行政一体化起到了重大作用，但是，"振兴东北网"还存在很多需要改进的地方。首先，该平台对省级层面关注较多，对市级区域的资源分布及优势、工农业生产状况、社会文化发展状况等缺乏必要信息供给。这方面的链接或者板块有待完善。其次，该平台对政府的信息展示比较充分，但对于中介机构、相关企业等相关信息比较贫乏，这对扩大区域间政府与中介机构的合作、中介机构之间、企业之间的合作是一种弊端，有待进一步完善。总之，东北地区应该不断完善以"振兴东北网"为基础的信息共享与交流平台，实现信息联通网络快捷畅通，为区域行政一体化提供全面、高效、准确的信息服务，最大化信息资源的价值。

参 考 文 献

［1］Trevor J. Barnes, Merc S. Gertler, The New Industrial Geography, First Edition, Routledge Press, 1999.

［2］Ann R. Markusen, Yong-sook Lee, Sean Digiovanna, Second Tier Cities, University of Minnesota Press, First Edition, 1999.

［3］Weber Theory of Industries. Trans. C. Friedrich. Chicago: University of Chicago Press, 1929.

［4］Paul Kruguman. Increasing Returns and Economic Geography. Journal of Political Economy, 1997.

［5］Porter, M. Cluster and the New Economics of Competition. Harvard Business Review.

［6］Isard, W. Location and Space-Economy. Cambridge Mass Press.

［7］Young Alwyn. The Razor's Edge: Distortions and Incremental Reform in the People's Republic of China.

［8］［9］Anthony J. Venables. "Winners and Losers from Regional Integration Agreements", The Economic Journal, 113, 2003.

［9］黄泰岩、牛飞亮:《中国城镇居民收入差距》，经济科学出版社2007年版。

［10］林岗、黄泰岩:《三元经济发展模式》，经济科学出版社2007年版。

［11］程伟:《东北老工业基地改造与振兴研究》，经济科学出版社2009年版。

［12］林木西:《东北老工业基地制度创新》，辽宁大学出版社2009年版。

［13］崔万田:《中国东北区域振兴与东北亚区域合作前景》，载《经济学动态》2004年第3期。

［14］崔万田:《东北老工业基地振兴与区域经济创新》，经济管理出版社2008年版。

［15］杨爱平:《论区域一体化下的区域间政府合作——动因、模式及展

望》，载《政治学研究》2007年第3期。

[16] 翟秀红：《区域经济一体化下政府合作模式的探讨》，载《河南商业高等专科学校学报》2009年9月。

[17] 彭彦强：《区域经济一体化、地方政府合作与行政权协调》，载《经济体制改革》2009年第6期。

[18] 常青：《我国区域政府合作的现状、问题及对策》，载《山西师范大学学报（社会科学版）》2009年5月。

[19] 蔡岚：《区域政府合作中的难题及其求解》，载《前沿》2006年第10期。

[20] 晓华：《中国政府间横向关系浅析》，载《理论与现代化》2006年第4期。

[21] 包珍贞：《长三角区域经济一体化中的政府合作研究》，上海社会科学院硕士学位论文2008年。

[22] 苏丽：《网络治理模式视阈下的我国地方政府合作》，载《消费导刊》2009年第5期。

[23] 汪伟全：《地方政府合作机制存在问题之研究》，载《经济师》2007年第8期。

[24] 王林：《关于区域经济一体化中地方政府合作制度的思考》，载《经营管理者》2009年第23期。

[25] 徐吉：《论长三角区域一体化下地方政府合作的制度化》，载《金卡工程·经济与法》2009年第9期。

[26] 林涛、刘峰、龚卢芳：《长三角经济一体化中区域政府的合作分析》，载《江西科学》2008年8月。

[27] 王雯霏：《论长三角一体化进程中区域政府合作机制的构建》，载《安徽科技学院学报》2006年第20期。

[28] 唐亚林：《长三角城市政府合作体制反思》，载《探索与争鸣》2005年第1期。

[29] 王伟奇、唐祖爱：《欧盟"社会一体化"及对我国区域一体化的启示》，载《三峡大学学报（人文社会科学版）》2008年3月。

[30] 高伟生、许培源：《区域内地方政府合作与竞争的博弈分析》，载《企业经济》2007年第5期。

[31] 李尧远、任宗哲：《我国区域经济发展中地方政府合作困难的原因与措施探析》，载《西北大学学报（哲学社会科学版）》2009年9月。

[32] 周小华：《闽南区域经济一体化与政府合作机制构建》，厦门大学硕士

学位论文 2005 年。

[33] 贾日昕：《东北区域经济协调发展的政府合作机制研究》，载《商情（财经研究）》2008 年第 1 期。

[34] 杨顺湘：《构建川渝政府合作的机制及制度创新探析》，载《中共四川省委党校学报》2006 年 6 月。

[35] 韩刚、杨晓东：《制度创新：东北三省区域政府合作的突破口》，载《哈尔滨市委党校学报》2008 年 1 月。

[36] 课题组：《构建川渝间政府合作的途径研究》，载《探索》2007 年第 3 期。

[37] 陈瑞莲、刘亚平：《泛珠三角区域政府的合作与创新》，载《学术研究》2007 年第 1 期。

[38] 于绪艳：《长三角区域经济一体化中地方政府合作机制研究》，吉林大学硕士学位论文 2009 年。

[39] 刘习平、杨伟：《武汉城市圈地方政府合作：现状、困境与路径选择》，载《城市》2009 年第 12 期。

[40] 王小增：《基于武汉城市圈的地方合作机制研究》，中国地质大学硕士学位论文 2007 年。

[41] 张培刚等：《"泛长三角"区域一体化合作的新视角——宁合昌"新三角"合作机制研究》，载《江苏城市规划》2009 年第 9 期。

[42] 傅永超：《基于府际管理的长株潭城市群政府合作模式研究》，载《商场现代化》2006 年 9 月。

[43] 咸译、朱修君：《经济博弈论》，浙江大学出版社 2000 年版。

[44] 郭泽保：《区域经济、社会发展的重要途径——府际关系视域下地方政府合作》，载《福建金融管理干部学院学报》2009 年第 6 期。

[45] 东北振兴网，http://www.chinaeast.gov.cn。

[46] 李平华、陆玉麒、于波：《长江三角洲区域关系的博弈分析》，载《人文地理》2005 年第 5 期。

[47] 张维迎：《博弈论与信息经济学》，上海人民出版社 1999 年版。

[48] 汤碧：《区域经济一体化模式比较》，载《南开经济研究》2002 年第 3 期。

[49] 钟鸣长：《中心城市经济辐射能力差异比较研究》，载《经济探索》2009 年第 11 期。

[50] 崔大树：《长江三角洲地区高新技术产业一体化发展研究》，载《中国

工业经济》2003年第3期。

［51］倪鹏飞：《中国城市竞争力报告No.2》，社会科学文献出版社2004年版。

［52］［美］弗朗索瓦·佩普：《增长极概念》，载《经济学译丛》1988年。

［53］［德］阿尔弗雷德·韦伯：《工业区位论》，商务印务馆1990年版。

［54］李振泉等：《东北经济区经济地理总论》，东北师范大学出版社1990年版。

［55］郭廷建：《关于东北老工业基地区域经济一体化的战略构想》，载《区域经济》2004年第11期。

［56］马清华：《京津市场一体化》，载《环渤海经济瞭望》2003年第8期。

［57］金石：《长三角区域一体化的基础——市场一体化》，载《浙江万里学院学报》2005年第2期。

［58］甄艳、刘力臻：《东北区域一体化初探》，载《当代经济研究》2006年第4期。

［59］张新颖：《东北三省老工业基地经济发展比较》，社科文献出版社2004年版。

［60］国务院发展研究中心课题组：《国内市场一体化对中国地区协调发展的影响及其启示》，载《中国工商管理研究》2005年第12期。

［61］安虎森、李瑞林：《区域一体化效应和实现途径》，载《湖南社会科学》2007年第7期。

［62］陈秀山、孙久文：《中国区域经济问题研究》，商务印书馆2005年版。

［63］丁斗：《区域经济一体化与经济制度演变》，载《当代亚太》1997年第2期。

［64］陈岩：《国际一体化经济学》，商务印书馆2001年版。

［65］赵伟、程艳：《区域经济一体化的理论溯源及最新进展》，载《商业经济与管理》2006年第6期。

［66］范兆斌、苏晓艳：《区域经济一体化动因理论研究脉络及进展综述》，载《江苏商论》2006年第5期。

［67］郁鸿胜：《崛起之路：城市群发展与制度创新》，湖南人民出版社2004年第15期。

［68］罗雅丽、李同升：《制度因素在我国城乡一体化发展过程中的作用分析》，载《人文地理》2005年第4期。

［69］姜妮伶：《东北地区城市化问题研究》，载《东北大学学报》2009年

第 5 期。

［70］道格拉斯·诺思:《经济史中的结构与变迁》,上海三联书店 1991 年版。

［71］思拉恩·埃格特森:《新制度经济学》,商务印书馆 1996 年版。

［72］孙刚印:《略论城乡一体化的政策工具选择》,载《武汉学刊》2011 年第 1 期。

［73］郭洁:《东北矿产资源利用的经济法思考》,载《辽宁法治研究》2007 年第 3 期。

［74］胡礼梅:《转型中的资源型地市与老工业基地的比较》,载《资源与产业》2008 年第 2 期。

［75］鹿爱莉、李仲学:《东北地区矿产资源开发利用面临的问题与对策》,载《中国国土资源经济》2005 年第 18 期。

后　　记

　　《东北老工业基地区域一体化研究》是辽宁大学"211 工程"三期重点学科项目"东北老工业基地全面振兴"的十项标志性学术成果之一。写作历时近一年，团队成员进行了认真细致的调研和写作。本书的写作得到了多位专家和老师的指导，在此要特别感谢辽宁大学常务副校长黄泰岩教授、辽宁大学党委常委、经济学院院长林木西教授和辽宁大学国际关系学院杨哲英教授。三位教授为本书的写作提供了大量的实证数据和理论支持，并在多个环节的写作中给予指导。三位教授对于东北老工业基地发展的敏锐判断、对理论和实践问题的深入分析以及对年轻一代教师的关怀与培养都令我敬佩和尊敬。正是在三位教授的细心指导和帮助下，本书才得以顺利完成。

　　本书是我所带领的团队在充分总结区域一体化相关理论和对东北老工业基地详细调研的基础之上写作完成的。在此过程中，团队成员都付出了较多的努力，具体分工如下：绪论部分由我和谭啸（博士）共同完成；第一章是由我和张辽（博士）共同协作完成；第二章的主要作者是于畅（博士）；第三章主要作者是徐雷（博士）、李刚（博士）和程伟（硕士）；第四章主要作者是徐婷婷（博士）；第五章主要作者是谭啸（博士）和程伟（硕士）；第六章主要作者是谭啸（博士）；第七章主要作者是徐雷（博士）；第八章主要作者是我和李刚（博士）。感谢以上各位在本书写作过程中所做出的努力。最后由我、谭啸、王璐等统撰校对完成。

崔万田

2011 年 12 月